U0921429

序章

签约仪式在希格尔大酒店宽敞的总经理会议室举行。黄玫的律师刘中浩勒着嗓子——这个小个子职业诉讼师总是给人一种装模作样的印象——将合同文本从头至尾朗读一遍，屋子里一时沉寂下来，一种让人喘不上气来充满庄重感的寂静。

长有一张明星脸的大帅哥江少杰捧着那份文件细细地读着，其实他一个字也没看进去，脑子里只有几组数字在极速地碰撞、分裂、膨胀：3 000万比200亿，20%等于40亿人民币……40个亿码放在一起会是何等壮观规模？他在内心放声大笑起来，那笑声唯有他自己听得见。有7年的希格尔履历证明，对他来说，没有做不成的事，一切皆有可能！

“你会很快意识到，这是一笔划算的买卖。”黄玫的声音轻柔地飘过来。

江少杰临时聘请的律师例行公事地浏览一遍文件：“没问题，江先生。”

没问题，当然不会有任何问题。江少杰忍着心头的笑声，拿起笔刷刷刷在一式两份文件上签下自己的名字。这只不过是一个仪式，像婚礼上宣读结婚证书一样可笑。重要的时刻不是现在，而是4年以后。4年，这个黄毛丫头说过，4年足矣！

套间办公室里响起了热烈而富有节制的掌声。

江少杰主动走到黄玫面前，用余光觑着她微微隆起宛若少女的乳房，心想，别急，早晚把你拿下，和你上床的滋味一定不赖，嘴上说的却是：“愿我们拥有共同的信心，干杯。”

但黄玫回手便放下了酒杯：“对不起，我和工商局的朋友有个约会，得马上赶过去。你再等一下，未尽事宜刘律师会告诉你。”

她笑了一下，露出一口整齐洁白的牙齿，然后带着壮汉一般的女保镖飘然离去。事后江少杰才回想起，那是他唯一一次见到黄玫笑得那么灿烂。

几分钟后，江少杰躁热、激动的身心有所冷却，当他从刚刚签下的合同文件上抬起头来，惊奇地发现屋子里只剩下刘中浩。

“还有什么事，老刘？现在不能说吗？”

更让他惊奇的是小个子律师的模样——额冒虚汗，目光避闪，翕张着嘴巴说不出话来，江少杰立刻预感到出事了。他不知道自己是如何走过去抓住对方的，也不知道自己说过什么，结果是刘中浩被迫拿出了另一份文件。

这是一份来自省专利局的证明，扼要说明该机构重新审核了ISPN临床检验报告，参照国家药检新标准，认定该专利产品毒副作用严重超标，不宜作为抗癌新药推广，同意持有人黄玫的申请：注销专利。

时间是昨天。

江少杰所有的感觉都在瞬间冻僵了。他拿过花300万现金买到手的ISPN专利，声若蚊蚋：“就是说，这是一张废纸？”

“是的。”刘中浩似乎从遭到致命一击的江少杰那里受到鼓舞，提高了嗓音，“黄小姐还让我转交这个——5年来你蒙蔽她母亲签署的一系列有欺诈嫌疑的文件和可疑账目清单，并让我转告你：她只是用非常手段拿回了属于自己的钱财；如果江先生有勇气对簿公堂，她随时恭候！”

“那么，根本没什么200亿，假的，全是假的？”

江少杰的面孔抽搐起来，突然高叫着跑出总经理办公室，一路狂奔到酒店外面。

黄玫却人车皆不见踪影。

阳光肆虐般地从楼顶上筛下来，嘲笑着江少杰的面无血色。他着了魔似的被吸引住目光，不知闪避地瞪着“希格尔大酒店”几个高达数米的金属字中间那轮明亮刺眼的太阳。他并没有料到，几天后的一个风高月黑之夜，自己将从上面姿势难看地充当一次自由落体。

7年前，当江少杰甫到希格尔大酒店，从一名端盘子的大堂服务员做起时，更是无法预见到这样的悲惨结局。

门口的一名酒店保安员警惕地望着酒店往日颐指气使的江总经理，他已经得到通知：江少杰不再是酒店雇员了，即使作为客人他也被禁止入内。在他警觉的注视中，江少杰撕开西服内做工精致的马甲，抓乱自己的头发，嘴里语无伦次、愤怒地呜噜着什么。唯有一句，这名保安员听得清清楚楚：“我杀了她，我要杀了她！”

直到粉身碎骨那一天，江少杰也不知道他要玷污、谋杀的对象黄玫，是他的亲妹妹！

第1章

癌症。癌症……

默诵中，恍然间眼前出现了两个圆滑滑的黑洞，笔直地向前延伸，穿越一切地迅速透通未来，让他看不到黑洞的尽头……忽而，黑洞掉过头来，向后延展，不费吹灰之力洞穿了他的身体，留下两个切口整齐的窟窿，霎时吸去了他的血液和灵魂……黄敬凯木讷着，好半天才意识到呼吸的存在，自己还苟延残喘地活着。

报应，这是报应。黄敬凯哀哀地想到。世界上只有他自己明白，为何黑洞是两个而不是或多或少。那是折磨了他半生、时时飘忽在眼前的两件事，念起便胸闷气短，愧疚得抬不起头来。如果能以这种方式了结，算不算罪有应得？

“黄先生？黄先生？”

医生不知叫了多少遍，黄敬凯才费力地回过神来。他迷惘地望着医生那张保养得很好的胖脸，好像不认识似的。半年前，黄敬凯到市医院偶然做了一次体检，诊断书并没有告诉他更多的东西，倒是医生不安的眼神引起了黄敬凯恐慌的猜测。熬过几个不眠之夜后，他不得不接受对方的建议：到肿瘤医院复查。结果正是眼前这位医生告诉他：肺部有阴影，初步怀疑有癌变肿瘤。按常规，院方一般不会把这类诊断结果通知本人，是黄敬凯略施小计使对方相信，他没有家，更谈不上有家人。

“目前还看不出有扩散的迹象，”医生帮助浑身虚软的黄敬凯穿上外衣，“肿瘤阴影仍集中在肺部。”

“医生，请坦率地告诉我，还有多少日子？”

“最多两年，如果恶性肿瘤确定无疑。”医生说，“您最好听从我的忠告，接受手术治疗，这是最积极的办法。”

黄敬凯微微一笑。实际上他已经跑了多家大医院，透视结果是惊人的一致，而且他坚信：是癌跑不了，对谁都一样。那么，何苦挨那一刀呢？既然死亡是绝对宿命，由他去吧。

“至少应该考虑一下化疗，这可以延缓扩散进程。”医生冲他的背影喊

着。

贪生是人的共同弱点。黄敬凯在心里嘟囔着，我可不想变成一个大秃瓢，全身发黑地死去。我将体面地离开这个世界，既然报应就在眼前再也躲不开它……

“凯叔，回酒店还是去您的住所？”黄敬凯坐进自己的奔驰560，他的司机小心翼翼问道。

是安排后事的时候了。黄敬凯首先想到了立遗嘱。抬头望去，他看见了一轮黑太阳。

“最多两年。”医生的话忽然又响在耳边。黄敬凯不由得浑身一凛。

当江少杰无意中听到母亲和前来讨债的村长在院中的吵架，他终于下定了离家出走的决心。

他已经毕业两年了。第一年在乡里做助理，定编时被清理回家。第二年去乡中学代理，只教了半个学期。他始终弄不懂，自己在师范大学成绩优异，为什么一到社会却处处碰壁？我江少杰命定该面朝黄土背朝天顺垄沟找豆包吗？他不服气，母亲更不服气：考公务员去。让他不明白的还有母亲为何这么大劲，她的执著甚至超过了儿子。

上大学时江少杰并未在意学校收取的各种费用，他只知道每次回家说了所用数目，母亲总是在儿子临走前如数塞到他手上，从未见她面露难色。但这一次，江少杰从村长粗嘎的喊叫声里得知，家里陈欠着信用社8万多块钱。8万块，对江少杰来说是一个笼统的概念，他不知道8万块钱需要怎样挣来，怎样花掉，但算过两笔账，还是吓了一跳。不算高中3年，单是4年大学的吃喝穿用加学费，就远不止8万块钱。在另一笔账里，江少杰虽从未下过大田干农活，但他依稀知道一点，如今种一垧地，刨除费用大约可剩1万块钱，还得是老天爷不作妖的好年景。江家母子俩只有5亩坡地，又因刚刚人到中年的母亲体弱多病包给别人种了，一年只能得到几千块钱的收入。8万块，那将是家里10年不吃不喝的积累呀！

“我说于金花，这些年你一个人把儿子养大够不易了。不差供他念这些年书，你家的日子能过到这粪堆儿上？信用社说了，旧账不还，再贷一分也没门……”这是村长的声音。

母亲说：“不行，我砸锅卖铁也要供。这三间草房不还值俩钱？”

村长接下来的话更是针一般扎在江少杰的心口上：“拉倒吧，顶出房子你住露天地儿去呀？算起来少杰二十出头了，一个大老爷们横草不动还靠老妈养活，也真够一说的，十里八村没这号的……”

是啊，我都23岁了，还在吸吮母亲的乳汁。23年，有十几年是母亲独自支撑这个家。在江少杰的记忆里，有关父亲的信息十分模糊，清晰到他和母亲唯一的一张照片上也只是一张精瘦的脸。父亲叫江卫东，是个跛子，小矬个儿，走路一摇一摆像个鸭子一样可笑。那一年农闲，江卫东去20里外的小煤窑挖煤。煤窑冒顶，连尸首都没找到。当时，江少杰只有5岁。从此，江少杰在家的空间里唯有日渐清晰的一个形象：永远在忙碌的母亲。她像一部永动机，似乎一停下来，便不是她了。两年前江少杰刚毕业，这部机器的运转速度有所减慢，江少杰无意中发现了母亲藏在炕席底下的诊断书：她查出了心脏病……

在那个阳光充足、园子里蝈蝈叫得挺欢的上午，江少杰心乱如麻，一个字也没看进去，招呼也没打便溜到了村西老周家鱼塘。

周家鱼塘是杏妹她爹周老疙瘩开的。作为大岗村的首富，这口位于庄稼地中间足有一垧地大的鱼塘只是周老疙瘩偌大家业的一小部分。早在联产承包之前，脑瓜活泛的周老疙瘩便五马倒六羊地折腾小买卖，一来二去，惊现在大岗村人面前的是10间一砖到顶的大院套，十几辆大解放，养鸡场、鱼塘更不在话下。如今周老疙瘩两口子管鸡场，俩儿子给他跑运输，老闺女杏妹中专毕业在乡卫生院当护士，可说是日进斗金。光看他家的浮财，就值几百万了。

周老疙瘩脑瓜倍儿精倍儿灵，模样是地道的关东糙爷们形象，俩儿子随他像一个模子铸出来的，闺女杏妹倒出落得一朵花似的。大高个儿，宽肩细腰，鸭蛋脸上一双水灵灵的大眼睛一点不逊色于电影明星，除了皮肤黑点，往人堆儿里一站，顶扎眼的非她莫属，看得村里的半大小子心里直痒痒。大伙都说，论模样也就于金花的儿子江少杰配得上她，可惜，只怕老江家娶不起。

谁知说着话还真顺这道下来了——那还是上高中的时候，江少杰放假在家，大年初一晚上去村委会大院看二人转，他在人堆里听到有人跟他说话，说话的是一双大眼睛。长年不在村里的江少杰认了好半天才认出，那是周老疙瘩的闺女，当年的鼻涕丫蛋儿。同样高人半头的江少杰就那么望过去，两人都忘了台上悲悲喜喜的二人转。待曲终人散，他们不约而同地落在人群后面，说了些只有半大孩子发烧时才说得出的疯话，不知不觉就好上了。从那以后，每逢江少杰从县里回家，杏妹总是借口往江家跑，一会儿是查个字儿，一会儿是借把镰刀，慢慢地心里都瓷实了。于金花看在眼里，喜在心头，只是担心地问过儿子：“将来你考上大学上城里，还能要她吗？”

"能，我一定会要杏妹。"江少杰一再在母亲面前信誓旦旦。

"你要是变了心，我不认你这个儿子。"每当母亲这么跟他说，江少杰总是莫名其妙。

但这一切都是在秘密状态下进行的，一直持续到这对金童玉女分别从大学和卫校毕业。江家周家，一个最穷一个最富，差距是明摆着的。

世上没有不透风的墙，周老疙瘩听到了风言风语，只对老闺女说："我不管你将来嫁谁，没一砖到顶小洋楼天王老子也甭想娶。彩礼可以不要，我闺女可不能受屈。"杏妹就笑嘻嘻地问他爹："人家说死盖不起呢？"

周老疙瘩瞪起眼睛："我宁可把闺女撅吧撅吧填灶坑烧火。"

杏妹放声大哭，干打雷不下雨那种。她心里有谱，她知道二子一女当中，爹最稀罕她这个念过市卫校的老闺女。而且，杏妹不只一次听爹跟娘私下唠过，江小子江少杰那算人中龙凤，大岗村连老带少一起算，能和他周老疙瘩论脑瓜筋的只有于金花的宝贝儿子……

坐在看鱼塘的窝棚前，听江少杰说完自己的打算，杏妹一头扎到他怀里，搂住他狠命地亲着。

有时候，两人在一起她像是男人，江少杰倒觉得自己成了姑娘家。

"哎哎哎，你这是干啥，大白天让人看见……"

"怕啥的，谁爱看谁看。"亲够了，杏妹依在他胸前，娇喘吁吁，"不去教书回家种地更好，俺早盼着这一天了。"

"你说什么？"

"省得你有当陈世美的机会。你真端上公家饭碗了，还能要俺这乡下丫头？这下好了，你再也不走了。俺今年21，你23，都够岁数了，不差啥咱俩去登记吧？"

"可你爹号下的小洋楼影儿都没有，我拿什么娶你？"

"他就那么一说。动真格盖房子，俺的体己钱有好几万呢，不够再借。到出门子那天，俺爹还想一个子不掏啊？实在不行咱就生米做成饭，不信谁能拗得过俺。"

看来杏妹是盘算好这一切了。江少杰心里且喜且悲。

"等成了家，啥都不用你干。你爱看书，只管待在家里，地里活儿，吃喝拉撒睡全归俺。实在闷了，你可以去教教书……"

江少杰又有了被针刺的感觉。前20年是母亲养育，后半生靠媳妇，我成什么了我？

“哈，光天化日，你们俩演电影呢！”

说话的是从窝棚后面转过来的韩子成。他和江少杰从小学到补习班一直是同学，好得跟亲哥俩似的。只是韩子成的学习成绩一直很差，跟江少杰一起厮混，一半是韩子成甘当他的跟屁虫，一半是因为家境过得去，供得起。江少杰读师大，韩子成念的公安专科学校，也在毕业的同时加入失业大军。

杏妹羞红了脸，骂一句“死成子不怕烂眼睛”跑开了。

韩子成是来告诉江少杰，父母刚刚跟他谈过，不准备供他继续读书了。摆在他面前的有三条道，老老实实在家种地，进城打工，或者去当兵。

江少杰点点头，问他：“你打算怎么着？”

“进城找我二叔，他在一个工地给人做饭，兴许能跟老板说上话，给个保安干干。咱们虽说念了10多年书，可那不当饭吃，总得学门手艺呀……”

江少杰没听进他后面又嘟囔些什么，呆滞的目光融进青纱帐，融入遥远的天际。那一刻，他觉得五脏六腑都是空的。

这天晚上，江少杰坐在口袋房里屋炕桌前一夜未眠。快天亮时，他找出冬天才用的火盆，在里面点燃了自己教书的所有参考书，同时焚毁了一个刻骨铭心的梦想。他终于清醒了：自己不配、也没有能力做这个梦。等母亲嗅到焦煳味儿赶过来，江少杰手上只剩下一本英语教材——之所以把它留在最后，是因为英语曾是他最用功，学得最好的一门功课。

劈面两记耳光，扇在儿子脸上。江少杰跪倒了，号啕大哭。

于金花亦落泪了。儿子从小到大，这是头一遭挨她的打。

兰妮又喝醉了。

对她来说，清醒也是活受罪。

在外人看来，兰妮的日子绝对让他们眼珠子发红。老公黄敬凯富甲一方，拥有容海市最大的私营独资酒店，名车豪宅不过是巨额家产的点缀；一双聪明伶俐的儿女，分别在两所名牌大学就读；剩下她自己，不去尽情享受美好生活更待何时？

然而她的美好生活在哪儿呢？

当年，兰妮称得上是容海一枝花，靓度可以让任何一个功能齐全的男子垂涎三尺。可惜她的出身太烂了——容海国营食堂的一名后厨学徒，就这，还是她做了一辈子下级厨师的父亲求爷爷告奶奶，为如花似玉的女儿争取来的。那时，她的最大愿望是嫁给拿手术刀的医生、握方向盘的司机，或者是国营厂的

车工之类，在那个年代，这几种人最吃得开。忽一日，国营食堂来了一个高高瘦瘦的年轻人，这个姓黄名敬凯家伙的出现，不仅让兰妮弄懂了英俊潇洒这类形容词的含义，还让她体会到了被人看得浑身躁热是什么滋味——那家伙看人时眼睛里带着一团火，能熔化一切。在这对儿俊男靓女拿眼神对话的过程中，兰妮了解到黄敬凯是一个刚刚解除劳教的失足青年，之所以安排在容海国营食堂做服务员，是出于照顾的理由——这家国营食堂的前身希格尔大酒店乃是黄敬凯祖父私人所有，20世纪50年代公私合营被官家接手了，这让兰妮对这个资本家后代产生了某种好奇。当这种好奇尚未有效地和她的择偶观念同化时，兰妮已经在一次下晚班的路上被黄敬凯粗暴地占有了。虽说当时她巴不得与这个英俊的小伙子共同燃烧一次，然而饭店服务员毕竟不能和拿手术刀的医生同日而语，回到家里她就开始后悔了。更糟的是两个月后她发现自己怀孕了。在那个年代，未婚先孕绝对属于头号丑闻。兰妮想尽了一切办法，跑步、偷吃堕胎药，全都没有效果，肚子里那块肉(后来证实是两块)还是结结实实长在子宫里，直到显怀，直到黄敬凯一脸无赖相得意扬扬地建议道：“我们结婚吧。”于是，大美人以泪洗面，在一个阴雨绵绵的日子一个人骑着自行车把自己嫁到黄家。

婚后不到4个月，兰妮生下了一双龙凤胎：老大是女儿，取名黄玫；老二是儿子，取名黄伟。初为人母的喜悦并没有持续多久，很快便为生活的窘困挤迫得无影无踪了。那时候兰妮和黄敬凯的工资加一起不足百元，还要供养黄敬凯的老母亲，日子过得捉襟见肘。好在老太太在一个早晨一声不吭地归西了，接着黄敬凯的胞兄黄思凯出现了。后者是支援“三线”建设的技术员，家中无儿无女只有夫妻二人，日子虽不宽裕倒也马马虎虎，于是把侄女过继过去让弟弟一家松口气便是顺理成章的事。当时，黄玫还不到1周岁。孰料5年后突然发生了一件惊天动地的大事：政府根据国家政策归还了50年代名为公私合营实为没收的黄家财产，折算人民币320万元，时间是1989年。黄敬凯、兰妮惊呆了，百万财富啊！多少个激动的不眠之夜后，两口子忽然想到，这笔财产属于黄敬凯父亲的遗产，黄家子嗣都有权继承：黄敬凯一共兄弟二人，老太太刚好不在了，结果必将是兄弟两个一分为二。天上掉下来的大馅饼，再简单不过了。一想到百万财富即将缩水一半，两口子莫不有了撕肝裂肺的感觉。黄敬凯和兰妮密谋了三天三夜，最后向有关部门信誓旦旦地拍起胸脯，他们是黄家唯一后人，对那位鲜为人知、远在边陲小镇并为他们抚养女儿的黄氏长子只字未提。就这样，320万元顺利地落入了黄敬凯夫妇的腰包，黄思凯则到死也没能

知情。

一年后，作为容海市首位百万富翁，黄敬凯在万众瞩目中买下了黄氏家族昔日的财产——容海国营食堂，并改回从前的名字“希格尔大酒店”，黄敬凯随即成为容海市80年代末最大的私营业主。兰妮的噩梦也从那时起拉开了序幕……

男人是因为有钱开始变坏的，女人是因为变坏才有钱的。兰妮浑浑噩噩地想。

别墅大门口忽然传来动静。起初她以为是儿子黄伟，无意瞥去蒙眬醉眼，原来是黄敬凯！

“王八蛋，你还知道回来！”兰妮抛开酒杯，趔趄着张牙舞爪扑过去，死死抓住他不放，“你说，离婚的事想好了没有！”

她已经半年没见到老公了。为了堵住他，兰妮曾几天几夜蹲在酒店里，却硬是摸不着人影儿。

黄敬凯一言不发，拖着她登上楼梯。来到卧室，他顾自打开保险柜，拿出一本账册装进手提箱。这本账记录着他的全部财产。

兰妮满嘴酒气，始终抓住丈夫的衣服：“你告诉我考虑两个星期，都他妈过去半年了，你到底想怎么着！”

黄敬凯不愠不恼地告诉她：“这么大家业一分为二，对你我，对儿女都没好处。苦日子早过去了，不愁吃不愁喝，你闹什么嘛！”

“放屁！这个家对你来说早不存在了。你在外面花天酒地狂嫖滥赌，我跟守活寡没两样！你说清楚，不同意协议离婚我就起诉……”

“悉听尊便。”黄敬凯笑嘻嘻地说，一一掰开她的手指头，“不过诉讼离婚要有合适的理由，否则分割财产时你会吃亏的。还是找大夫看看你的脑神经吧。”

“你才有病！黄敬凯，我一定要和你离婚！”

黄敬凯思忖着：“如果非走这一步，两年后我要是还活着，一定满足你。”

轻轻一搡，脚下没跟的兰妮便跌坐在地板上，黄敬凯随即扬长而去。

那天，母子俩在教科书烧成灰烬的火盆前抱头痛哭。

“妈，你打吧，打死我也不教书了。”江少杰啜泣着，“爸死得早，妈一个人把我拉扯大，再让您养活，我就是没长心啊。妈，让我去挣钱吧，挣大

钱，给妈过上最好的日子……”

于金花无言以对。她知道，以自己的力量，再也劝不动儿子了，更不要说给他一个过得去的安排。

在8月阴雨连绵的日子里，江少杰和韩子成一连谋划了好几天，决定去容海市找他们的同学。

临行前，江少杰去乡卫生院向杏妹道别。在此之前，江少杰虽然一直守口如瓶，但杏妹已经听到了他要去城里打工的风声。江少杰放弃考公务员带给她的喜悦顿时化为乌有。

“去多长时间？”杏妹声音刺耳地说。她就是这么个人，所有的喜怒哀乐都在脸上，从不藏着掖着。

“不知道。”江少杰嗫嚅着，“不过混不出人模狗样来，我是不会回来见你们的。”“你要是混好了，就不会回来了。”杏妹对自己说着，不禁悲从中来，眼泪一串一串滚落下来。

江少杰扳过杏妹的身子：“杏妹，我这么做也是为了有朝一日风风光光娶你呀。我可以对天发誓……”

杏妹听不进他说什么，只顾伤心地哭着。等哭够了，她突然站起来，在江少杰愕然的注视下把自己脱个精光。这是江少杰第一次面对女人的裸体，但他万万想不到杏妹会在此时此刻来这一手。虽然此前他曾隔着衣服心慌意乱地偷摸过杏妹的乳房，虽然雨天光线昏暗，但那坚挺的少女乳房和草木葳蕤的隐秘处，还是让他感到了炫目刺眼，身心战栗不已。

“你要了俺吧，快要了俺吧。”杏妹的泪音里带着恐惧感。

“不，我不能……”江少杰同样害怕，别过脸去。

“哪怕你日后变心，俺也不后悔。俺就是喜欢你。只怕你这一走，再也没有机会了……”

“不，不……”

“来吧，俺是你的，就算只有这一次。”她脸上流着泪，却像个老手似的把熟透红樱桃似的乳头贴在江少杰的脸上、唇上。他终于把持不住了，霎时爆发起来把杏妹健硕的裸体压在身下……

在电闪雷鸣中的乡卫生院值班室里，江少杰和杏妹惊心动魄地完成了做男人、女人的处女航。

“这是俺的护身符，送给你吧。”忘情地欢悦之后，杏妹把自己的护身符戴到江少杰的脖颈上，“它是在庙里开过光的，和尚说很灵验。俺现在就许愿：要是你永远喜欢俺，它会保佑你；可如果你变心，它会给你带来厄运，让你天打五雷轰，不得好死！”

天空随声附和，果真传来一声炸雷……

江少杰把护身符举在眼前。以前挂在杏妹脖子上他并未留意，那只是一个红木雕刻的拇指大小人儿，似笑非笑，似哭非哭，样子很像弥勒佛。但此刻拿在手上，他感到了一种庄重和神秘感。

我会永远戴着它，就像把你带在身上。他在心里说，除非我死掉。

赌局按着约定设在容海一家五星酒店的顶楼大套房里。黄敬凯从律师事务所办理好遗嘱文件赶到酒店，齐贵山已经携款和他们的对手等在那里了。

对手是3个年轻人，都是小老板出身，各有说不清的黑道背景。以往，黄敬凯是不屑与这类小角色为伍的。时间不多了，他得为接班的儿子铺路。出道多年，黄敬凯晓得这类人物对维护生意的价值。

“凯叔，你让我们好等啊。”为首的年轻人带着又见亲人的恭敬。他叫王飞，是这几个人的头儿。

“人都齐了？那就开始吧。”黄敬凯打着哈哈，“先亮亮底。”

几只式样大同小异的密码箱一一打开，纷纷显露出里面码放整齐的大面额钞票。

“呵，今天堆儿都够壮，玩时候加一倍怎么样？2 000元底，上不封顶，可以口口踢。”黄敬凯建议道。

“凯叔有兴趣玩大，我们只好奉陪喽。怎么锁(结束)？”王飞说。

黄敬凯一笑：“老规矩嘛，到一家筹码洗净靠墙为止，不许借钱。开牌开牌。”

袖筒里惯藏一支锯短枪筒猎枪的齐贵山蜷缩在角落里抽他的大烟斗，看似漠不关心，其实他在关注着赌桌上的一举一动。特别是黄敬凯近来的微妙变化，让他好生纳闷。

赌桌上进行的是港澳一带流行的同花顺玩法的变种，基本规则是比手里5张牌的牌花大小，大者通吃。

赌局直到天明结束，黄敬凯带的50万现金输个精光。

“老凯，这阵子你好像兴致很高啊。”没人的时候，齐贵山凑到黄敬凯跟前，“玩得越来越大，赌注一涨再涨。娱乐身心，伤筋动骨就没意思了。”

黄敬凯轻描淡写道：“不会的。玩嘛，就要痛快。”

“没看出来吗？那几个小子在拿你开涮。”

黄敬凯迟疑一下，点点自己的眼睛：“猫腻儿在眼镜上，头一场我就知道了。没多大勾当，让他们乐和乐和。找人陪哪能不付小费？”

见他从怀里摸出一只小药瓶倒出药粒，齐贵山狐疑地问：“不舒服？”

黄敬凯不慌不忙在他伸手之前揣回药瓶：“营养药，提神的，没事。好好看你的场子吧，有空常去酒店转转，你毕竟也是股东啊。”

“老凯，大家都是兄弟，有事你可别瞒着。”

瞒的就是你。黄敬凯心里哼着，我吃你的亏够多了，岂能再让我儿子继续吃下去？

“我总觉得，你最近不大对劲儿。”齐贵山忍不住接着问。

黄敬凯若无其事的样子：“怎么？说说看。”

“酒店的生意漠不关心，时不时叫小伟去照看，他可是还没毕业呢；兰妮最近一直给我打电话，追问你的下落；整天和几个毛头小子赌得昏天黑地……你从前的干劲哪去了？”

黄敬凯心想，我挣得再多，还不是白白让你拿走10%？嘴上却说：“家业早晚都是儿女的。小伟明年毕业，我打算让他马上接手。”

“马上？”

“是啊，我忽然觉得老了，干不动了。辛苦半辈子，也该享受享受了。”

“老凯，这可不像你的一贯想法。现在退下来，不嫌太早了？”

“咦，你这个当年的地盘老大，什么时候成了正人君子，倒教训起我来了？”

经过一整夜的火车颠簸，江少杰和韩子成抵达了目的地，第一次见到了大海。

面对黛蓝色的大海，江少杰顿觉心旷神怡、通体舒畅——这是一个无边无际的所在，深不可测，隐藏着神秘、财富，抑或死亡……但无论怎样，它完全深深地吸引住了这位23岁农家子弟的身心。他一时觉得自己是海洋中的一滴水珠，空气中的一粒尘埃，渺小得不能再渺小；又飘忽出拥抱大海的蓬勃欲望：我来了，大海，你是我的吗？……

现实却是无情的。先是找到江少杰的师大同学，对方在电话里吹嘘得天花乱坠的那份工作原来是搞传销。接着他们费尽周折找到韩子成室友所在建筑工地，矗立在面前的是一座座已经建成开始出售的居民楼，韩子成的公安专科学

校同学因盗窃入狱。这意味着，两个满腔热忱的乡下少年在热闹的容海市区突然陷入了举目无亲的尴尬境地。

置身华灯初上的水泥森林中，他们漫无目的地徜徉着，惶然四顾，直到疲惫不堪。

“先找个地方住下。”

他们住的是位于火车站附近的一家私营小旅馆。房间在地下，阴暗潮湿，除了两张吱呀作响的破木床什么都没有，与外面的灯红酒绿简直是天壤之别。就这，每张床位一宿还要20块。江少杰付钱的时候，心口不由得一阵发紧。

“会好起来的，明天我们就去找工作。”江少杰安慰一脸沮丧的韩子成。在他们的关系中，江少杰永远扮演着兄长角色。

韩子成睡着的时候，江少杰溜出去找服务台值夜班的男服务员聊了一会儿，在登记的时候他已经确认了对方同是乡下人的身份。那位服务员告诉他工作并不难找，关键看你找什么样的活儿，乡下人在这座城市只能算最轻最贱的一类，想混口饭吃就没得挑。江少杰在心里冷笑：我本来也不是来享福的……

8层高的希格尔大酒店位于容海市最繁华的地段中山路，这座始建于日伪时期的敦实建筑物原来只有4层，历来是容海有名的馆子。1989年易主后，黄敬凯在保持其原有建筑风格基础上加盖了4层，下面仍做餐饮，加盖的4层做旅店。十几年过去，虽然和四周雨后春笋般拔地而起的高楼巨厦相比逊色了不少，但希格尔作为全城餐饮业中档酒店龙头老大的地位仍不可动摇。如今，希格尔的身价也由黄敬凯买入时的百万出头翻上了十几个跟斗，没有负债，品质极其优良，有人曾出价5 000万元买它脚下的地皮，都被固执的业主拒绝了。资产方面，黄敬凯实际上完全独资拥有这座老店，齐贵山强取豪夺去10%股份是没有办法的事。

老王是在一个阳光明媚的早晨发现两个乡下小伙子睡在希格尔大酒店门前台阶上的。细算起来，他称得上是现在员工中资历最老的一位了。国营时代，老王是黄敬凯的小组长，相当于现今的领班。改变所有制后，原有员工都划归到区饮食劳动服务公司，唯独他扔掉铁饭碗留了下来。作为黄敬凯的师傅，老王心里有数，徒弟不会亏待他的。当然黄敬凯留下他不仅仅看在师徒情分上，重要的是老王一贯的工作态度：勤勤恳恳，任劳任怨。这一态度保证了老王在大堂经理的位置上一干就是十几年。

按照多年的习惯，老王又是第一个来到希格尔上班。

“喂，你们两个要饭的，别在这儿碍眼，酒店要开门了。”

睡在台阶上的江少杰和韩子成惊醒了，慌得起身就跑。

几天来，两兄弟被撞得几近头破血流。由于无知，他们揣着含金量低得可怜的文凭跑去人才市场应聘，结果可想而知。蹲了两天劳务市场，力工干不来，技术活儿自不必说。更糟的是愣头愣脑的韩子成不知何时被小偷掏了包，毕业证、身份证、100多块钱全都不翼而飞。前几天住店、吃饭、坐车，两人商量好一直是江少杰付账，临了他也只剩下十几块钱，这刚好够买一张回家的车票。江少杰看到好兄弟差点哭出来，建议成子回家去，他一个人留下。韩子成大概觉着一个人回去太不够哥们儿，一咬牙一跺脚下定了舍命陪君子的决心。

其实韩子成陪江少杰进城打工是揣着小心眼儿的。他一直暗恋杏妹，却从不敢表白，有处处表现优秀的江少杰存在，韩子成永远鼓不起勇气。他曾幻想江少杰考取公务员，和杏妹的关系无疾而终，慢慢疏远与老家的联系。没想到迎面是接二连三不软不硬的打击，韩子成连自己也陷了进来。

昨天夜里，总共只剩十几块钱的两兄弟被小旅店赶了出来。他们在淫雨霏霏的街头几乎踯躅了一夜。

江少杰不停地告诉成子，对磕磕碰碰小痛小痒他早有精神准备，要想做人上人过好日子，就要吃得苦中苦，承受常人所不能承受。他还举出了李嘉诚卖塑料花起家、比尔·盖茨一穷二白发迹的事例。韩子成听得心里发冷，想的只是如何填饱饥肠辘辘的肚子、钻进热被窝睡一觉……最后，他们在一家打烊的酒店门前避雨。借助昏暗的街灯，江少杰意外地发现了贴在门内玻璃上的一纸招聘海报，从中得知，这家急等用人的中等规模饭店叫希格尔大酒店……

江少杰拉着韩子成跑开几步，忽然想起招聘的事，急忙叫住老王：“对不起先生，我们不是乞丐，是来应聘的。”

老王回过头来，这才认真打量起浑身脏兮兮、衣冠不整的两个乡下青年。当他的目光与江少杰接触的一刹那，老王忽然有了一种似曾相识的感觉：小伙子眉宇间的一团英气好像在哪见过……心弦一拨，好感油然生出几分，老王便笑了笑：“8点钟以后进来找我。”

面试在4楼一间小办公室进行。这一方是洗过脸精神了许多的江少杰和韩子成，对面是大堂经理老王和领班曲三。问过几个简单问题，对答如流的江少杰被当即录用：试用期3个月，工资400元，包食宿，具体工作是大堂服务员，顶头上司正是曲三。

“他呢？”惊喜之余，江少杰指着旁边木头人似的韩子成。

曲三不屑地哼着：“一个连自己钱包都看不住的人还能干什么？他就请便吧。”

江少杰不卑不亢道：“我们两兄弟一块儿出来混，得同进同退。他不被录用，我也不便在这儿干。二位能否考虑一下，身份证可以补办……”

曲三不高兴了：“怎么着，开场就和我叫板？得，我成全你，你们俩都给我走人。”

江少杰二话没说，拉起韩子成便走。不料给门口的一只拿着手提电话的手拦住了。抬眼望去，这是一个高瘦的少年，长发，面白如纸，有一股盛气凌人的神气。

“这位兄弟很讲义气嘛。三儿，就让他们哥儿俩都留下吧。”那人轻飘飘地说。

事后江少杰才知道，那位为他们说话的少年叫黄伟，在读大学，是希格尔大酒店的少东家。

试用期很快过去，转眼江少杰和韩子成在希格尔大酒店已经干了几个月，转为正式聘用员工。转正后每人加薪200元，加上偶尔得到的小费、奖金，一个月算下来应得800元左右。但江少杰几乎每个月都拿不到全薪，原因是好兄弟韩子成动辄出错，完不成基本定额，月底结算总要被罚扣工资。江少杰不忍心自己的兄弟拿得比别人少，便和经理老王商量把一些责任算在自己头上，和成子拉齐收入。

在这期间，江少杰迅速成为酒店大堂最好的服务生。几乎没人知道，他常常是在天不亮就爬起来练摆台，背菜单、酒牌，下的是高考复习的工夫。他时不时提醒韩子成：端盘子是最简单的工作，连这都做不好还能干什么？为此，江少杰也曾多次拉他练服务生基本功，因成子又懒又贪睡只好作罢。

江少杰的出类拔萃有目共睹。按酒店的奖惩规章，大堂服务生成绩优异的可以提升到楼上做包房服务，那意味着更高的营业额和丰厚的小费。但有韩子成拖累，加上与领班曲三开始的不快，江少杰仍蹲在大堂里得不到提升。

会好起来的。对于现状江少杰并不过多挑剔。一切都在好起来。也许用不了多久，我会成为领班，甚至当上经理。江少杰想。

每周一、三、五设在黄家别墅的牌局是雷打不动的，牌搭子也几乎是固定的：老公做房地产的徐美云、股票大鳄“发展王”的老婆王凤英、国企大老板夫人钟娜，有时还要算上忙半年闲半载和兄弟合开影视公司的章玲。这几个半老徐娘年龄相仿，家境同样因暴富而殷厚或深不可测，志趣相投又有的是时间，更重要的理由是大家都有怨妇式的隐痛，形成一个小圈子便是自然而然的事。

“兰妮，有日子没见你们家老黄了，他忙啥呢？”问话的是心宽体胖的徐美云。

“那个X养的，谁知在哪个耗子洞猫着。”兰妮立刻没了精神，长吁短叹起来，“我抓他离婚都摸不着影儿。”

“离婚？那才叫傻呢。咱们辛辛苦苦省吃俭用帮他们挣下攒下了，临了给那些小骚蹄子倒地方？不离，偏不离，愿意扯上外边扯去，眼不见心不烦。”王凤英说。

“就是。现在这男人，有俩糟钱儿啥砢碜事都干。养一个那算规矩的，嫖娼、狎妓，要多恶心有多恶心。”徐美云说。

章玲乐得露出满嘴鲜红的牙龈：“温饱思淫欲，自古而然嘛。都什么时代了，你们还这么想不开？”

“说来说去，都是钱烧的。掐断他们的经济命脉，准灵。”没上来场的钟娜插了一嘴。

“不成。”徐美云说，“我们那口子叫我控制得连烟钱都得张嘴要，谁成想跟保姆搞上了。就那骚人，锁到柜里他都跟耗子飞眼。”

“兰妮，瞧见没有，咱们几个老姐妹一样闹心，却只有你认上真了。”王凤英说。在这个小圈子里，她和兰妮最要好。

“不离能咋着，反正我是铁心了。”兰妮苦笑着。其实口号喊了好几年，究竟这一步怎么往出迈，她心里并没准谱儿，“守活寡的滋味你们都知道，真他妈不好受。”

“要是只差床上那点事，我倒有一良方，包治百病。”王凤英说。

“什么方子？你快说说。”钟娜的好奇心总是很强，脖子伸得长颈鹿一般。

“去年到香港旅游时我就听说了，”王凤英拉着长声说，“那儿时兴太太周末旅行团，专到大陆深圳打野食儿。我开头不信，以为是瞎扯淡，跟朋友过了罗湖桥一看，还真有那么回事：深圳有好多家酒店，服务员都是男的，专为女顾客服务，当然是全面服务。一水的小生荒子，个个高大威猛……台湾管这种人叫‘牛郎’，香港叫‘鸭子’。”

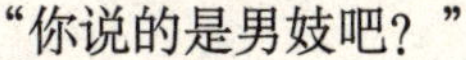

“你说的是男妓吧？”

“连这都不知道？有钱的娘儿们现在都玩这个。”王凤英继续道，“从那以后我算开了眼，兴他们泡妞找小蜜，咱们女的咋的，不都是人？”

“哎，你是不是也找‘鸭子’了？”

“我可没那么下作，嫌脏。不瞒老几位，我找了个相好的，给他来个一枝红杏出墙去。”

几个人立刻像看见了吗啡的瘾君子，给刺激得抓耳挠腮屁滚尿流。

“凤英，你这情人干啥的？”

“他多大年纪……”

王凤英的隐私唯有兰妮知道底细。那是个不到30岁的小伙子，人长得很帅，在王凤英老公手下做操盘手。暗地里，兰妮既兴奋又疑惑，因为他们几乎相差20岁。王凤英倒是振振有词：他们找的那些小姐呀秘书的哪个不是咱闺女的岁数？据她私下说，她和小情人半个月幽会一次，很有节奏地享受着偷情之欢。此前，王凤英也曾和她那位“发展王”丈夫把家庭战争发动得有声有色，从那以后反倒相安无事，再不提离婚二字了。

几个人还缠着王凤英自曝隐私，饱汉子不知饿汉子饥的章玲不干了：“喂喂喂，要开会另找时间，该谁出牌了？”

兰妮心不在焉打出一张有用的牌，章玲立刻抢了去：“哈，我和了！看好，门清，对对和，还是清一色。兰妮点炮5 000，你们每人2 000元。今天我请客。”

只有侍立在一旁的黄家保姆郝嫂看见，在几个牌搭子专注于王凤英的故事里时，爱占小便宜的章玲偷了一张牌。

“好不容易和把大的，别破费了，中午在这儿吃吧。”兰妮说，回头吩咐郝嫂叫酒店送几样可口的饭菜来。

郝嫂无声地走开去打电话了。这个眉清目秀有几分姿色的乡下妇女是黄敬凯的远亲，心甘情愿在黄家干了近10年，理由只有她自己知道。

一个小时后，被临时指派的江少杰来到了老板家。

这是江少杰第一次踏进位于海滨的黄家别墅，眼望金碧辉煌足有一个篮球场大的客厅，他的第一个感觉便是震撼带来的窒息：这是人住的地方吗……霎时，他的眼前对比性地幻现出自家的三间破草房，血一下子在胸膛里涌动起来，说不清是激动还是愤怒……

很快他意识到了自己的失态，从郝嫂泛着眼白的冰冷目光里。

“哦，菜放在哪儿？”

郝嫂没言语，摆了一下头，带着木乃伊一样的表情示意来人提着大食盒穿过大客厅来到饭厅。在那里，一架自动麻将机正在为兰妮她们洗牌。按照郝嫂的指点，江少杰手脚麻利地将食盒内的丰盛饭菜摆上台面。在这期间，郝嫂监工一般站在旁边，显示着自己不同于酒店服务员的小小尊严。

“菜齐了，各位请用餐。”摆好台，江少杰习惯性地后退两步，恭敬地对几位雍容华贵的女士说道。他还不知道谁是女主人。

兰妮首先站起来，招呼几位女伴。眼角扫过恭恭敬敬站在一旁的酒店伙计，她一时愣住了。

近一段时间，时而在微醺的醉意中和睡梦里，恍惚她总能撞见年轻时的黄敬凯，清醒时却无影无踪。虽未用心去探究，她还是记住了这类事的发生。

眼前的这位年轻人，额头、脸型、鼻子……还有个头，都带有黄敬凯青年时代的影子。不，眼睛不像，黄敬凯那会儿双眸总是两团火，而这个人，眼神里缺乏那种诱人的热情……

与此同时，江少杰也怔住了。

那还是他和韩子成初到容海满大街找工作的一个晚上，他们在一家酒店不远处发现两个乞丐在纠缠一个醉得一塌糊涂的中年妇女。他和成子当即斥退乞丐，把那女醉鬼送上了出租车。虽然现在站在对面这位被他判断为老板娘的仪容高贵夫人与那天的女醉鬼判若两人，江少杰依然从她眉梢那颗红痣上认出，她们是同一个人。

“我好像……在哪见过你？”兰妮率先打破了僵持，梦呓似的说道。

“是吗？我不记得了。”扫一眼令人窒息的满堂辉煌，睨着那几位夫人眼神中的猜疑，江少杰已经拿定主意：这事不能贸然承认。

“老板娘没事的话，我先回去了。”说着，江少杰拎起空食盒谦卑地退出饭厅，牵着兰妮的目光。

“喂，看什么呢？”王凤英悄悄凑到兰妮身边咬起耳朵，“你们家这伙计看着可挺不错，一看就是个雏儿。怎么样，照方抓药吧？”

净他妈扯。我兰妮再贱也不会委身酒店服务生吧。兰妮在心里冷笑。

然而那天夜里，兰妮又见到了年轻时的黄敬凯，再次体验到了第一次遭遇肌肤之亲的滋味。虽说梦中的体验既不真实又让人感到恐惧，兰妮还是兴奋得大叫一声，生生喊醒了这个春梦！

第2章

这是个稀松平常的日子，没有任何迹象表明，这一天会成为江少杰改变命运的起点。

那天酒店大堂里的秩序一如既往。江少杰为自己服务的客人撤了台，端着一大摞碗碟刚进厨房，看见曲三正左右开弓扇韩子成的耳光。不用问，准是成子又偷吃客人剩的菜让领班抓住了，成子为这个挨打已经不是第一次了。或许是被打的是自己的兄弟，或许是屡次被小瘦猴似的曲三穿小鞋的怨气爆发，江少杰带着一股火一膀子将矮他半头的曲三撞了个趔趄。

“妈的，又是你！”曲三登时火了，随手抓过一把火铲，“江少杰，我看你是活腻了！”

江少杰并不畏惧，一直把曲三逼到墙角：“敢动手，我让你满地找牙。我兄弟千错万错，也轮不着你打！”

“你想怎么样？”曲三虚张声势地握紧手中的火铲。

“没说的，给成子道歉。”江少杰的语气不容置辩。

很多员工都围拢过来，却没人拉架，大家都巴不得有人教训一向骄横跋扈的曲三。只有韩子成捂着被打红的脸颊嗫嚅着：“杰哥，都怨我，你别惹三哥生气，给三哥个面子……”

江少杰眉头一挑：“你的面子谁给？他必须道歉！”

曲三见韩子成替他说话，也来劲了：“还反了你了，我找老板开除你！”

江少杰冷笑：“他要是向着你这种人说话，也就不配做什么老板了。”

“说得对，三儿，是你太过分了，照这小子说的做。”

一个陌生的声音从人群后面响起。江少杰循声望去，见来者是一个中年人，身材瘦高，冰冷的目光中有一种让人敬畏的威严。他不认识这个人。

曲三竟立刻蔫了，耷拉下脑袋对韩子成嘟囔道：“对不起，我不该打你……”

那人满意地点点头，上下打量起江少杰：“你是新来的？”

旁边的老王向他介绍江少杰，才来一个月，是大堂最出色的服务生，还是

师大毕业生。

“阿杰，这是咱们黄老板。”老王说。

江少杰惊异地望向黄敬凯，那人只微笑一下便走开了。

这是江少杰平生第一次离一个富豪级人物如此之近。事后他反复咀嚼着这次意外的会见，给自己的表现打了及格分。只是其中有个小小的遗憾：大老板没给他对话的机会。

但他一定会记住我的。江少杰想。

夜深了，大堂里的工友们都已入睡。希格尔大酒店名义上为下级员工备有职工宿舍，但每个月要扣掉100元住宿费。为省下这100元，江少杰、韩子成和大多数工友选择了睡大堂的椅子。8张椅子对在一起，又硬又窄，稍不留神还会弄出响动，“舒适”程度可想而知。

江少杰又失眠了，索性爬起来坐到角落里的一张桌子前写信。此前，杏妹曾来过好多封信，不外是些热得发烫的字眼，天冷多穿衣服、别让城里的姑娘看花眼之类。但昨天的一封才是他睡不着觉的原因，杏妹告诉江少杰：他妈妈的心脏病入秋以来犯了两次，每次都折腾得让人揪心。江少杰知道，母亲得的是风心病，怕变天，一上冷便会发病。杏妹还打着于金花的名义告诉他：你妈说自己老了，盼儿子早点回来顶门立户，她等着抱孙子。

信写了开头，却不知如何往下写。江少杰枯坐良久，想着眼下的艰辛，想着母亲的病，想着和杏妹的未来，心里直发冷，最后把只写了杏妹名字的一页稿纸揉成一团。

出租车停在希格尔大酒店门前，下了车的兰妮反而犹豫起来：我这是来干吗呀？

两个星期以来，兰妮屡屡梦见青年时代的黄敬凯。她当然知道梦从何来，都是见了那年轻伙计的缘故。只是踌躇再三始终下不了决心，诸多说不清的因素一直缠绕着她。兰妮明白，解梦的最好途径不外是去一趟酒店，尽管她心里更多的只是好奇而已。

“老板娘，您怎么大驾光临了？”曲三哈巴狗一样抢在迎宾小姐之前推开大门。

这一下兰妮不得不走了进来。在老王的陪同下，兰妮在底层大堂里装模作样逛了一圈。由于是刚开门，几乎还没上来客人，服务生们大都规规矩矩背手站在自己的服务领地，在他们中间，兰妮没发现那个和青年黄敬凯有几分相像

的年轻人。在电梯门口不咸不淡问了些经营方面的事，老王半是猜测半是建议道："您要上楼看看吗？"

结果兰妮顺水推舟果真就上了楼。2楼到4楼是清一色包房，同样由于没有客人，服务生们都站在各自的包房门口。出乎兰妮意料的是，江少杰就站在电梯旁一间包房的门口！她觉得身体一下子热了起来，在扑通扑通的心跳中，和老王已经来到了江少杰面前。

眼前的服务生像是没看见来人，他两手背在身后，双眼上翻，嘴里还无声地念叨着什么。

"你自言自语在干吗？"兰妮板着脸问道，连她自己都听出来，她的声音多少有些装腔作势。

江少杰吓了一跳，也像是看见来人愣住了，半晌没说活，只是手仍背在后面，直到兰妮伸出手来。她拿过去，看到那是一本原版英语读物。兰妮翻看着，并没有还给他的意思。

"这是你服务的包房？"

老王告诉她，江少杰是刚提上来的包房服务生。

兰妮点点头："正好我还没吃早饭，在这儿对付一口吧。老王，你忙去吧，不用陪我。"

坐进包房的椅子，兰妮手上仍翻着英语读物，拉着长声问过噤若寒蝉的江少杰姓名年龄籍贯之类，便没什么话说了。看他一直盯着她手上的书，兰妮这才重新找到话题。

"你是想一边打工挣钱，一边复习考公务员？"

"对不起，我不该在工作时间看这个……"

"我并没有说你这样不对呀。很有志气嘛。"此语一出，兰妮吓了一跳：自己多久没这么温柔地跟人讲话了？

"我刚刚想起来，"兰妮漫不经心地说，并努力使声调平缓，"有一天我在街上喝多了，被人纠缠，险些被抢了包。是两个年轻人替我解的围，其中好像有你吧？那天去我家，你没认出我来吗？"

江少杰的回答是咧嘴笑了一下，这在兰妮看来很迷人。问到早餐食谱，江少杰如数家珍背了一遍，最后建议一份菜单便出去了。剩下兰妮一个人，她这才发现手心是湿的。

枯坐一会儿，她来到包房卫生间。镜子里出现的是一张徐娘半老的面孔，嘴角、眼角、额头上的皱纹细细端详像一张蜘蛛网，叫拿着化妆盒的兰妮不知

从何下手，继而惶惑：我一大早来这儿究竟为了什么？脑子里一会儿是江少杰那张年轻的生气勃勃的脸，一会儿是王凤英和小白脸偷情的故事，一时乱成了一锅粥……

几分钟后，当江少杰端进兰妮的早茶，她已经不在那儿了，而且再也没回来。

今夜的牌局在黄敬凯的坚持下改在希格尔大酒店顶楼一间套房里，其实这是他精心安排的结果：今晚他要掀桌子。

王飞和他的两个牌搭子如约而至。照例是一一开箱亮赌资，牌手围坐下来，齐贵山仍去角落抽他的烟斗。第一手牌发完，黄敬凯忽然摁住自己的牌，笑道："我有个建议。咱们一起玩了这么多场，以往你们都戴眼镜，而你们似乎并不是近视眼，我的建议是哥儿几个能不能把眼镜摘下来？"

王飞和他的同伴面面相觑，最后笑了："既然凯叔怀疑我们出千，听你的。"几个人爽快地照办了。"我押2 000。"王飞的声音听上去充盈着一如既往的自信。黄敬凯把牌一扣，看都没看："不跟。"结果这一把是3个年轻人窝里斗。第二把、第三把黄敬凯仍弃权，而且坚持不看牌。

到第四手牌，王飞沉不住气了："凯叔今天玩的什么花样？怯场还是拿我们开心？要不今天到这儿算了。"

黄敬凯不动声色道："你错了，这手牌我跟。你的牌花大，开叫吧。"

王飞不假思索地开叫5 000元，黄敬凯跟进，而且加了倍。第四手牌的第三张发完，另外的3个人都大，叫牌叫到了1万。黄敬凯再次跟进。到这手牌的第五张发完，对手的牌花远远大过黄敬凯。

王飞笑道："牌面上我已经比你大了近30点，凯叔，这把你还是弃了吧。"

"玩嘛，"黄敬凯从自己的钱箱里扔两沓过去，"我不仅要跟，还要加倍。"

"踢你一口。"

"我再加倍。"

桌上的钱已经堆得像小山一样，足有二三十万，而这只是赌一手的筹码。

王飞点点头："你老人家是要一把定胜负，我舍命陪君子。不过，这下凯叔怕是要输惨了，亮底吧，我的牌花是……"

"慢！"黄敬凯隔案抓住他准备掀牌的手，"急什么，何不先让我来猜猜

你的牌——你底是1个A和1个K，加上面的3张应该是3个A两个K，而我是4个2和1个10！”

黄敬凯摔开彼此的两手牌，果然一点不差！王飞目瞪口呆，他的两个牌搭子也傻了。

黄敬凯开怀大笑，并在笑声中取下角膜上的两只特制隐形眼镜：“臭小子，我早知道你们玩花活。喂了几十万，我等的就是今天。”

王飞更不含糊，霍然起立的同时手上已经多了一把钢珠手枪，另两个人则掏出了刀子。

黄敬凯再次大笑：“螳螂捕蝉，黄雀在后，你们瞧！”

不用瞧王飞便知道，老江湖齐贵山那把著名的锯短枪筒的雷明顿五连发霰弹猎枪正对着他的脑袋。黄敬凯不是吃素的自不必说，王飞刚才亮出家伙是做这一票的规矩——出千露底，脸面还是得做个姿态遮挡一下，免得不好看。于是他头也没回便扔了钢珠手枪，和持刀那两个齐刷刷跪倒。

“凯叔，我们错了，您大人不计小人过。”

“赢的钱我们如数奉还。”

黄敬凯笑而不答，只顾喝茶水。

王飞心里没底了。以他的理解，黄大老板不会为几个钱跟他们过不去，搞这个排场一定另有用意。“凯叔，您老有话，尽管吩咐吧。”

被点中了，黄敬凯也不好演下去了，一一把他们拉起来：“那点茶水钱权当赏你们了。不过，今后你们要绝对服从我。”

听到这话的齐贵山一愣。没等他咂摸出滋味，黄敬凯拍响了巴掌，从门外走进了黄伟。

“尤其要听从他的调遣，”黄敬凯指着黄伟，“这是我儿子。”

齐贵山明白了，黄敬凯是在给儿子招兵买马，而且竟当着他的面。他冷笑着，一言未发退出了套房。

送走王飞一伙，黄伟亲自开车送老爸去他的秘密住所。

“爸，这都什么年代了，您还搞打打杀杀这一套，我根本不需要这个。”

黄敬凯喟叹：“你还年轻，不了解这个社会。希格尔家大业大，需要方方面面力量的支持，缺一不可。我在给你铺路子。”

“即便需要黑白道摆事儿，齐叔堪称老江湖了，到时候谁还不给面子？”

“一朝天子一朝臣，等你打理酒店，齐贵山未必听你的指使。他刚才的表

现你都看见了，你必须有自己的人。”

“老爸不放心，明年我接手您再带一阵子，帮我捋顺捋顺关系。”

“我怕……挺不到那时候啊……”

奔驰560一个急刹车，停在午夜的马路中央。

“爸，你这话什么意思？”黄伟声音都有些颤抖了。

“哦，我是急于退休，随便说说。你姐姐肯回来帮你就好了。她可是比你聪明，有干大事的天赋……”

父子俩都明白：那是不可能的。因为侵吞了伯父黄思凯应得的家族遗产，黄玫恨透了父母亲，人虽在本市读大学，却几乎没进过他们的家门。

黄敬凯为自己私购的住宅位于海边的景阳小区，两房两厅，面积不大却极为舒适。父母长期不合是公开的秘密，黄伟只是纳闷他们干吗不离婚。父亲的回答是“已经没有意义”。

“图个清静，省着你妈一天到晚和我吵。这儿除了你，还没人来过呢。”

黄敬凯吃药的时候，黄伟耐不住好奇想看药瓶，却被父亲不动声色地揣了起来。

“爸，您最近可见老啊。一个人在这儿多有不便，要不要找个人贴身照顾？”

黄敬凯点点头：“我正琢磨这事儿呢。”

“可我弄不懂，您才40出头，正是年富力强，怎么忽然急着要退休呢？”

黄敬凯沉默良久，答非所问地告诉儿子：“小伟，我和你妈互相讨厌是一回事，她是你母亲又是一回事。以后，你要好好照顾她。”

黄敬凯听从儿子的劝告，来到希格尔大酒店挑选跟班助理。起初他曾打算招聘一名秘书，回头一想不过是找人照管日常起居，人机灵一点就可以了，文化程度并不重要，于是便想到自家酒店有200多名员工。在前一天晚上他给老王打过电话，讲了自己的打算和要求。老王给他列了一张候选人名单。

刚进酒店大堂，靠外侧一张桌上发生的一桩小事吸引住了黄敬凯的脚步。在那张桌上，是一对金发碧眼的外国人，看上去是夫妻，韩子成在接待他们。黄敬凯听不懂外国人在说什么，但也看得出韩子成也听不懂。彼此言语不通，一时间像是僵住了。“Who can speak English here?（这儿谁懂英语？）”洋婆子似乎不高兴了，拍着桌子，“You get out! Let someone serve!（换个人来服务！）”看韩子成手足无措的样子，洋婆子的丈夫愈发嚣张起来：“A pig!（你这头猪！）”“猪？”韩子成拼命眨着眼睛，总算听懂了一个单词。“你

们要吃猪肉？”这时2楼包房服务生江少杰走下楼梯，他是到楼下吧台为客人取酒的。当看到老板黄敬凯在楼梯口一脸铁青地盯着韩子成的桌子和那对在戏耍着他的外国人，江少杰马上知道发生了什么——成子的外语考试从未上过及格线，听力更是一塌糊涂。重要的是大老板在场，这无疑是一次机会，它意味着什么虽不清楚，但肯定是可遇不可求的天赐良机。于是江少杰不假思索地走过去，站在洋夫妇和同乡兄弟之间。

“Behave yourself，sir！Don't be biting”（先生，请你放尊重些，不要出口不逊！）

洋丈夫吃了一惊，“Can your speak English？Are you the manayer？”（你懂英语？你是这儿的经理？）

“Just a waiter．”（我只是一名服务生。）

洋婆子的音调也降了下来，赔着笑脸道：“Sorry. That's a joke！please take me a meun.”（对不起，我们只是跟这个人开开玩笑，请为我们介绍菜单。）

江少杰想了一下，故意介绍起菜谱上最贵的几道菜：“The special dishes in the restaurant are Australian lobster，Oyster of the South Sea，Philipine abalone...But they are all expensive．Have you got enough money for them？(本店的特色菜有澳洲龙虾、南海牡蛎、菲律宾鲍鱼……不过价格很贵，你们怕是吃不起吧？)”

洋丈夫众目睽睽之下被迫拿出一把美钞：“No problem！”（钱不成问题，尽管上吧。）

江少杰记下菜单，交给韩子成。“等着吃吧，你们这两头白毛猪。”这次江少杰说的是汉语。

在场的人莫不为眼前这一幕鼓起了掌。在掌声中，黄敬凯将老王推荐的名单还给他：“用不着了。让这个人马上来见我。”

几分钟后，江少杰第一次走进了希格尔大酒店总经理办公室。在忐忑的心跳中，江少杰被要求讲述了一遍他和那对洋夫妇的对话之后，黄敬凯亲切地问他：“愿意做我的助理吗？”

那一刻，江少杰觉得世界都凝固了。

奔驰560驶入酒店停车场，西服笔挺、风度翩翩的江少杰走出车子。他刚刚考取了驾照，忙里偷闲来看成子的。

两兄弟一个一步登天地做了老板跟班，一个还在做服务生，韩子成自然羡慕得眼睛发红，只有江少杰明白彼此的区别并没有质的变化。

“好家伙，连车都会开了，伺候大老板够刺激吧？”韩子成坐到驾驶位上，乱扭着方向盘。

“你是不知道，一天到晚喘口气的工夫都没有。我简直成黄敬凯的裤腰带了，除非他上床睡觉才把我解下来。曲三这阵子没再欺负你吧？”

“没有，也知道给咱笑脸儿了，有一回还自掏腰包请我喝顿小酒呢，还不是看你的面子。”

想起从前受的气，江少杰总是忍不住冒出揍曲三一顿的念头。

韩子成告诉他，家里刚来了电话，让他抽空回家去相门户，但成子没兴趣。江少杰知道成子是想找杏妹那样的，而且清楚成子跟他进城起初也是很盲目的。如今眼界开了，不愿回老家也是自然而然的想法。

“杰哥，你说，咱们在这儿能站住脚吗？”

“这不是已经站下了。”江少杰半开玩笑地说。内心里，他自觉抓住了一两个机会，若能再上一个台阶，坚信在容海扎根应该不在话下。至于报考什么公务员，先玩蛋去吧！

“听说旅店部的卢经理就是从黄老板助理干上去的。杰哥将来高升了，可别忘了拉兄弟一把。”

“成子，你我是哥们儿，堪称患难之交，到啥时候我敢忘了你？”

“真到风光那一天，你还会要杏妹？”韩子成问得漫不经心，其实他最关心的是这个。他不止一次幻想过，杰哥出息大发了，最终讨了城里女人，杏妹身边的空缺便是他的了。

“为什么不要？”江少杰认真地说，“杏妹是抗着家里跟我好上的，仅凭这一点就叫我感激不尽了。而且……”

韩子成知道“而且”的含义。在离家进城前的那个雷雨之夜，他曾尾随江少杰去过乡卫生院。成子虽笨，却本能地感觉到他们之间一定会做些什么。当时卫生院值班室里发生的一切成子看得清清楚楚。在他听来，杏妹那不逊雷声的惊天动地喊叫令之既激动又悲愤。那是韩子成第一次体会到什么叫绝望。

“嘿，我要能找到杏妹那样的该多好，这辈子八成是不可能了……咦，杰哥你看那人像不像杏妹？”

江少杰顺着他的手指望去，一个身高和杏妹差不多的姑娘正背对着他们跟酒店保安说话。还真是杏妹！

于金花是被周老疙瘩家的卡车拉来容海的。一大早，杏妹去看未来的老婆婆，因为这一阵子她都病歪在炕上下不了地。杏妹一进屋就觉出异常，于金花面无人色，只能喘气儿说不出话来。人命关天，尽管周老疙瘩一百个不愿意，还是叫二儿子给出了车。先是到的县医院，那里给做了检查、打了吊瓶，又说治不了，让送大医院。是杏妹做主，说服二哥跑了趟容海。她去找江少杰时，他妈已经安顿在市医院了。

江少杰赶到医院，母亲于金花正躺在病床上打吊针。他在进去之前一再告诫自己：千万挺住，一定要挺住。但见了那张半年来日思夜想的面孔，特别是那上面的皱纹似乎更深更密了，头发亦花白了许多，江少杰怎么也管不住自己的眼睛。

"杰儿，你来了。"于金花的双眼倏然放出光亮，脸上隐隐泛出红潮，人一下子精神起来。手抚儿子淌满泪水的脸，也不去劝慰，像是在鼓励儿子尽管哭够。

好不容易才说出话来，跟母亲唠半天自己现在的情况，江少杰忽然想起该去医生那里问问病情。

于金花的主治医生是一个三十多岁的年轻大夫，他为患者又复查了一次，因而对病情掌握得比较全面。他告诉江少杰，患者是风湿性心脏病，病因是先天二尖瓣闭锁不严。他在一张心脏解剖图上指给江少杰看——这是一个可以开闭的膜状结构，主控经过心脏的血液流动。心房与心室之间带有瓣膜的通路，心房收缩时血液从通路流入心室。而瓣膜闭锁不严，由心房压入心室的血液只有一半左右，经动脉输送到肺部和全身其他部分的血液也就严重不足……

江少杰虽然懵懵懂懂只听出个大概齐，但关键词他还是听明白了：母亲的病非常严重。

"医生，那该怎么治啊？"问话的是杏妹，她和江少杰一样焦灼，因为没人比她更清楚母亲在他心目中的位置——从5岁开始，那是他在世上的唯一亲人。

"你母亲多大年纪？"

"43。"

那年轻医生点点头，岁数可以，应该还来得及。手术换人造瓣膜是唯一的救命方法。

他还介绍说本院就能做这类手术，而且安全系数很高。"那至少能换来患

者10年以上的寿命。不过手术费用很贵。”

“要多少？”

医生上下打量着西服革履的江少杰，轻轻吐出一个数目：“20万。”

江少杰觉得自己的呼吸停止了。20万，我一生能挣来这么多钱吗？好半天回过神来，嗓音低得只有他自己能听见：“要是不做手术呢？我是说……光吃药行不行？”

医生耐心地告诉他：“患者是先天心脏结构有问题，打针吃药只起缓解作用。不手术，那就想啥吃买点啥吧。我只能提醒你，患者随时可能过去。”

江少杰像是在战场上被炮弹震聋耳朵震坏心智的伤兵，他不知道自己是怎么离开医生办公室的，更不消说听见杏妹和成子安慰了些什么，甚至没有勇气再去母亲的病房面对她那双眼睛——她在期待儿子来挽救生命啊。现在江少杰能做的，只是蹲在容海市人民医院住院部走廊的尽头让自己发蒙发傻，连哭的信心都没有，直到韩子成一再提醒他手机响半天了。江少杰这才记起自己的身份，不仅没有能力，而且身不由己。最后他只能掏空了自己的口袋，到病房门口偷偷看望一眼，回老板黄敬凯那里听喝去了。

这一夜，江少杰一眼未眨。这位初涉人世的少年又一次体会到了贫穷的可怕：它不单单意味着大学毕业花不起人情费找到理想工作，甚至会要一个人的命。

第二天他把黄敬凯送到该去的地方，抽冷子把车开出来去找韩子成。事先并没打招呼，成子已经把自己的钱全取了出来，这是好兄弟之间的默契。然而两人加在一起也没凑够1万块钱。更让江少杰心灰意冷的是，等他们赶到医院，母亲和杏妹已不在了，留在那里的只有一张字条。

杏妹在字条上说，昨晚江婶一再追问儿子的去向，她让杏妹给儿子留话：好好干，多攒钱，争取早日回家把房子翻盖一下好娶亲，不用惦记她的病……

奔驰560没头苍蝇似的横冲直撞，韩子成不知道他要往哪开。

突然，大轿车一个急刹车停在马路中央，江少杰瞪起血红的眼睛拼命摇撼着成子的肩膀，吼着：“我要挣20万，给她做手术！你听到没有，我发誓挣到20万救我妈的命！”

在韩子成的记忆里，江少杰从未这么凶狠地激动过。他不知道好兄弟用什么方法能挣到天文数字这么大一笔钱，但他了解江少杰的韧劲儿：说到做到，九头牛都拉不回来。那可是20万啊，韩子成隐隐约约感到了一丝不安。

如果父亲还活着，她一定不会吃那么多苦，也不会得上那么重的病。

妈是为了我才病倒的。

如果我有钱，第一件事就是给妈治病。

几天来，这个简单推理始终萦绕在江少杰脑子里，而且愈来愈清楚，愈来愈坚硬。

“还没睡？”是黄敬凯起夜看见他房间亮着灯走了进来，“你哭过了？”

江少杰连忙藏起母亲的诊断书，做出没事的样子。

“伺候我可不轻松啊，你得休息好。阿杰，对你的表现我十分满意。”黄敬凯破天荒地坐在江少杰床上，拍着他的肩膀，“应当说咱们俩很有缘，你身上有一种特别的东西吸引着我，嗯……我也说不上那是什么，反正第一次见面我就喜欢上了你小子。好好干，将来我会给你一个满意的安排。睡吧，明天可是有场恶战。”

在江少杰心目中，老板虽算不上十恶不赦的坏人，倒也不很令人讨厌，连他自己都承认，他们主仆之间有一种看不见的亲和力。另一方面，据江少杰观察，其实黄敬凯的日常生活索然寡味挺没劲的，缺乏实质性内容，打牌豪赌是必修课，偶尔招个三陪小姐过夜，到月底去酒店收账等等。因此，江少杰有足够的理由瞧不起自己的老板。

翌日的赌局在国际大厦开场，江少杰从黄敬凯的电话往来中得知，到场的是几位容海有名的私企大亨。本来行前黄敬凯准备了一箱现金，拎在齐贵山手上。黄敬凯怕不够，又打电话给酒店叫老王把当天的营业款留出来。于是在赴国际大厦的途中，便有了江少杰把车停在希格尔大酒店门前，黄敬凯和齐贵山留在车里，他独自一人上楼取钱这个小插曲。

老王和财务经理等在财务部，准备好的现金装在一只不大的拷克箱里。

“这是20万，阿杰，你点一下。”

20万？这么巧！

“阿杰，你怎么了？要我们帮你点吗？”

“啊，不必了，凯叔他们在外面等着呢。”

拎起拷克箱，江少杰从未觉得箱子这么重。此前，也曾拎过几十万巨款，竟没感觉到特别之处，但这一次他觉得手上是一条人命，是自己生母的性命。

走在走廊里，江少杰从未这么紧张过，因为他突然放大了一个前所未有的念头。

如果不是老王殷勤地送他到大门口，江少杰已经从底层厨房后门得逞了。

奔驰560启动，载着黄敬凯和齐贵山赶赴赌场。

20万，20万，刚好是老妈的救命钱啊。一想到几分钟后箱子里的巨款纸片子一样在赌桌上飞来飞去，江少杰不禁怒火中烧，烧得头脑里越发清晰了那个念头。

车到国际大厦门前，江少杰故意磨蹭一会儿滞在后面，却又不敢离得太远。依次来到大堂，刚好电梯开了，偏偏等着上楼的只有他们3个。怎么办?

“阿杰，上来呀。”在前面进去的黄敬凯招呼他。

江少杰灵机一动，边说边往回走：“车钥匙我忘拔下来了，凯叔你们先上吧。”

没给他们说话的机会，他已经跑出了门厅。

然而齐贵山却觉得不对劲，又说不上是哪儿。直到电梯升了一半，他才猛然想起：那把车钥匙，分明拿在江少杰手上啊。齐贵山当即下了电梯，从楼道下去撵到停车场。

奔驰560还在，江少杰和拷克箱都不见了。

“老凯，是我。”齐贵山一手打着手提电话，一手在袖筒里拎着雷明顿猎枪，“他跑了，只留下车钥匙。我马上布置人追到他老家去。”

沉默片刻，黄敬凯在电话里说：“等一等再说吧。”

第3章

出租车沿着国道狂奔300多公里，于午夜时分赶到大岗村。

江少杰下了车，发现自家的窗子亮着灯。举手敲门的时候，他发现自己的心脏还在狂跳不已。一路上的万分紧张是害怕黄敬凯派人追来，而现在的不安则要面对母亲不可避免的诘问：钱哪来的？

挨近窗户，隔着玻璃和窗帘，他听到了母亲的呻吟和有气无力的咳嗽……不，可能不是听到的，而是感觉到的。江少杰甚至看得见母亲披着棉被倚在墙上的情景——随着病情加重，她已经无法躺着睡觉了。这意味着医生的警告，随时会变成现实。

江少杰手上的拷克箱越发沉重了。

凭母亲的一向为人，她一定会问儿子这笔巨款的来头。如果江少杰不能做出让她信服的回答，母亲断然不会接受，同时，那等于在她业已衰竭的心脏上刺上一刀。这个问题，在此之前江少杰几乎想都没想过，但是现在他必须准备一个答案。

初冬的夜风凄凛刺骨，冻得空气如大地一样坚硬。江少杰一向灵光的脑筋此刻也仿佛给冻僵了，迟滞的思想中酝酿、虚构的答案便显得愚不可及，没一个具有说服力。他当然知道这是做贼心虚的缘故，更没有足够的勇气面对母亲的眼睛。

烟盒里的烟抽光了，窗子上不知何时不见了灯光，黑洞洞的，像母亲深邃的眼睛，幽幽地审视着他，看得江少杰抬不起头来。

江少杰回到景阳小区黄敬凯住所时，天已经蒙蒙亮了。蹑手蹑脚走进门，一抬头，黄敬凯正坐在沙发上看书，对他的出现浑然不觉的样子。江少杰没敢再看第二眼，像预想的那样把拷克箱打开，展现出里面的20万元人民币，然后双膝跪下。

“凯叔，我回来了。”

伴随一声叹息，黄敬凯自言自语道：“知道你会回来。我私下给你的时限

是12个小时。看来你还算聪明。”

“我错了，随您处置。”

“是害怕了？”

“不知道。”

“不知道？”黄敬凯惊奇地抬起眼睛，“别撒谎，说实话或许我会放过你。”

“是……钱太少，不值得。”

黄敬凯丢开书本，慢慢踱起步子：“敢回来，敢说实话，还算有种。为什么忽然携款逃跑？一定有什么特别的原因吧？”

江少杰犹豫一下，其实母亲的诊断书就在他怀里。但现在他不想把它拿出来，那样会玷污了母亲。“见财起意。”

“见财起意，人之常情嘛。”黄敬凯点点头，“金钱的诱惑你永远无法抗拒。金钱是什么？这个时代不同以往了，人人拜金，几乎没有例外。人活一世，草木一秋，谁不想活得舒坦些。靠什么？唯有金钱才能延伸、实现你的欲望，把你想要的东西弄到手……没错，金钱等同生活本身，这观点你同意？”

黄敬凯抬起江少杰的下巴，迫使他与之对视。“你很危险。即使你冒犯了我，我还是很欣赏你，因为你在很多方面像我。你表现不多，却极特殊，特殊得叫我不可思议……知道狗和狼的区别吗？表面上，狗是很温顺的驯化动物，给口吃的它就冲你摇尾巴，还不挑食，很讨人喜欢。其实它最贱骨头，饿急了屎都吃。狼就不同了，是标准的野兽，永远凶猛地进攻所有的异类，而且绝不会向大便妥协，英勇而高贵。现在，正是狼的哲学时代，不过……”黄敬凯眼里忽然掠过一阵阴影，“千万别打黄家的主意，否则，即使我不在了，也会有人将你碎尸万段！”

江少杰打了个寒战。黄敬凯的话他听得懵懵懂懂，但有一点他听得明白：老板已经原谅他了。不过江少杰保持跪姿直到下午，直到黄敬凯摔倒。

黄敬凯是从床上摔到地板上的，浑身抽搐成一团。江少杰犹豫再三还是进到主人的房间把他抱上床，并按吩咐给他注射了一针杜冷丁。

这是江少杰第一次为黄敬凯注射杜冷丁，在五斗橱里他发现了一大堆药盒。

这老东西吸毒？

安顿好黄敬凯正要退出去，后者忽然叫住他：“你去哪儿？”

他显然不希望江少杰走开。江少杰无声地跪在床前。

“起来吧，”良久，黄敬凯喃喃道，“我原谅你了。”

当着江少杰的面，黄敬凯亲自给齐贵山打了电话，告诉他江少杰回来了，并说他要这小子继续留在身边。江少杰知道，自己今后只能做一条循规蹈矩的狗。

初次与黄玫谋面，江少杰懂得了什么叫震撼之美，那是一种能把人震住的美丽，令人窒息。

她像瓷器一样精致，继承了母亲的天姿国色的秀丽，却不见俗艳和妖媚，所以在相像中又有明显的气质上的区别。另一点不同是母亲身材高大，女儿却体态娇小。

“你是谁？”在容海师大化学系那间实验室，黄玫只扫了江少杰一眼，漠然而傲慢，冷得像一块冰。

“我是你父亲的助理，他就在外面。”江少杰低低地说，在这样一位美人面前，他只能显得心虚气短。

黄玫看上去有些迟疑，但还是随着他来到外面的奔驰560旁边。

“小玫。”黄敬凯热情地张开双臂。

江少杰看见黄玫只是嘴唇动了一下，根本没去看她的父亲。

“研究生考得怎么样？”

“凑合。有事吗？”

“小玫，爸爸是专程来和你谈家里事的。是这样，我这两年……身体不太好，想退休，打算把酒店交给你和小伟，财产所有权也过到你们名下。你弟弟让人不放心，如果你放弃读研，是不是考虑……”

“我不想听。”黄玫面无表情地打断他，“家里的事和我无关。”

黄敬凯脸上的肉松弛了，盯了女儿半晌：“怎么没有关系，难道你不是我的亲生女儿？”

“我是在伯父家喝苦水长大的，阔人的日子怕是过不来。没别的事我上课去了。”

说完，她根本不给黄敬凯进一步劝阻的机会，转身回实验室去了。

她的同学们围过来争问大轿车及其主人的来头，黄玫只淡然回了一句：“他们找错人了。”

黄敬凯闷闷不乐地和江少杰坐在车里。等到中午下课，也没等到黄玫的娇小身影。江少杰去打听了一下，才知道黄家大小姐早从后门走了。

江少杰从黄敬凯脸上读到一种极为失望的表情。他看不清老板的思想，却

看得见老板的喜怒哀乐。携款逃跑事件发生后，在小心翼翼的同时，江少杰也学会了观察。

按照主人的吩咐，大轿车来到位于海滨的黄家别墅附近。

“拿上这把钥匙。”在与郝嫂通过电话后，黄敬凯没下车，让江少杰进去取东西，“别跟那个黄脸婆说我在附近，郝嫂知道东西在哪。”

按过门铃，出现在门口的是郝嫂。她带着一如既往的冷若冰霜，也不说话，接过江少杰手中的钥匙，示意他跟着她走。

经过大客厅时，江少杰看见兰妮在和她的女伴搓麻将。他们的目光进行了短暂的对接。在那一瞬间，他又想到了黄玫——哪个幸运儿能娶到这个美人呢？如果这能称为一个男人的理想，真是太值得追求了。

登上楼梯，进入二楼的主卧室，郝嫂用钥匙插进床头的保险柜，然后熟练地转动了一系列令人眼花缭乱的密码，保险柜开了！江少杰看呆了，这个女佣人在黄家扮演的是什么角色呢？男主人凭什么对她如此信赖？

郝嫂手脚麻利地从保险柜中取出一个牛皮纸袋，连同钥匙一并交到分外惊奇的江少杰手上。

江少杰正要走开，不期兰妮站在了身后。

江少杰不由有些紧张，他紧张的不是老板娘那双让人心跳的美丽眼睛，而在于他手上的东西。如果老板娘执意要拆开上面的火漆，他有勇气抗拒吗？

“江少杰，我有话对你说。”谢天谢地，她的目光移开了，“听说，你现在成了黄敬凯的跟班，寸步不离左右？他一天都干些什么勾当，你最清楚不过了。”

“对不起，我还有事……”

“那好，我长话短说，想不想为我工作一段时间？我需要有关黄敬凯的一切日常活动情况，特别是他跟野女人鬼混的时候。我要抓他的现行。”兰妮认真地说。

江少杰眨眼间猜到了她的用意：为离婚准备证据。老板、老板娘的关系现状，他已经摸了个大概齐。

“我怎么敢，您这不是难为我吗？”

腰间的电话响了，是黄敬凯在外面催他。

“你不必马上回答，想好了随时找我。”兰妮说，“我会出一个好价钱。”

两人一先一后下了楼梯，江少杰看见老板娘的女伴们在挤眉弄眼冲他们狎

笑。

来到外面的车上，黄敬凯立刻打开了封着火漆的文件袋：江少杰一边发动汽车一边瞥去一眼，文件上“遗嘱”两个大字豁然入目。

韩子成元旦请假回了趟老家，回容海后马上去见江少杰。尽管遮遮掩掩，江少杰还是从他的语气中判断出，母亲的病更重了，已经完全下不来炕。

“杏妹倒是常去，有时候还住在你家。听说他爸周老疙瘩有点松口了，看你出息了呗。”

都不重要了。江少杰哀哀地想。他的生命中只剩下了一个数字：20万。

“杰哥，最近你老是不开心，能告诉我吗？”

江少杰摇摇头，吞吞吐吐道：“你帮不上忙的。”

携款逃跑事件虽然暂时平息了，但他一直忐忑着，不知道黄敬凯和齐贵山这两个半黑不白的人物谁会随时翻脸。内心里他也后悔过，没把那一步走到底。就算被他们追杀又能怎样？起码会救了母亲的命啊。可现在他只能眼睁睁地手足无措，而且仍走在钢丝上。

“再没有别的办法吗？”韩子成忧戚地问道。

这一问提醒江少杰想起了兰妮的话：“我会出一个好价钱。”为什么不试一试呢？带着一种突然被放大的心情，和成子告别后他马上措辞讲究地同老板娘通了电话，暗示对方他可以考虑。

会面地点在一条僻静街道上的小咖啡馆里。江少杰之所以敢冒险走这步棋，还在于他自忖揣摸透了老板娘怨妇心理，她在渴望得到什么他能猜出个七八分。对此，他已经屡屡从兰妮的眼中窥视到了一星半点。如果游戏成立，江少杰对自己还是有信心的。有在街头为其酒后解围的好感，有上次老板娘主动找到酒店来的事实，江少杰隐约觉得不是一点可能没有。

可那是男人干的吗？

为了母亲，且忍了吧。

关键看火候，千万急不得……

咖啡馆里光线昏暗，顾客不多，基本上是成双成对的青年男女。他们中有的肆无忌惮大胆亲热，一再吸引着兰妮的目光。对面的江少杰把她的表现尽收眼底。

“谢谢老板娘对我的信任。可是您自己大概并没觉得，这个建议很危险，对我。凯叔是什么人，您最有数。现在是您想离婚，而他不想。一旦不想离婚

的凯叔知道起诉离婚的证据是我提供的，他弄死我还不像宰一只鸡？反过来，除了一点点钱，您根本做不出安全方面的保障。”

“我可以加钱，这个数如何？”兰妮伸出3个手指，“这已经不少了，比你在乡下教书强吧？”

江少杰青着脸站起来。他的反应是出自内心的，平日里，他最恨别人提及自己的出身。

兰妮一愣，急忙去拉他，结果两人的手不经意地碰到了一起。江少杰感觉到，她的手很软，而且是湿的……借助桌上的烛光，朦胧中兰妮并不显老，仍是一个魅力犹存的女人。

“对不起，”兰妮把他摁回椅子上，“那么，5万？我可以先付一半。”

5万元，加上自己手上的近万元，还差14万。本来，江少杰做梦也没梦到过拥有这么多钱，但和母亲的手术费相比，这只是一个数字。

“这是最后的价格了。”兰妮说话时已露出心疼的表情。

“我知道，在你们的婚姻中，您是牺牲者。”江少杰字斟句酌道，“本来我可以无偿帮助您，只是我现在确实需要一笔钱。冒这么大风险，我并不知道值不值得。在您的要求之外，还有没有别的东西可以说服我？”

兰妮有些慌乱了：“我不明白你指的什么……”

江少杰接下来想说的是“我这是在为您献身”，但话到嘴边他改主意了：不，太急了，火力不能太猛。她羞答答的样子已经足够了。既然还差14万，为什么不在她身上把文章做足呢？

“好吧，5万就5万。但你不能催我，时间、地点都得由我来定。”

“没问题，只要你保证我把他和野女人堵在床上。需要的东西我都带来了。”

兰妮从一只口袋里倒出一大堆东西：照相机、掌上录音机之类。比较特别的是一个耳机大小的物什，兰妮告诉他这叫“细佬细”，香港货，专门用于窃听手机的非法产品。

“用这些按键，输进被窃听手机密码，可在一公里内监听。这是黄敬凯手机密码，你记住就毁掉，千万别让他看见。”

当天晚上，江少杰用“细佬细”监听黄敬凯的手机通话，果然十分好用。但他不打算拿它派上用场，因为一只“细佬细”挣不来14万。达不到这个数目，他自认任何努力都没有价值。

元旦刚过，黄伟接替父亲出任希格尔大酒店代总经理，黄敬凯退到幕后担任董事长。本来还有半年毕业，通常大四学生下学期要进行毕业实习或写论文，然后走出校门满大街去找工作。这些对黄伟则没有意义，论文早花钱请枪手写好，他和大学的最后联系只是毕业典礼上去领一张文凭。

新官上任三把火，黄伟头一个举措便是打算辞掉所有的男服务生，全部换成女招待，理由是酒店不景气，没有哪个客人愿意看满目的农村秃小子。

韩子成听到消息，料想失业在即，慌忙向自己的同乡兄弟求救。虽说眼下他的目标不像江少杰那样明确，半年之久的城市生活，已经让韩子成无法走回青纱帐。更由于旁边有江少杰比照，就这么灰溜溜地打回老家也觉得脸上无光。

江少杰马上找到老王。以他在希格尔大酒店的位置，安排个把人还是绰绰有余的。成子的情况老王了解，没手艺进不了厨房，靠大专文凭进管理层更无可能，最后老王向江少杰建议让成子凭公安专科学校的学历做酒店保安，前提是得辞退一个空出位置。

韩子成听到这一结果先喜后忧。高兴的是暂时保住了饭碗，不安的是挤掉了别人的位置。

江少杰好生奇怪：“你怎么还不开窍，这个时代就是人挤人、人踩人、人欺人，甚至人吃人。他端上饭碗，你的呢？我是进了城才认识这个社会，这个时代的。”

“杰哥混得挺像样了，还有啥不知足的？”

江少杰苦笑：“马粪蛋子面光而已。我现在唯一想做的，就是挣到20万，20万……你知道那些有钱人是怎么个活法？20万在他们手里算个球？我总算明白了，老实打工挣血汗钱不能使我们致富，可能连救命的20万也挣不下。循规蹈矩是行不通了，得另辟蹊径——现在就有机会，我必须抓住它……”

“你……你想干什么？杰哥，咱们都是本分人，你可别犯法呀！”

“放心，我不是傻瓜。”

韩子成担心的不是他的智力，而是他说话时的神气。

“凯叔，有件事，我不知当讲不当讲。”

“你自己决定。”

“老板娘最近几次找到我，要我提供一些您的生活情况，说是为诉讼离婚准备证据。”

“臭婆娘，这么几天都等不了啦。阿杰，你做得对，不用理她，让她跳去吧。”

“我想我只该忠于凯叔。”

“你还应该学会忠于我儿子。不久的将来，你会明白我这番话的……哦，下个月领薪水，告诉会计你今后拿3 000元，就说是我说的。”

“谢凯叔。”

从黄敬凯卧室里退出来，江少杰手上多了一包药——那是他乘主人不备偷的。每有女人来过夜，江少杰都要按吩咐在她们的水杯里放进这种药。江少杰看过外包装上的英文，知道这是一种泰国产女用春药，起助兴作用。用黄敬凯的话说，他不喜欢婊子们假模假式，而用药可以把她们催得像发情的母狗。江少杰多次目睹了药性发作导致的情景。

回到自己的房间，江少杰再一次拿出今天收到的信。他记不得是第几遍读它了。

是杏妹写来的。她在信中说，她已经改口称于金花为“妈”了，原因是江母突然打发媒人叫来周老疙瘩，当面要他亲口答应放弃一切条件，答应了杏妹和江少杰的亲事。但这并不是江少杰反复读信的理由，而在于信尾的一句话：“我担心，妈能不能熬过这一冬……”

泪水在不知不觉中流下。他恨不得立刻飞回大岗村，飞回母亲身边。

可是，两手空空回去又能做什么呢？

再拖延下去肯定来不及了。让5万元见鬼去吧，我要20万，20万！

临近午夜，江少杰第一次拨通了兰妮的电话。

“是我。明天上午9点，你到天河宾馆等我。不见不散。”

放下电话，江少杰开始构思细节，尽管即将发生的那一切早在他脑子里上演了一百次。

第二天的活动是事先计划好了的，江少杰开车送黄敬凯去律师事务所，之后他将在那待上一整天，直到傍晚才去接他，这一来江少杰当日有七八个小时的空闲时间。至于黄敬凯为何这些日子老往律师事务所跑，江少杰无从知晓，也懒得理会。

9点整，江少杰驱车赶到了位于郊区的天河宾馆。据说，这家旅馆是野鸳鸯苟合的天堂。

江少杰刚在服务台订下两间套房，兰妮便幽灵一样赶到了。他做出诡秘的样子，示意她跟着他进了电梯。

“他在哪儿？”兰妮戴了副大墨镜，看上去既紧张又好笑。

江少杰告诉她，黄敬凯昨天让他订的房间，但没说死什么时间过来；黄敬凯和这儿的一位楼层女经理有一腿，白天开房，肯定是要上床的。“这种事有过好几次了。”

电梯到第15层，江少杰用一把钥匙打开1507房，声称这是给黄敬凯订的。接着他又打开1509号房间，让进兰妮，“我们等在这儿。”

兰妮在房间里踱了一圈，发现江少杰仍滞在门口，“哎，你也坐呀。”

结果是江少杰远远地坐在另一边。

“你是不是有点紧张？”兰妮开始为随身带来的一架照相机上电池。

江少杰笑一下，回答的倒是实话：“是啊，我能不紧张吗？”

“你说一会儿我该怎么做？”

“那……那是您自己的事。老板娘喝水吗？这屋子里暖气烧得太热。”

“什么？”

江少杰当机立断，倒了一杯水递过去。

兰妮呷了一口，眉头微皱：“这水什么味儿？怪怪的。”

江少杰慌了：“我……给您换一杯？”

“不必了。咦，干吗那么看着我，我哪儿不对劲儿吗？”

“没，没有。老板娘今天……很漂亮。真的很漂亮。”

兰妮摘下墨镜，展现一双顾盼美目。平心而论，在江少杰眼里她仍然够得上美人。他甚至胡思乱想过，如果没有杏妹存在，如果兰妮年轻20岁……

“真的？”

“真的。”江少杰后退着，“你身上，有一种特别的……成熟美。”

兰妮笑了，笑得很生动：“嘴巴这么甜，跟黄敬凯学的吧？跟那个王八蛋学不出好样来。你要干吗？”

“我……我上卫生间。”

狼狈缩进卫生间，江少杰大口大口喘息着，扔掉了手中的泰国春药包装袋。

5分钟。他细读过外包装上的英文说明，5分钟药效开始发生作用。这一次不是走在钢丝上，而是踩在刀尖上。最坏的结果他想过，对自身并未觉得恐惧，害怕的是一旦失败，母亲的生命再也没有希望了，他承受不住的是希望的破灭。

3分钟，4分钟……最后时刻江少杰是数着秒针挨过的。那是一种彻头彻尾

的度日如年的感觉。

她要是没喝下去怎么办?

他想不出答案。带着这一困惑，江少杰走出卫生间的第一眼便是望向兰妮喝水的杯子。

杯子空了!

兰妮站在窗前背对着他。不知是药力发作还是房间过热的缘故，她已经脱掉外衣，只穿一件黑色半袖紧身毛衫，勒得窈窕身段曲线毕现。特别是那段裸臂白皙的肉色，刺激得江少杰一下子兴奋到了极点——她喝下去了！她在等吗?

来到兰妮背后，他听到了她的呼吸，甚至感觉到了她的微微颤抖。动手吧，为了母亲，这是最后的机会，错过它我会永世不得安宁……在一股强大的内力支配下，江少杰扳过兰妮的身体，搂住她狂吻起来……

"啪！"一记耳光重重地抽在他脸上。

江少杰脑子里一片空白，仿佛灵魂也给这一巴掌扇走了。印证他所有错误的还有地上的一摊水，迟滞的目光顺着水痕爬上去，他痛苦地看到：水是从窗台上的一只小花盆底部流出来的，旁边正是那只空杯子。原来她根本没喝，而是把掺有春药的水倒进了花盆。

江少杰使劲闭上眼睛，这是唯一能做到的——等待羞辱，等待打击。

仅存的知觉告诉他，兰妮正在靠近，他甚至嗅到了她的呼吸。接着，一只软软的湿润的手抚摸上他的脸颊，抚摸着他刚刚挨打的部位，轻轻地、温柔地抚摸着……他还没来得及反应过来事情的变故，突然，兰妮的两条手臂藤蔓一般紧紧缠绕着他的脖子，温热的香舌穿透江少杰的嘴唇伸了进去……这突如其来的举动把江少杰的身心瞬间膨胀成了一只硕大无朋的气球，令其忘乎所以地迅速扒光兰妮的衣服，接着是他自己的，在没来得及看清一切之前已经进入了她的身体……

一个多小时后，兰妮才终止了她歇斯底里般的喊叫，江少杰成了一摊泥。

"谢谢，"兰妮喃喃着伏在他胸前，小鸟依人一般，"谢谢你让我找回了做女人的感觉。两年了，那个王八蛋在让我守活寡。"

"我早看出来，你很寂寞。"

"跟我来这手，该不是一时冲动吧？"

"你仍然是个魅力四射的女人，应该很了解自己吧。"

“我这个年龄，已经不那么自信了。”

“真爱是不计较年龄的。信不信由你，你有足够的风韵吸引着我。”

“因为我是富婆？”

“那只是你魅力的一部分，一小部分。”江少杰忽然变得面无表情，一字一板地说，“不过，别以为有钱就了不起。”

说完，他起床迅速穿好衣服，大步流星朝门口走去。

“咦，你怎么走了？”兰妮显然对他的举动毫无准备。

“没什么了不起！”

江少杰最后吼了一声，摔上门走了。

兰妮被晾在床上，委屈得差点流出眼泪。她不知道自己做错了什么。

一支粗大的针头刺进黄敬凯的腰椎，抽出了足足半针管脊髓液体。黄敬凯疼得半天没能坐起来，浑身大汗淋漓，几近虚脱。

“大夫，穿刺化验几天出结果？”

“3天。”医生摇晃着倒进试管里的脊髓液，一脸的冷峻，“黄先生，坦率地说，以我的经验，情况并不乐观。”

黄敬凯好不容易坐起来，自言自语道：“就是说，我的日子不多了？”

“这要等化验结果。”

医生想扶他出去，黄敬凯谢绝了，一个人穿过容海市肿瘤医院特诊部长长的走廊来到外面，来到耀眼的阳光下面。

一直等在车里的江少杰是忽然发现老板坐在门口台阶上的，他不知道面如死灰的黄敬凯在那里坐多久了。

在旁边站了好一会儿，江少杰才小心翼翼问道：“凯叔，您不舒服？”

黄敬凯来医院干什么，江少杰从没听他说过，也没敢问，但这一次看得出：老板病了，而且病得不轻。这里是肿瘤医院，莫非他得了不治之症？

在江少杰的搀扶下，黄敬凯动作迟缓地站起来，嘴上却若无其事地说：“一点小毛病。”

上了车，江少杰问他去哪儿，黄敬凯沉默了半晌才说：“回家。这几天的活动全都取消，我需要休息。”

奔驰560缓缓驶离了医院。途中，江少杰腰间的手机又响了起来。不用看，他知道是谁。自从天河宾馆的一日之欢后，兰妮每天都找他。

虽然日子不多了，江少杰想，但必须吊足她的胃口。

日子不多了。黄敬凯也在心里哀鸣着。

与此同时，兰妮在家里抓烂了自己刚在美容院花大价钱做的等离子烫发，披头散发，两眼发红，在郝嫂看来女主人已经疯了。

那天，走出天河，兰妮觉得整个世界都变了，只因江少杰的存在。尽管来得那么突然，那么不真实，可事情的的确确发生了。她做的第一件事情便是拉上王凤英兴冲冲地奔向美容院，做了全套皮肤护理。要不是王凤英拦着，兰妮甚至动了拿两只眼袋动刀子的念头。王凤英当然感觉蹊跷，追问原委，兰妮坚决不说。倒不是她口风严，毕竟偷情对象是自家伙计，好说不好听啊。

在此后的几天里，兰妮至少给江少杰发了100次短信。结果他一次也没回。

怎么回事？他是不是想玩一把就把我甩了？兰妮恨恨地想，刚刚拾起的18岁心情在一点点烟消云散着。还没来得及憧憬到明天，开始即告结束的局面无论如何她都不能接受。

“王八蛋，没有一个好东西！”

兰妮心情坏到极点，甚至想到了报复。

第4章

江少杰为黄敬凯注射两支杜冷丁，服侍他躺下后退到自己的房间。

手机如同期望的那样又响了起来，显示的是同一个号码。反复想好该说的话，他才接起电话。

“江少杰，你敢耍我！”听上去兰妮在电话另一端肺都气炸了，“为什么不回我电话？”

“讨厌你跟我装腔作势。”

“我哪儿得罪了你？”

“你心里清楚。”

沉默片刻，兰妮带着哀求的口吻：“我要见你。”

“什么时候？”

“现在，来我家。”

江少杰笑了，看来她不可救药地掉进情网了。他要的就是她神魂颠倒失去自信。

一个小时后，江少杰赶到黄家别墅。他把宝押在了今晚。

不可避免的一通颠鸾倒凤肉搏之后，兰妮呻吟着搂住整整小她20岁的年轻情人。

“知道吗，我愿意做你的奴隶。”兰妮陶醉得像个初尝禁果的小姑娘，“我只是觉得，我们之间的关系太突然，好像在做梦。我是不是有点可笑？”

“这得问你自己。”

“少杰，别离开我。尽管不真实，我宁肯溺死在梦里……”

“靠什么维持？”江少杰开始适时引导她。

兰妮痴迷地望着他：“你是说，我们长不了？”

“差别显而易见，更可怕的是还有黄敬凯。适可而止才是明智的。”

“不，”兰妮搂紧了他，“我要和你长远下去，除非你讨厌我。”

“除了自身需要，你是不是在借此报复黄敬凯？”

“也许吧。我甚至都不想离婚的事了。你已经让我有了新婚感。”兰妮不

傍

经意地摆弄起他脖子上的木制护身符，“干吗戴这么土气的东西？以后我给你买个金的吧。”

“省省吧，”江少杰不失时机地坐起来，“不过我现在确实需要一笔钱。”

兰妮一怔：“多少？”

“20万。”江少杰克制着自己的语调，努力保持平和，“是借。”

兰妮亦坐起来，语气明显降了温：“胃口不小嘛，张嘴就是20万。”

“我就知道你会这么说，”江少杰冷笑着准备下床，“你不肯就算了。”

兰妮一把拉住他：“别误会，我是说，你要这么多钱干什么？”

江少杰点上一支烟，直到抽了半截，才慢腾腾把母亲的诊断书递给她。

“是为我最爱的人。”江少杰说，“手术费需要20万。她只有我这么一个亲人，我得救她的命。”

兰妮细细地读着诊断书上的每一个字，忽然问道：“你是为了这个和我上床的？”

江少杰直视着她的眼睛，“是吧。我并不觉得这有多丢人。当然，你可以拒绝。”

兰妮心中涌动着被欺骗的感觉，但另一种情感很快取而代之了。她张开双臂，将迟疑中的江少杰揽入怀中。“你是个好孩子。”兰妮温柔地说，并试图把自己依然坚挺的乳头塞进他的嘴里。此刻她并不是怀着性的冲动，而是一种母亲为儿子哺乳的感觉。“让我考虑一下，至少……你得给我准备的时间。”

一滴温热的液体，落在了兰妮光滑平坦的小腹上。这一夜，江少杰竭尽全力让兰妮屡上高峰。他很清楚，今夜必须彻底出卖自己。

但江少杰并没察觉，在他穿过黄家别墅漆黑的大厅离去时，佣人房的门缝后面闪动着一双眼睛。正是由于这双眼睛，不久之后让他几乎丢掉小命。

实际上，江少杰滴在她小肚子的眼泪，已使兰妮相信了一半。

她拿着江少杰母亲的诊断书跑了趟容海人民医院，首先在那里印证了诊断书的真实性。接着兰妮含糊其辞地向王凤英进行电话咨询。

“这问题太蠢了。咱这脸、这岁数，拿什么拴住人家？”股票大鳄的老婆在电话里大呼小叫着，“没钱在马路上他看都不带看我一眼的。千万别往两情相悦上想，这种事也就是闹个心理平衡。不瞒你说，他家的两室一厅都是我给买的。不过，喂也得有分寸，不能伤筋动骨，得让他觉着亏你的，老实听话也

就足够了。兰妮，你这阵子可不大对头啊。”

兰妮一笑之后收了线，她需要的是答案而不是回答问题。心里有了数，她马上约见江少杰。

就算被小兔崽子涮一把，20万块钱有什么大不了，你不是得到了你要的？如此想来，兰妮满怀释然。黄敬凯那个王八蛋花在女人身上的钱，肯定比这多得多。

本来兰妮打算去宾馆开房一沐春风，她从没像现在这样渴望肌肤之亲。但她不想让这件事沾染上更多的交易色彩，所以在最后一刻改在了咖啡馆。

是那间他们来过的咖啡馆。光线昏暗不只是视觉需求，对兰妮来说心理隐蔽作用更重要。

“告诉我，你究竟看上我哪一点？”兰妮隔着桌子拉住江少杰的手。“我这么问不算过分吧？”

江少杰慢吞吞地说：“说实话或许你并不高兴。你更多地让我想起母亲。她很善良，我想你也一样。”

“坏蛋，你有恋母情结。”

“确切地说叫俄狄浦斯情结，一种人之常情。”

“你这个乡巴佬懂得挺多嘛。”说完这句话她就后悔了，尽管光线暗淡，兰妮还是看得见他变了脸色，“对不起，我道歉。你对母亲的感情这么深，是不是意味着我们也会有……长长的未来？”

“男人是感情古怪的动物。”江少杰有些不安了，他可不是来抒情的，但他自己必须忍受下去，直至游戏结束，“男人有见异思迁的本性，内心也有恒定不变、难以割舍的东西，像亲情和家庭。比方说，你和黄敬凯互相讨厌，他却不肯离婚，你问过为什么吗？”

“你少提他。”

江少杰翻转过自己的手，温柔地抓住她的：“那么，我也道歉。咱们扯平了。”

兰妮不言不语直视他，突然打开手袋拿出一张银行卡推过去。

“不是我小心眼，我还真去过医院。你说的是实话。20万我全掏了——虽是露水夫妻，我也算得上半个儿媳吧。”

江少杰捧起那张银行卡，像是不敢相信自己的眼睛。

“兰妮，兰妮……你这是在救她的命啊！我一辈子都会对你好的，我发誓……”

“应该的。”兰妮看到他语无伦次的样子，内心洋溢着一种鲜见的满足感，“你妈有病，哪有我在一旁看热闹的道理？对了，你不必考虑还钱的事。”

江少杰脸上骤变。他马上找出纸笔，借助烛光飞快写下一张借据。

“请你收好。”江少杰说，“肯借已经让我感激不尽了。将来我一定要还的。”

烛火把借据烧着了。“钱是送给你的。”

“不行，这是原则。如果接受你的钱，我们之间关系的性质就变了。”

兰妮掩饰着内心的小小失望：“原来你这么有性格。但愿我没看错你。这样吧，我们定个口头协议，你什么时候有什么时候还，没有期限。如何？”

江少杰捧着那张卡，如同捧着一颗心，一个生命。他成功了，而且意外得到了另一颗心。由此引起的麻烦会很多，但无论怎样，他可以堂堂正正地拿上这笔钱去救母亲的命了。

兰妮留在咖啡馆里，悠然地品尝着又苦又甜的咖啡，还有江少杰带给她的前所未有的幸福感。可惜她无法料到，送给江少杰那张救命的银行卡太迟了，他母亲于金花已在此之前撒手人寰。

江少杰先是向黄敬凯告了假。尽管黄敬凯一百个不愿意，还是准了他回老家接老母亲看病。江少杰回头给韩子成打电话，告诉他到车站和自己会和，坐晚车回大岗村。

“不用了，”韩子成在电话另一端吞吞吐吐道，“我正要去找你。”

江少杰听出话音不对，忙问怎么回事。

“杏妹打来长途电话，说今晚到容海，她已经在路上了。”

“她来干什么？”

“来了你就知道了。”说完，成子撂了电话。

江少杰满腹狐疑，心头产生了不祥预感。当他赶到希格尔大酒店，杏妹已经到了。在第一眼中江少杰的不祥预感便得到了证实——杏妹的手臂上戴着黑纱。

当天晚上，江少杰表现得极为镇静。他向酒店借了一辆皮卡，带着杏妹和韩子成连夜赶回大岗村。在母亲那口薄薄的白茬棺材前，他一个人守到了天亮。第二天下的葬，由于江家、于家在大岗村没什么亲戚，一切按照江少杰的主张，从简从快，甚至没提给他母亲于金花和父亲江卫东并骨这茬儿。

大岗村人莫不惊异地看到，从始至终，江少杰没掉一个眼泪疙瘩。

临回城，江少杰做了他在大岗村的最后一件事：把家里的三间房子顶给村里，抵了陈年旧账。

杏妹急了："你这啥意思？将来不回来过日子了？"

"是的，"江少杰说，"我不会回来了。"

"那我呢？"

"以后我会回来接你。"

"不行，我现在就辞职跟你走。"

江少杰没拗过，只好依了她。孰料回程车上杏妹忽然想起一件事，在江少杰深及心灵的伤口上又撒了一把盐。

她想起来的是于金花的遗书："妈临闭眼让我把这个交给你，这几天忙忙活活忘了。"

江少杰迟疑着打开信，惊呆了。

"杰儿，当你看到这封信时，妈已经不在人世了。你是个聪明的孩子，相信你会走好自己的一生，今后一定错不了。妈只有两件事放心不下，一是你和杏妹的婚事。她是个好姑娘，娶了她是你的福分，答应妈，好好待人家。将来你们领孩子给妈的坟头填把土，我就知足了。另一件是一桩压在妈心头二十几年的秘密，妈不想带到九泉之下——在你5岁时死去的江卫东，并不是你的生身父亲。你的生父叫王建，是20多年前你姥爷家蔡家沟劳改监狱一个服刑人员……"

用力辨识着，纸上的蝇头小楷千真万确是母亲的笔迹。

余下的内容是韩子成和杏妹一起读完的。于金花告诉儿子，他的生父王建来自容海，是一桩斗殴伤人案的从犯，被判三年。由于不是重刑犯，会做饭，可以自由出入劳改监狱买米买菜，王建一来二去和蔡家沟村的于金花认识，好上了，她从没把这个高大帅气、满嘴俏皮话的小伙子看做坏人，但两人是偷着好上的，因为江少杰的姥爷反对女儿跟服刑人员谈恋爱。后来江少杰的亲爷爷去世，王建刚好刑满回城奔丧，从此便杳无音信。偏偏这时母亲怀上了他，而一去不回头的王建似乎并不知道这一点。在80年代初未婚先孕不啻奇耻大辱，江少杰的姥爷怒不可遏地将丢尽于家脸面的女儿远嫁给邻县大岗村的江瘸子……

成子和杏妹都想起来，小时候常听大人背后嘀咕，当年于金花是大着肚子嫁给江卫东的。只因是青梅竹马的好朋友，他们从没好意思对江少杰提起过这

茬儿。在江少杰记忆里，村子里的风言风语20多年来他并非一点没听到。还是在上初中的时候，江少杰曾把父母的结婚证和户口簿上自己的出生日期指给母亲追问究竟，江少杰记得母亲的回答是无言的哭泣，从此再也没敢提起。另外一点，江少杰从未听母亲说起她的娘家人，他从小到大没去过姥姥家。而今，一切都证实了：他是个私生子，他在世上还有一个生父。

被欺骗的怨恨和羞辱感一起搅和在胸腔里，他不知道朝谁发泄，总不该冲着尸骨未寒的母亲吧？看他极度郁闷的样子，杏妹也不知道怎样安慰才好。

“杰哥，你看这是啥？”

韩子成手上忽然多出一个信封。那是一只很旧的信封，邮戳是1981年的，收信人是蔡家沟于金花，寄信人的地址则是容海市朝阳区反帝胡同31号。韩子成和杏妹都很兴奋，不约而同想到凭这条线索，十有八九能找到杰哥的生父！

黄敬凯一个人来到肿瘤医院特诊部。他是来看穿刺化验结果的。

“情况很不妙。”医生不很情愿地把化验报告交给他，通常医院是吝于让绝症患者看到自己的“死刑判决书”的，“你的全身淋巴系统充满了癌细胞，就是说，已经发生了转移。您还是拒绝化疗？”

黄敬凯摇了摇头。

“既然如此，何不把最后的时间留给您的家人？”医生说，“如果您在家人毫不知情的情况下走了，他们会十分难过，照顾您会缓解他们的痛苦。这是您家人的权利。”

这一次黄敬凯犹豫了。

回到容海，江少杰和韩子成都没去上班，领着杏妹住在一家小旅店里。翌日，在成子和杏妹的强拉硬扯下，江少杰开上皮卡开始寻找旧信封上的反帝胡同31号。还真找到了，只是反帝胡同早已改成尚义路，是一条宽敞的马路，而且原先这里的平房都变成了一栋栋漂亮的居民楼。尚义路所在的湖滨派出所民警倒是十分热情，听他们说出原委后立刻翻起辖区户籍底档，结果找到了3个“王建”：一个78岁，一个35岁，一个只有6岁，没有他们要找的大约43岁的“王建”。

“你们最好去一趟城建部门。尚义路一带是1995年前后拆迁改建小区的，原住户名单他们应该有底子，去那儿大概能找到点线索。”派出所的李所长最后建议道。

不料赶到城建局，对方歉意地告诉他们，2000年城建局办公大楼曾发生重大火灾，由于当时尚未实现微机化管理，所有的原始档案都在那场大火中化为灰烬了。目前他们仍在艰难地恢复建档，依据只能是派出所现存的户籍档案。说来说去，等于绕回去了：派出所没有，城建部门也不会有。

拖着疲惫的身心回到小旅店，都有些绝望了。

“要不在报纸、电台上发个广告吧？”韩子成觑着死人一样的江少杰小声对杏妹说，“杰哥觉得脸上不好看，可以用我的名义联络。”

“对呀，咱先不说找他干啥。杰哥，我看这招儿准行。”辞了职的乡村医院护士杏妹一下子精神起来。

江少杰哼着：“我不知道你们想过没有，找他什么目的？作为父亲，他没尽到一点责任，凭什么让他白捡个儿子？”

杏妹说：“不管咋说，他是你的生身父亲啊。”

“他要是对我妈有情有义，早就找去了，何至于躲到今天。算了，就算找到了我也会骂他。”

晚上成子回酒店去了，小旅店只剩下杏妹和江少杰两个。虽是相拥着同卧一床，却没有激情和温存。杏妹理解他是过于悲伤，几天来的变故对他的打击太沉重了。她只是奇怪，杰哥怎么没有一滴眼泪？

“杰哥，难受别闷在心里，忍不住就哭吧。这儿就咱俩，我陪你哭……”

江少杰沉默良久说的第一句却是：“杏妹，你打算什么时候回去？”

“你都不回去了，我回去干啥呀？俺这女儿身早给你了，你走哪儿我跟到哪儿。”

江少杰了解她的性情。可杏妹的存在，兰妮能容忍吗？反过来，一旦兰妮缠住自己不放手，不论他怎样解释，杏妹都有可能走极端。

看他半晌不言语，杏妹霍然坐起：“是不是你在这儿有女人了？”

“你要是不放心，咱们可以先登记，但暂时不能结婚。”江少杰慢吞吞道，“结婚意味着成家，得有房子，有孩子，为了孩子将来上学、就业，还要弄城市户口……现在一样条件都不具备。”

“那要等到啥时候？”

“不知道。真的不知道。”这时江少杰才意识到，由于他和兰妮的关系，杏妹也成了一桩大麻烦。

第二天去希格尔大酒店还车的时候，江少杰被迫带去死死跟在后头的杏妹。他找到老王，只称是他的乡下表妹，一直在家照顾他刚刚去世的老母亲

来着。

“阿杰的亲戚我当然得给安排。小姑娘会干什么？”老王显得很热情。

“我是卫校毕业，会打针……”

“酒店不是医院。当服务员太累，还是到后厨吧。工资低点，却能学到手艺。吃住都在酒店里，黄总那里回头我跟他打个招呼。”

轻松给“表妹”安排了工作，江少杰马上给兰妮打电话。

“1小时后，老地方。”江少杰在电话里简短地说。

黄敬凯是突然回到家里的。在此之前，他曾一夜没合眼。他觉得医生的话有道理，自己不声不响离开这个世界，对家人，特别是对妻子兰妮太不公平。

他是来寻求和解的，准备把自己的病情和盘托出，并对妻子儿女宣布后事安排——在刚刚修改过的遗嘱中，黄敬凯把大半财产留给了兰妮，其次是女儿黄玫，黄伟得到的份额较少，因为他早看出来，这个儿子天生是个吃货，给多了只能加速他的堕落。对女儿，黄敬凯更多的是补偿心理。

他的如意算盘是求得妻子的原谅，在她身边度过最后的时光。

一照面兰妮吓一跳：几个月不见，黄敬凯瘦得像一条狗。

“你还有脸回来？”兰妮当即火了，“你回来干吗？在外面花天酒地狂嫖滥赌耍够了腻了是不是？”

“我病了……”

“黄敬凯，我和你个王八蛋无话可说。你给我出去，咱们法庭上见！”

“怕没时间了。”黄敬凯哀哀地说，“我病得很重，可能不久人世了。”

“是花柳病淋病梅毒大疮吧？”兰妮冷笑着，“你自己快要烂死了，还想回来害我？收起你这套吧，骗了我半辈子，你的话我不信，一句不信！”

“咱们夫妻一场，你就不能听我把话说完吗……”

这时，楼下的大座钟敲响了。兰妮慌忙看看手表，她和江少杰约会的时间到了。

“不！除非离婚！”她最后抛下一句，怒气冲冲走了。

黄敬凯决定留在家里等她。他想先跟妻子谈自己的病情，然后是儿女。然而就在他准备操起兰妮卧室的电话通知儿女时，床头柜上的一张纸吸引了他的目光。

那是江少杰母亲的诊断书，是兰妮拿去医院查证忘记还给江少杰了。

于金花？！

在黄敬凯的记忆里，他从未对家人提及过当年在蔡家沟劳改监狱服刑时的那段感情经历。于金花的诊断书怎么会在兰妮手上？

42岁。不错，于金花今年正是这个年龄。更让黄敬凯心惊肉跳的是诊断书的内容……

郝嫂不知什么时候走了进来，温柔地抚摸着他的脸：“敬凯，你瘦多了。”

黄敬凯无心理会，只顾抖着手上那张诊断书，声音亦抖着：“这……这是哪来的？”

“不知道。”郝嫂瞥了一眼，悄悄拉住他的手，“不过，我知道她干什么去了。”

在天河宾馆里等得不耐烦，江少杰下楼买了一瓶酒。他是突然想到要把自己灌醉的。

不知不觉，他已经喝得神志不清，泪流满面。

兰妮进来，一眼便看到他臂上的黑纱。“少杰，你母亲去世了？快起来，别躺在地上……”待看清来人，江少杰满嘴喷着酒气，似哭非哭地骂着：“母狗……母狗……”

“你……你说什么？”

江少杰用不太灵便的手掏出那张银行卡扔过去。“这是你的钱，还你……用不着了，我最爱的人已经死了……这个世界上，没谁我可以在乎了！”

“少杰，我真替你难过。”

“用不着。连你在内……全都用不着了。”

“你喝醉了？”

江少杰推开她的手：“我没醉，我比任何时候都清楚……我们结束，到此为止……”

“你……从来没喜欢过我？”

“别自作多情了……”江少杰嘿笑着，“我早说过，跟你上床，不过是为了我妈……可她死了，死了……”

兰妮愣住了，她知道，一个醉鬼说的多半是真话。

说着说着，江少杰又哭了起来：“我恨你们有钱人，恨你们……是你们害死了我妈。世上的钱，都让你们拿走了……我恨啊……”

哭声一声比一声高，凄厉、绝望、痛彻肺腑，兰妮从没见过一个男人哭得

这么伤心。她听不下去了，从地毯上捡起银行卡走了，带着满腹幻灭感。

一个小时后，江少杰也离开了天河宾馆。他是被服务员礼貌地请出去的，因为他订的是钟点房。趔趔趄趄上了出租车，他的样子很像是纵欲造成的狼狈结果。

江少杰无论如何想不到，隔着马路的对面树丛中，黄敬凯用一架望远镜把他的狼狈相看得清清楚楚。他旁边是郝嫂，兰妮离开之前他们已经在这儿了。

刚刚证实自己戴了绿头巾的黄敬凯满脑子只剩下一件事，那便是如何惩治这对狗男女。他马上拨通律师事务所的电话，用命令的口吻要求刘中浩立刻赶到他家里。

江少杰在洗浴中心洗个桑拿，总算打起一点精神。当他来到景阳小区黄敬凯那所秘密住宅的楼门口时，刚好碰见小个子律师刘中浩从里面走出来。

“刘律师，几时过来的？”江少杰打着招呼。

“哦，小江，我来给你们黄总改遗嘱。”

“不是刚改过吗？”

“谁晓得咋回事。哎，他今天脸色不大对，你小心着点。我得赶去给遗嘱公证，改日再聊。”

小个子律师匆匆走了。江少杰也纳闷，黄敬凯不过四十几岁，却早早立下了遗嘱，最近又接连修改，真不知这些有钱人是怎么想的。

有刘律师的提醒，江少杰上楼时格外小心，几乎是毫无声息开锁进的门。竖耳倾听，寂静中主卧室内隐约有黄敬凯的说话声。江少杰起初是下意识地把耳朵贴在门板上，立刻判断出老板是在打手机，因为主卧室内没有实线电话分机。听着听着，江少杰浑身的汗毛都竖了起来——黄敬凯打电话的内容正是关于他的。

心脏狂跳着摸进自己的房间，江少杰手忙脚乱接通了监听手机的“细佬细”，里面清晰地传出了黄敬凯和齐贵山的对话。

“上次他卷走20万逃跑，你眼都没眨一下，反而恩宠有加，这回怎么大动肝火了？”

“贵山，别问了，我没法跟你明说。江少杰叫我蒙上奇耻大辱，我死都咽不下这口气。”

“好。做到什么程度？”

“消失。如果亲自动手，我会把他千刀万剐……”

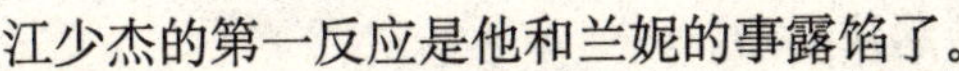

江少杰的第一反应是他和兰妮的事露馅了。

“贵山，我保证，这是最后一次求你做这件事。”

“什么你的我的，跟我还客气？我知道怎么做，但得给我准备的时间。”

“别拖得太久，我等不起。”

“也就两三天。你先稳住他。”

“好吧。”

接着是收线的声音，继而黄敬凯又拨通了师大研究生宿舍找他女儿，对方告之人不在……

江少杰傻了，傻得魂飞魄散身体只剩下空壳，丝毫动弹不得。虽然不能完全听懂他们的通话，有一点江少杰听明白了：黄敬凯在支使齐贵山要他的命。

时间是两三天之内！

好半天他才清醒过来，脑子里只有清晰一个字：逃。

带上杏妹，逃到天涯海角！

他马上打电话，准备通知杏妹。蓦然，一声炸雷在江少杰头上响起——

“你回来了。”

黄敬凯正站在他身后！

实际上，他的声音不高也不低，毫无感情色彩。然而在江少杰的耳中，这声音不啻炸弹的爆炸声，足以摧毁他的一切感知。

江少杰下意识地站起来，结果“细佬细”掉在了地板上。

“你太紧张了。”黄敬凯哼着，弯腰捡起模拟手机电池大小的“细佬细”，“这是什么？”

江少杰低着头，没有能力说出话来。

黄敬凯摆弄了一会儿，失去兴致地抛开它，带着不容置辩的语气：“该给我打针了。”

脚步沉重来到主人房，颤抖的手几次都把装有杜冷丁的药瓶掉在了地上。越是告诫自己越紧张，因为余光告诉江少杰：黄敬凯一直在盯着他。

药棉拭净注射部位，针头却战栗着扎不下去。

“你的手抖什么？”

这一次注射器竟失手掉了。江少杰腿一软，差点跪下。

“抬起头，看着我。”

脑袋反而埋得更深了。

“捡起来，接着来！”

他做着深呼吸，强迫自己拾起注射器。

黄敬凯把胳膊伸到他面前："给我扎，使劲扎！"

江少杰几乎是闭着眼睛推进针剂的。他脑子里忽然蹦出一个念头：这要是一针毒药会怎么样……

好不容易打完针，江少杰到五斗橱前收拾注射器皿，意外地发现母亲的诊断书放在橱柜上面。他以为是自己随手放在那儿的，于是不假思索揣进口袋。

"你拿它干什么？"黄敬凯的声音在背后响了起来。

"这是……我母亲的诊断书。"江少杰背对他说，声若蚊蚋。

沉默了好一会儿，江少杰以为主人只是随口问问，便继续收拾起来，不料黄敬凯又开口了："于金花……是你母亲？"

"是，她死了，3天前。"

又一阵难耐的沉寂，黄敬凯声音不高不低地问："你母亲是哪的人？"

"老家在蔡家沟。"江少杰低低道，他现在巴不得拔腿就跑。

"你父亲呢？"

在江少杰听来，黄敬凯简直是在成心折磨他。他不知道，黄敬凯这会儿已是大汗淋漓。

"是个农民，也早不在了。"

黄敬凯长长地叹息一声，细若游丝地喃喃道："这么说，你已经没有亲人了？"

"凯叔没事的话，我可以走了吗？"

黄敬凯不知往下又说了什么，当房间里只剩下一个人时，他觉得自己的心都碎了。

没错，蔡家沟，42岁，于金花……是她，肯定是她，江少杰的母亲。当年的一幕幕，仿佛又飘忽在眼前：一个劳改监狱服刑人员，无人理没人睬更没有尊严，那是黄敬凯生命中的最低谷……是于金花给了他最大的安慰，给了他生的希望，甚至在黄敬凯提出非分要求时，她都没拒绝，在柴火堆后面，在荒草甸子上，一次次地奉献出她圣洁的躯体。平心而论，黄敬凯并非开始便把于金花忘得一干二净，回城之初他曾写过几次信给她家里，但一次也没得到回音。他和于金花永远也想不到，是她固执的农民父亲截收了那批信件，因为老爷子偏执地认为这桩婚姻是不成立的。那时候于金花怀有身孕的事还没有败露。后来，黄敬凯认识了兰妮，接着是百万家财落实政策，把于金花忘到九霄云外便是再自然不过的事……

当黄敬凯得知身患绝症，反思自己的一生，他觉得最对不起的两个人之一便有于金花，她等于是他走在人生低谷时的恩人。另一个是黄思凯，为他养育女儿的胞兄。

报应。黄敬凯想，于金花的儿子搞上我老婆，这是老天爷对我的报应……

一股热乎乎的液体从胸腔涌上来，是鲜血。黄敬凯慌了，用尽最后的力气拨通手机。

“贵山，江少杰的事取消，不要做了。”

“又心慈手软了？”

黄敬凯喘息着，努力使自己平静下来：“说来话长，一言难尽啊。以后也不要碰他。按我说的做吧。明天你和小伟早点过来，我有事交代。”

放下电话，他步履艰难地朝门口走去。黄敬凯是想找江少杰谈谈，告诉他当年的事，甚至想到给江少杰一笔钱……没等走到门口，突然一阵剧咳袭来，又一股黏糊糊的液体涌了出来。

手上的鲜血成了黄敬凯生前看到的最后一样东西。

江少杰离开主人卧室，想的仍是马上逃离。悄悄收拾了准备随身带走的东西，剩下的便是等待黄敬凯睡着了开溜。

要是我先下手杀了他呢？江少杰被这一想法吓了一跳。不行，他儿子和齐贵山不会放过我的。可就这么溜走，他们会善罢甘休吗？江少杰满肚子的悲哀和愤怒，进而上升为一种前所未有的仇恨情绪：我他妈真该临死抓个垫背的……

主人房里手机铃声一直叫个不停，听得江少杰直纳闷：他怎么不接电话？睡着了？

过了好一会儿，当手机铃声再次响起时，江少杰忐忑走了过去。在主人房门口，他没能听到手机铃声以外的动静。正犹豫着是否该进去的当口，江少杰发觉自己踩上了什么东西。

打开壁灯一看，是血，还在顺着门缝往外流。

第5章

黄敬凯死后5小时，江少杰打电话报了警。这是他想了5个小时后做出的选择。

放弃跑路的原因在于他背负不起一条人命，而且谁都会以为是他杀了黄敬凯。

尽管如此，挤在勘查现场警察中间的齐贵山还是一口咬定："是他干的！"

问他要证据，齐贵山当着江少杰的面不知跟警察嘀咕了些什么，随即手铐铐紧了江少杰。

黄敬凯的尸体抬出门时，新寡兰妮当场晕死过去。

江少杰被带上警车时，则昏倒了在希格尔大酒店刚上一天班的杏妹。

黄玫是从学校的失窃案现场赶回家中的人命现场的。当天早上，第一个进到师大化学系实验室的她发现实验室窗户夜里被撬开了，清点结果，一瓶剧毒氰化钾和少许财物被盗。黄玫和她的硕士导师——容海师大最年轻的教授刘国祯立刻报了警。

但率先赶到的警察却是来送她父亲暴卒消息的。

黄敬凯的神秘死亡，几乎引起了所有人的恐慌。数十名亲朋好友蜂拥而至，黄家别墅多年没这么热闹了。

大家最为热衷的莫过于黄大老板的死因。在这个问题上，齐贵山自认为最有发言权，逢人便讲：老凯临终前曾打过电话，要他采取"必要手段处置"江少杰。偏偏这时发生了死亡事件，江少杰自然逃不了干系。但齐贵山闭口不谈黄敬凯最后那个电话。由此，人们很容易地联想到：一定是江少杰与主人发生了重大冲突，为免惩罚，这小子狗急跳墙下了毒手。至于是何等冲突，老江湖齐贵山讳莫如深，大家只好各自发挥想象力了。

其实齐贵山已经猜到了一个方向。老凯虽然至死不肯说出原委，可什么是一个男人的"奇耻大辱"，齐贵山自是明白了三分，自然把怀疑的目光瞄向了两天来一直把自己锁在房内的兰妮身上。他只是弄不懂，老凯为何最后又改了主意。

黄伟第一个接受了齐贵山的观点，坚信父亲是被谋杀的，连日来哭得一塌糊涂。

大小姐黄玫半信半疑。她记得那个相貌英俊的江少杰曾陪父亲去过师大化学系的实验室，同时想起了江少杰浏览实验室满目化学药品时的那种好奇目光。偏偏父亲去世的前夜实验室被盗了一瓶氰化钾，是巧合还是两者之间存在着必然联系？黄玫一忽儿觉得自己可笑，一忽儿觉得有必要查证一下。但从始至终她都三缄其口。

最闹心的莫过兰妮。虽说感情丧失殆尽，死的毕竟是一起生活了二十多年的丈夫，心头的怅惘、失落和突然感并非她想要品尝的滋味。也曾恨他早死，那不过是暗地活动一下心眼，人真没了的事实没谁愿意接受，终归不是深仇大恨。让她不安的是齐贵山的话，黄敬凯要收拾江少杰，莫非他发现了老婆在偷人？莫非真是江少杰走投无路杀了黄敬凯？作为唯一在事发现场的当事人，兰妮认为江少杰最是可疑。

这天下午，湖滨派出所的李所长陪同一名区公安分局刑警队的警官出现在黄家。

“我们要和死者家属谈谈。”那名警官对大厅里的几十号人说，“确切地说，要和死者的妻子谈。”

兰妮从楼上被请了下来。

“你丈夫生前是否患有心脑血管疾病，或者其他可能引起猝死的疾病？”

“他一向很结实。”在书房里，一袭黑衣的兰妮表演式地揩揩眼角，内心里，她的恐慌远远大于悲伤，“不过最近一两年没回过家，我不知道他目前的健康状况。”

“你丈夫为什么不回家？”

“我们早分居了，正准备离婚。”

“认识嫌疑人江少杰？”

“见过一两次，”兰妮慢吞吞地说，“他什么地方可疑？”

警官并没有回答，而是反问她：“在和你丈夫及嫌疑人接触不多的情况下，你是否认为存在谋杀的可能？”

兰妮思忖片刻，平静地说：“不清楚，我不了解他们之间的关系。”

“由于你丈夫的死很意外，属非常死亡，又有人声称是谋杀，区公安局的意见是先进行尸体解剖，找出死亡的原因。”李所长说，“但要首先征得你的

同意。”

“解剖？”兰妮瞪大了眼睛，说话也有些结巴了，“有……有谋杀的证据吗？”

“正因为没有，才征求你的意见。”

“我的意见……很重要？”

“当然，你是他妻子。”警官说，“在找到死因前，指控嫌疑人谋杀并不成立。目前对江少杰是司法拘留，并不意味着他有罪。不排除你丈夫只是猝死，因为非正常死亡多种多样，而且每天都在发生，我们不能把每一桩都列为疑案侦查。”

兰妮的脑海深处浮出一丝光亮，脱口而出的是：“我能见见那个姓江的再做决定吗？”

出乎她的意料，警官同意了。

几个人离开书房的时候，齐贵山对警察连吵带嚷，口口声声“凶手就是江少杰”。黄伟也在一旁火上浇油嚎哭起来。

“我说齐贵山你怎么回事，这两年嫌自个屁股干净了？”李所长呵斥道。早年，他没轻了收拾这个老流氓。“哪儿有事都跟着瞎掺和，浑水摸鱼呀？”

齐贵山老实了，赔着笑脸：“死的不是我兄弟嘛。我敢发誓，凶手一定是江少杰！”

李所长记忆犹新，早年齐贵山是个帮派团伙头目，黄敬凯是他手下马仔，还替他顶雷坐过牢。

兰妮在拘留所那间狭小的接见室见到了江少杰。几天不见，他看上去蓬头垢面、精神委靡，兰妮心头一阵酸楚。脸上却是冷冰冰的一副表情，甚至有几分气愤。“你杀了他？”

“不是我，真的不是我……你该相信我。”

“相信你？凭什么？凭你这个乡巴佬骗我上床，拿到了钱却说从没喜欢过我，还叫我母狗！”

她越说越生气，忍不住扇了他一记耳光。

“那天我喝醉了，母亲去世对我刺激太深……”江少杰嗫嚅着，“兰妮，救救我，只有你能救我！”

“看在露水夫妻的份儿上？那好，老实跟我说，你都干了什么？”

江少杰详细讲述一遍当天他偷听到的黄敬凯和齐贵山通话内容。

果然让那个死鬼听到风声了。兰妮想，如此说来，更有可能是江少杰抢先下的手。

“我确实什么也没干。当天晚上我给凯叔打完针就出来了……”

“打针？”兰妮忽然想起黄敬凯声称自己有病，他的确瘦得很厉害，“打什么针？”

“他长期注射杜冷丁，你不知道？”

那是绝症患者才用的止疼针剂啊。兰妮脑海中陡然亮了起来：“你还知道什么？”

“对了，上午审我的警察给我看过一个药瓶，在黄敬凯房里发现的，是一种抗癌药……想起来了，他最近常去肿瘤医院，黄敬凯是不是得了绝症？兰妮，快去肿瘤医院，快去啊！”

兰妮却端坐不动，一直看着他，意味深长地说：“姓江的，如果我救你出去，知道该怎么做吗？”

江少杰立刻抓住她的手：“你说怎么着就怎么着！”

离开区公安局拘留所，兰妮带着警察直奔容海市肿瘤医院。一同前往的还有她的双胞胎儿女和齐贵山等一干人马。在特诊部，他们找到了黄敬凯的主治医生。

“去世了？”医生毫不惊奇的样子，一边拿出一份厚厚的病历，“这么说，他直到临终也没告诉家人？黄先生真是太有个性了。”

应警察的要求，医生扼要介绍了黄敬凯的病情——一年多前，黄敬凯第一次来到肿瘤医院复查，结果和人民医院的初诊一致：右肺有一大块阴影。当时即怀疑是恶性肿瘤，院方建议开刀手术，被黄敬凯拒绝了，只同意用药。尔后医生为他定期检查，直到一星期前做了穿刺化验，确定是低分化腺癌，部分呈高分化腺癌，淋巴结有癌组织转移。这意味着，黄敬凯已是肺癌晚期。

在场的人都惊呆了。

“大夫，这是不是说，死亡随时都可能发生？”警官问道。

“从你介绍的症状上看，黄先生是由于肺部肿瘤爆裂大量失血而死，可能跟死者临终前情绪特别激动有关……不过我认为肺癌晚期足够说明一切了。”

警官回头告诉兰妮，家属可以处理尸体了。

黄伟突然跳出来：“不，我爸爸是被谋杀的，我要求解剖！”

黄玫也默默地站在了弟弟一边。

自己的儿女站出来打横是兰妮万万没想到的。众目睽睽之下，她突然坐在

地上，长一声短一声地号哭起来：“敬凯，你怎么就这么走了，我命苦啊……死了你闺女儿子也不放过呀，要把你大卸八块……我不活了……”

场面一时大乱，警方人士趁乱早走了。剩下的家里人一阵哭闹之后，最后只得依了兰妮——毕竟她是一家之主。

接着便是紧锣密鼓准备丧事。黄敬凯火化后，骨殖葬在郊区陵园黄氏家墓内，那里先前已安葬有黄敬凯的父母。只是在下葬前，黄玫发现父亲的头盖骨竟是绿色的，这令她困惑不已。同样困惑着她的还有母亲那天在医院的撒泼表现。母亲为什么阻止解剖？仅仅是为了保全父亲的尸体？

黄敬凯火化当日，江少杰获释出监。

连日来杏妹以泪洗面度过。她无法理解心上人为何横遭嫌疑进了大狱，只是隐隐约约感觉到了城市生活的险恶。所以，她的第一个念头便是回家，和心爱的杰哥回大岗村去结婚生子过乡下日子。

“你们怎么不说话？我这不是好好的。”在小旅店里，江少杰若无其事地对韩子成和杏妹说。老板一死他等于失业了。

“杰哥，我们回家吧。”杏妹眼泪汪汪地说。

“黄伟到处扬言，一口咬定是你害死了他老爸。”韩子成不无忧虑道，“你走了，他会不会疑心加重，将来有一天找你算账？”

江少杰一笑：“他是说大话败火呢。警方和医院已经下了结论，黄敬凯死于肺癌，和我啥关系没有。如果我有个三长两短，谁都知道是黄伟干的。你们放心吧。”

话虽这么说，他心里却直打鼓。出拘留所那天，是兰妮偷偷接他的。她警告他，哪儿都不许去，她有很重要的话对他说。她想干什么？另一方面，成子说的并非没有道理，黄伟乳臭未干，他背后可是有个黑道老大，传说还曾经是黄敬凯的老大。他们真揣起坏来，他江少杰根本不是对手。本意他想离开容海，这种情况下走得了吗？

所以，当问起他的打算，江少杰只能敷衍道先等一等。

“不会这么巧，就算老爸肺癌晚期也不会这么巧！”黄伟眼里放射着仇恨的光芒，“退一步讲，医生说老爸曾情绪极其激动，那准是江少杰给气的，不然怎会要废了他。无论如何，他都是凶手！”

“会是什么事呢？”齐贵山像是在自言自语，也像是在问黄伟，“老凯性

格硬朗，一般小事根本不会理睬。对一个男人来说，什么是奇耻大辱呢？”

悲伤过度的黄伟听不进去他的诱导，满脑子只有两个字——报仇。但头脑简单的黄伟也明白，这等大事不是他一个人干得来的，这时他才体会到没有老爸的日子是多么无助。“齐叔，帮帮我。”

“现在不行。”齐贵山摇着头，“急不得，等弄清究竟再说。别忘了，老凯还有要我放弃的第二个电话。”

“齐叔，老爸没了，你就是小侄的靠山啊。我听你的。”

齐贵山点起大烟斗，在烟雾缭绕中继续自己的思考。“为什么老凯在江少杰的问题上出尔反尔？是什么让他激动肿瘤爆裂？还有，你妈那么一哭一闹，不让解剖，结果倒是对江少杰有利。”

“我妈她……和姓江的好像不大认识吧？他们能有什么事？”

齐贵山笑了，把头伸到黄伟面前：“这是个什么都会发生的年代。你忘了，正是你妈去拘留所看过江少杰，事情才不一样的。我敢说，他们有关系，而且极不寻常。”

这一次黄伟听懂了，不禁打了个冷战。

黄伟的私人助理走进来告诉他们，律师事务所打来电话，通知各位直系亲属和股东，明天上午宣读黄敬凯的遗嘱。

遗嘱宣读仪式定在希格尔大酒店会议室举行。说到直系亲属也就是兰妮、黄伟、黄玫，加上酒店的第二股东齐贵山。除了这几个人，再没谁有资格列席。

黄玫本来拒绝参加，是母亲硬把她拉来的。她们赶到的时候，黄伟和齐贵山已经在座了。

由于是宣读遗嘱，会议室内一片寂静，静得每个人都能听到自己的心跳。

9点整，小个子律师刘中浩分秒不差地出现了。大家更关心的是刘中浩手中的黑皮包，除了黄玫，其他几个人的心思几乎是一致的：我能分到多少？

“人都齐了，开始吧。”黄伟用命令式的口吻对律师说。

“首先，我对黄敬凯先生的猝然辞世深表震惊和悲痛。黄先生是本律师事务所优质客户之一，我们相互信任，几年来的合作非常愉快……”

在一双双饥饿的目光中，刘中浩拿出两个文件袋，当众开封了一只。

“黄先生的遗嘱有两份。这第一份遗嘱首立于2003年9月8日，中间经过两次修改。最后一次修改幅度很大，时间是黄先生不幸去世的前一天下午。需要

阐明的是，修改过的遗嘱同样经过公证，完全合法有效。哦，遗嘱内容十分庞杂，涉及方方面面，我想能让各位感兴趣的应该是财产部分，就此我先扼要介绍一下。”

刘中浩首先阐述了黄敬凯的主要财产系希格尔大酒店，根据会计师事务所的评估，市值大约15 000万，完全独资，没有负债。黄敬凯把它分割成3个部分：股东齐贵山原持有10%股份，现赠予5%，达到15%；儿子黄伟继承20%股份，并终身出任酒店总经理；女儿黄玫继承其余的65%股份，条件是终身不得辞退她的双胞胎弟弟，除非黄伟主动请辞，否则她必须与他平分，双方共持酒店股份；酒店现存3 000万流动资金除股东齐贵山所占份额外，其余部分黄玫、黄伟一次性均分；各继承人、受赠人所持股份5年内不得转让、出售，如有必要5年后家族成员和股东拥有优先购买权……

没等律师读完附加条款，黄伟第一个跳起来：“凭什么只给我20%？我宁肯要一半股份也不稀罕什么总经理！这不公平。”

刘中浩耐心而彬彬有礼地告诉他，酒店是乃父的私人财产，立遗嘱人拥有完全处置权和分割权，任何人都无权予以干涉。黄伟可以继承或不继承，却不可以要求更多。给哪个继承人多少，是立遗嘱人自己的事。

黄伟哑口无言了，兰妮又跳了起来：“作为黄敬凯的合法配偶，酒店应该有一半属于我的财产，他怎么有权处置？而且我才是第一顺序继承人，怎么没有我的份儿？”

这一次小个子律师犯了踌躇。他似乎不很情愿地拿起另一只文件袋，当众开封。

“对兰女士，黄先生在补充遗嘱中有一个特别说明。”刘中浩从中取出一张纸，一个小信封，“他在这份遗嘱中说，‘鉴于我的妻子做了令我蒙受耻辱的事情，她无权继承酒店财产。’对不起，他只给你留下了海滨别墅和景阳小区那套住宅，此外每个月可以从酒店领取10万元生活费。”

兰妮愣住了，其他人也是一样。只有齐贵山意味深长地望着黄伟。

“胡说八道！”好半天兰妮才叫出声，“我没做过半点对不起黄敬凯的事。这份遗嘱根本不算数，是违法的！”

说着，她抢过律师手中的文件，三下两下撕个粉碎。

“你撕掉的只是副本，有很多份。正本在银行保险箱里。”律师满目同情地告诉她，“我也觉得黄先生这么做不够公平。好在他还给您留有余地：如果兰女士对遗产分配有意见并提出财产要求，我将被迫向各位继承人和股东公开

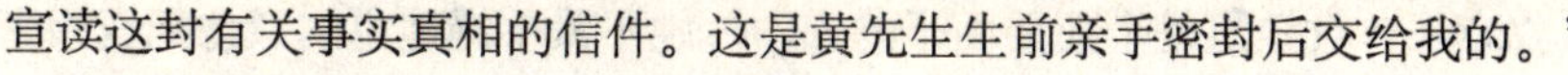

宣读这封有关事实真相的信件。这是黄先生生前亲手密封后交给我的。”

刘中浩举起了一只小一些的信封。

会议室内鸦雀无声，每个人都望着他手上的东西。

兰妮满面羞赧，站也不是，坐也不是。她知道，自己被死鬼耍了，要么要脸，要么要钱，而且是当着儿女的面！

“他这是报复。报复我一直要求离婚……”这一次她的声音显得有气无力。

“里面写的什么？”

黄伟忍不住要去拿，被刘中浩躲过了。“对不起黄总，这是法律文件，绝非儿戏。我也不知道写的什么。黄先生还有话，如果兰女士同意上述遗嘱，我将当众销毁这封信。兰女士？”

兰妮在女儿的扶持下坐下了，她觉得自己快要崩溃了。

“兰女士，请您明确表态。”

在律师的一再催问下，兰妮被迫点了点头，几乎不为人察觉地。马上，刘中浩手中的打火机点燃了那封信。

一桩秘密瞬间化为乌有。

“如果各位再无异议，请在这些法律文件上签字，同意遗嘱生效。”

文件首先推到了未来的第一大股东黄玫面前，她却显得心不在焉：“非签不可吗？”

律师解释说这是她的义务，即使放弃也要等上5年。

兰妮最后一个签的字。写下自己的名字后，她发现会议室里只剩自己了。她哭了，哭得很伤心。

在哭声中她想到了江少杰。

两个人各怀心腹事在天河宾馆见了面。

“都是因为你！”兰妮讲了遗嘱的事，越说越来气，“不是被你引诱，我能落到一无所有这一步吗？我牺牲了多少你知道吗？亿万家产！”

江少杰默不作声，心想你活该，并没有人强迫你。

“看来你并没有撒谎，黄敬凯死前确实知道了我们的关系，他在遗嘱中剥夺了我的继承权，还当众暗示了这一点。”

江少杰吓得魂飞魄散：“你儿子、齐叔他们都知道了？”

兰妮一直看着他，心里在选择答案。

“你忘了，黄敬凯是个死要面子的人。”她不紧不慢地说，“他把真相密封在另一份遗嘱里了，暂时没有公开，保存在律师手里。不过，黄敬凯留下话，只有我才有权打开它，条件是必须公开。”

江少杰提到嗓子眼的心总算落到了肚子里：“你不会那么做的。”

“这取决于你的表现。”

“很抱歉给你带来这么多麻烦和损失，我会马上消失。”接着他说了离开容海的打算。

“这可不是我想看到的结局。没想到要补偿我？”

江少杰一愣，他最担心的事情发生了。

“没有我，你还在蹲大狱呢。别说你什么也没干，我儿子和齐贵山相信吗？请记住，黄敬凯的临终嘱托还没有作废，而且是你亲耳听到的。你一走了之，齐贵山会怎么想？”

两个人都出汗了，一个因为撒谎，一个出于恐惧。

“没拿到验尸报告他们便是认准了你。老实说，我比任何人都怀疑你——听到黄敬凯和齐贵山的电话，你害怕了，无奈之中抢先下了手。你是怎么干的？下毒还是掐脖子？”

江少杰哭丧着脸说：“我就是跳进黄河也洗不清了。”

“听我的，还不至于太糟。”

他几乎猜到了她要说什么。

“是的，正像你想到的，我要完全拥有你。”

江少杰浑身战栗起来。他万万没想到，这个女人的侵略性、占有欲会如此之强。“不，这不可能！兰妮，我只是个穷小子，不值得你这样。我们结束吧，明天我就离开……”

“等着被追杀？”兰妮点中他的要害，笑了，“一个英俊少年跟一个半老徐娘搅在一起是挺可笑。连你自己都承认，只是因为一时之需并非真心喜欢我。我呢，当然有这份自知之明，虽说你让我无法入睡，不可救药地单相思，甚至幻想有一天会嫁给你……”

江少杰心里吼着：“那还莫不如让我去死。”

“问题是你能跑多远。”兰妮继续道，“我的建议是你唯有置于我的保护下才有安全感。这便是你的处境，命运并不掌握在你自己手里，你能做的只是选择——把命门交给我，小伟、齐贵山才不至于碰你，除了我没人能做到这一点。而且，你做决定的时间好像并不多。”

江少杰久久沉默着，一支接一支猛吸香烟。当他惊觉兰妮不见了，一路狂呼着她的名字一口气从楼梯上跑下12层楼，跑到大门口：“兰妮！兰妮……”

一只湿润的手从后面温柔地抚在他脖子上。“知道你会来找我的，所以我没走远。”兰妮说。

“我听你的。”江少杰低着头说。那一刻，他觉得自己的脊梁骨正在被抽走。

兰妮风情万种地笑了。

黄伟是在偶然一次去酒店厨房时发现后厨小工杏妹的，不由得眼前一亮。他看到了一种从未见过的天然韵味。

“黄总，这小丫头可碰不得，她是阿杰的表妹。”看老板眼神，曲三便知道他要做什么。酒店新换的女服务员，稍有点姿色的都让黄伟宠幸过了，曲三就是帮凶。

“江少杰的表妹？我正找他的茬口呢。”黄伟哼着，对曲三如此这般布置一番。

当天，曲三冠冕堂皇地告诉杏妹，她被调离后厨，到大堂吧台做收银员。杏妹当场拒绝了，理由是她和“表哥”江少杰正要离开此地。但她还是有几分高兴，回小旅店之前买了一大堆好吃的。这几天，她一直偷偷住在那儿。

不料江少杰一夜未归，杏妹打了几次电话他都没接。她慌了，用电话找来韩子成，两个人一起等。后来他们一个趴在桌上，一个坐在床上睡着了。早晨起来，两人都有些不好意思。

杏妹最是不安，又气又恼地说：“这成啥事儿了，杰哥知道还不得生气啊。”

“没事，”成子大咧咧地说，“我们是兄弟，你是我没过门的嫂子，他对我绝对放心。再说，咱俩也没干啥呀。”

两人相跟着去酒店上班了。然而一整天，韩子成都是在一种奇妙的感觉中度过的：我和杏妹在一间屋子里睡了一夜……

晚上，下了班两人急忙赶回小旅店，发现江少杰衣不解带睡得死狗一样。

“看他的样子，像是刨了一宿大镐。”韩子成说。

“不会是和骚女人在一起吧？”

韩子成连说不会。其实已经很长时间了，他觉得江少杰越来越陌生，兄弟间的沟通也越来越少。

江少杰醒来的时候已是午夜，床边只坐着杏妹。

“昨晚你死哪去了？”杏妹劈头盖脸就问。

“和几个同学在一起，商量做生意的事。”

“不是和女人在一起？”

“看你想哪去了，我是什么人你还不知道。”

杏妹定定看着他，突然笑了，搂住江少杰使劲亲着。她就是这么个人，无论天大的事，一句话能令之勃然大怒，哄住她三言两语足矣。

出去吃夜宵时，江少杰心不在焉告诉她，他刚刚找了份活儿，具体工作还没定，但薪水很高。

“咋不早说。这么好的工作，干呗。只要咱俩能在一起，屎窝尿窝我都乐意。”

兰妮回家的时候，儿子黄伟也急得火上房。

“我的亲妈哎，你怎么一夜没回来！”

兰妮只说是打麻将去了：“我赢一万多。”

黄伟不相信。他知道母亲的胃口，一万块钱绝不会让她如此神采飞扬。“妈，我爸尸骨未寒，您老人家可悠着点儿。”

“翅膀硬了，教训起老娘来了？”兰妮立起眉毛，“你死爹曾一年半载不回家，谁说个不字来着？我现在是堂堂正正寡妇自由身，想干吗干吗，谁也管不着。你呀，好好打肿脸扮演自己的总经理角色去吧，吃饱了撑的。”

黄伟想起齐叔的一再暗示，心里愈发不安起来。拐弯抹角跟郝嫂套话，结果是一问三不知。

掌握了足够秘密的郝嫂清楚眼下的局面：去了黄敬凯，兰妮是主人。寄人篱下，她知道该怎么做才能保全自己。只因她对遗嘱的事一无所知，否则，郝嫂完全可能做出另一种选择。

茶几上摆放着厚厚一沓钞票。兰妮告诉江少杰，这是每个月给他的零用，以后她会定期给。

对钱江少杰看都没看一眼，只顾闷头儿抽烟。兰妮咬咬牙，又加了一叠。他还是无动于衷。

“江少杰！”

江少杰哂笑：“你是不是在模仿别的有钱人，像养一只金丝雀来个金屋藏娇，给它最好的食物，还有最好的笼子，意在悦己一笑，视为掌上玩物？”

“我可是真心对你。”

“这更成问题了。”他板起脸，十分严肃的样子，“你在糟蹋自己的感情，用铜臭，靠收买，这和嫖客同妓女的交易有什么分别？还有我的感受，你在乎过吗？”

兰妮有些糊涂了。

“你是想把我变成一个吃软饭、靠女人施舍的小白脸，变成自尊丧失、理性麻木的种马，靠钞票。你拿来的不是太少，是太多了，一块钱足以把我打倒！兰妮，我不需要你的钱，那样我真的受不了。一个连自己都看不起的人，一个廉价出卖灵魂只剩躯壳的人，你还喜欢他什么？”

一口气说完上面的话，他显得很激动，心胸剧烈起伏着。兰妮慢慢咀嚼着，内心充满了矛盾。在她的信条里，人与人都是利益关系，绝无其他。而一旦她和江少杰的利益关系不成立，拿什么抓住他呢？仅凭第二份遗嘱的谎言？

“可你靠什么生活呢？我总不能容忍彼此生活质量上差距太大。”在找不到答案之前，她只能如是说。

“你可以从其他方面帮助我，正如我需要你的保护。”江少杰说，“我想工作，初步打算回酒店。你儿子不会无视寡母的这一小小要求。这是让我保持尊严的最有效途径。”

“这不难做到吧？”

“实话实说，咱们的关系不是建立在感情基础之上的，差距又显而易见。被迫接受保护是我自作自受，这怨不得别人。因此作为胆小鬼我无怨无悔同意维持现状，咱们慢慢来，时间表由我来定。你得清楚这一点：一个年轻的穷伙计和老板娘扯在一起终归是好说不好看。如果曝光过早，反而会放大你儿子和齐贵山的疑心。”

“别忘了，真正掌握秘密的是我。”兰妮幽幽提醒道，“我可是认真的。”

“对我来说并不可怕，问题是你能不能把我变成一个可与黄敬凯遗孀相匹配的人，也许只有成为那样的角色我才有资格考虑你的认真，才有勇气面对别人的耻笑。再次提醒你：我只接受你帮助构筑一个平台，拒绝施舍。”

兰妮点点头，喃喃道：“你真是太聪明了，聪明得叫人不放心……”

江少杰则在心里冷笑：要玩儿不过你，我就不是江少杰了。既然你想玩儿我一辈子，我为什么要客气？

尽管半信半疑，兰妮还是马上去希格尔大酒店召见儿子。如何应对，江少杰都逐字逐句教给她了。

“妈，什么风把您老人家吹过来了？”黄伟连忙把母亲让进总经理室的大套间。

“黄敬凯一个大子儿没给我留下，来看看你都嫌烦了？”兰妮盛气凌人地坐进儿子的大班椅，开门见山，“今儿我见着江少杰了，鼻涕一把泪一把的。你非嚷嚷人家是凶手，弄得连口饭都混不上。全容海都知道了，谁还敢用？”

黄伟立刻跳起来：“我正找他呢。他在哪儿？”

“一个乡下人，怪可怜的。伺候你爹一场，倒背上了骂名，让外边一看，咱们黄家都是些什么人啊？小伟，你别胡思乱想，再瞎折腾等于自讨苦吃，警方可是早下了结论。”

黄伟困惑了：“妈，你到底什么意思？不单是给他说情吧？”

“对，我想让你续用江少杰，显示出希格尔应有的气量。”兰妮不容置辩道，“何况，你少不更事，不正需要人捧？这一来，江少杰怎不死心塌地为酒店卖命？”

“这不可能！”黄伟斩钉截铁地说，“用一个谋杀我老爸的仇人，简直痴人说梦！”

齐贵山悄悄蹩进总经理室里间。“小伟，我觉得你妈说得有道理。”他背对着兰妮，使劲对黄伟眨着眼睛，“江少杰曾是酒店最好的招待，老凯生前也很欣赏他，毕竟是有用之材嘛。”

黄伟有点丈二和尚摸不着头脑。

看到齐贵山，兰妮心下有所不悦。她一直讨厌这个无端霸占酒店10%股份的流氓。

“为娘是替你打算，你的路长着呢。”她的脸只冲着儿子，“我看就这么定了。位置得差不多，怎么说人家是你爸的助理。你掂量办吧，总经理大人。”

母亲走后，黄伟不解地问齐贵山：“齐叔，你什么意思？”

“你怎么不明白，近距离控制总比将来远程奔袭方便得多。直觉告诉我，江少杰一定对老凯干了什么。假以时日给他空间，不信这小子露不出马脚。送上门的菜，好，很好。先拖他几天再说。”

曲三再次找到杏妹，商量要她做收银员的事。由于杰哥已决定不离开容海，收银员工作轻松而且工资高于后厨小工，这一次杏妹爽快地答应了。

半个月后杏妹始知，这是个圈套。

第6章

杏妹站在桌子前大气不敢出，不敢动，更不敢开口。

被老板召见，在她还是头一遭。而且杏妹预感到不会是什么好事——他在看她经手的部分台账。

足足过了10分钟，黄伟从账本上抬起头，眼睛却不看她，望着天花板，声音也显得阴阳怪气：“一楼大堂本月到目前的营业额是多少？”

杏妹倒背如流：“我是2月4号接手，以前的账目不清楚。到今天是16号，菜单1 984 000元，烟酒单330 000元，拢共是2 314 000元。”

黄伟拿起一张财务报表，冷冷道：“你交给财务的是这个数，可后厨的传菜单和你手上的菜单底联对不上。你缺11张。”

杏妹大惊失色，认为这绝不可能，她每天都一张张核对过。

当着黄伟的面，杏妹再次核对，果真缺了11张。她不知道哪出了错。天啊，7万多块钱全是大单！

“不存在出了什么差错。11张单张张有你的签字。你胆子未免太大了吧，半个月就贪污7万。”说这话的时候，黄伟转到杏妹的背后，几乎挨上她的身体。

“钱我一分不少都交了出纳。你硬说我拿了，我也没法。我赔。”杏妹警觉地后退着。

黄伟大笑，说赔便是等于承认了贪污行为，承认犯罪。那样不仅要赔钱，恐怕还要做牢。

杏妹傻了。两人年龄相仿，但一个小护士在智力上无论如何是斗不过大学生的。

“这不算完。你偷了钱，也给我的酒店抹了黑，让它形象受了损。你知道希格尔的脸面值多少钱？赔得起吗？”

杏妹抽泣起来。她不是赔不起，是丢不起人，尽管心明镜儿自己冤枉。

“既然赔不起，何不让我们想想别的办法——或许你不用拿一分钱，便可以让这事了啦。到目前为止，我是唯一的知情者。周杏妹，不想求我帮帮你？”

一瞬间杏妹明白了：这是姓黄的下的套子。可自己挣脱得了吗？

看她没什么反应，黄伟有条不紊地尝试上手了。

仰望楼顶一米见方的“希格尔大酒店”6个镀金大字，江少杰有一种恍若隔世的感慨。在不到一年的时间里，他几乎在这里经历了生生死死，荣辱沉浮已不算什么，可是眼下身不由己，被牢牢地钉在这里了。飘忽间，一种前所未有的情结涌动在心头，那便是仇恨。然而谁是仇人呢？黄敬凯、兰妮、黄伟、齐贵山？仿佛是，又仿佛不是……

来吧，老子就这样了，我会跟你们玩到底。

“杰哥！”保安员韩子成发现好兄弟站在街对面，惊喜地跑过来，“大伙都说你要回酒店了，真的吗？这些天你在哪猫着？这下好了，咱们又能在一起了。”

好兄弟就是好兄弟，江少杰相信成子的喜悦是真实的。

“是有这么回事，”江少杰轻描淡写道，“位置还没定。这不等得闹心，过来转转。”

“外边冷，到屋唠去。”不由分说，成子拉起他走进酒店大堂。

两人到吧台找杏妹，她却不在，站在那儿的是一名临时替她的女服务员。

“杏妹干啥去了？”

“和曲经理一起对账去了，”女服务员说，“好像是去黄总那里。”

说者无心，听者有意。女服务员补充这一句，让成子心里好不蹊跷。一般情况下，收银员每天只和财务部对账，而且通常在打烊以后。这当不当正不正的大中午，杏妹一个下级员工和总经理对的什么账？

“杰哥，你是不知道，酒店新招这批小姑娘让黄伟祸害老鼻子了。”成子不安地告诉江少杰。

江少杰马上回头问那名女服务员：“杏妹去多久了？”

回答是快一个钟头了。两兄弟不约而同地扑向电梯。

曲三正滞在总经理室门外，一见江少杰慌了。

“阿杰，不关我的事……”

曲三的失态令两兄弟意识到了可能发生的事情，立刻冲了进去。

里间的门反锁着，但听得见杏妹嘤嘤的哭泣声。江少杰脸都黑了，韩子成更不怠慢，硬是用肩膀撞开了实木门。

沙发上，杏妹的外衣被撕烂了，只剩下半只乳罩挡在胸前。成子先是一愣

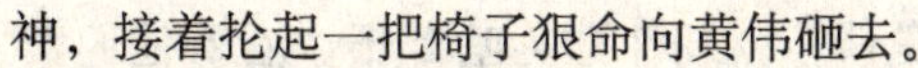

神，接着抡起一把椅子狠命向黄伟砸去。

“妈的，我叫你发情……”

江少杰伸出手来，抓住眼看落到黄伟头上的椅子——没这一下，黄伟非死即残。

韩子成愈加愤怒了：“你干吗拦着！”

“你先带她出去。”江少杰脱下外衣给杏妹披上，命令式地对成子说。他心里有数，黄伟并没有得逞。

韩子成不从，拉着架势还要往上冲。不料逃过灭顶之灾的黄伟回到座位上竟摸出了一把手枪。

那是一把钢珠手枪，是那次王飞出千露馅无奈送给黄敬凯的。

“别过来，别过来……”黄伟拉上枪栓，“你敢乱来，我开枪可是正当防卫。”

双方僵持住了。屋子里弥漫着杏妹的啜泣。

“都给我出去！”黄伟有些神经质、色厉内荏地狂叫着，“韩子成，敢威胁我，你被开除了！”

韩子成当场摔了保安员的大盖帽：“X你妈，欺负人你还有理，老子正想不干了！”

最终还是江少杰催促成子把杏妹领走了。剩下他和一直举着钢珠手枪的黄伟，江少杰在大班台前坐下来。

“对一个乡下妹子如此费尽心机，你不觉得太下作了？”他指着桌上的账本。

看到齐贵山虎视眈眈进来，黄伟才收起家伙：“江少杰，你以为你是谁，敢用这种口气和我说话？”

“起码我刚才救了你的驾。”江少杰说，“你不是一直怀疑我害了凯叔吗，这下咱们扯平了。可是在我未婚妻这儿，记住你欠我的。”

“她……她不是你表妹？”

江少杰看了齐贵山一眼，在门口重申：“不管以后在不在希格尔，我都会牢记这件事。”

齐贵山关上门，怅然长叹：“好色是男人本色，不算毛病。可你不该谁的女人都碰。”

江少杰在希格尔酒店门前找到了成子和杏妹。

“这些公子哥儿仗着腰里有几个臭钱，就胡作非为啥都干。看看他们黄家，老子混蛋儿流氓，钱就是他们胆大妄为的资本。再给他们打工，我他妈得憋屈死。”韩子成说，“不干了，明天我就回大岗村。老家穷点儿，可人好，民风淳厚，人人心情舒畅，哪像在这儿，到处是欺压、尔虞我诈……”

止住哭泣的杏妹亦拉住江少杰的手：“咱们一起回家吧。”

“可我……实在走不开呀。”

“别傻了。身背杀人嫌疑，未来的老婆被人污辱，你没长心啊！”成子跟他吼起来。

我的处境没法跟你们讲啊。江少杰哀哀地想，嘴上却说：“咱们在城里没地位没依靠，忍字当头是必修课，要想出头就得能吃苦、能忍。成子，你先别急着走，酒店马上要安排我工作，瞅空儿我问问黄伟到底啥意思，别说你是为了杏妹，就是无端得罪了老板，我也不能看着不管。”

“明明咱受了欺负，为啥还得给流氓当孙子？”韩子成叹息着，“杰哥，我相信你能帮我，可你不知道，老给人罩着的滋味不好受。我也是不争气，太笨，出来混这么长时间，连你一半赶不上呢。还不如早点回乡下过消停日子，省得爹妈操心……”

“杰哥，我要回家。”杏妹的眼睛又潮湿了。

江少杰心乱如麻，无言以对。

蓦然，3个人都听到了一种异样的声音，是来自街对面一家工商银行储蓄所内。

“好像是警报！”成子脱口而出。公安专科学校毕业，他对这个多少知道一点。

话音未落，两个头上罩着丝袜的人从储蓄所里跑了出来。一个背着帆布钱口袋朝希格尔大酒店门前奔来，那里有一辆一直没熄火的摩托车。另一个手持双筒猎枪对着储蓄所大门开了一枪。

“抢银行！”杏妹尖叫起来。

江少杰本能地一手一个扯着他们往后退。但他感觉到了成子在蠢蠢欲动——韩子成一直盯着那个骑上摩托车的歹徒。

“成子，别干傻事……”

晚了，韩子成挣脱他的手，已经扑向刚好从他们面前驶过的摩托车。两名歹徒被扑倒了，摩托车也蹿出老远。韩子成爬起来，直奔装钱的帆布口袋。持枪歹徒不知喊了句什么，抬手就是一枪。

成子的小腹被击中了，像电影中的慢镜头一样缓缓倒下，却死抓着钱袋不放，任凭歹徒拼命去抢夺帆布口袋，用脚踢，用刀捅……

街头有上百人目睹了这惊心动魄的一幕，却没人肯上前帮成子一把。

离成子最近的是江少杰和杏妹，他们都吓傻了。

忽然有人高呼："警察来了！"

这一嗓子伴着储蓄所内仍响个不停的警报果然奏效，两名歹徒惶然四顾，撇下韩子成和装钱的口袋，重新骑上摩托车逃走了。

整个过程，只有短短的一两分钟。

"成子！成子！"

江少杰和杏妹抱起同乡兄弟，韩子成的下身已血肉模糊，被猎枪打烂了。

"松手吧成子，歹徒已经跑了……"

韩子成看了杏妹一眼，这才撒开死死抓住钱口袋的双手昏死过去。

警察从几路赶来。一伙人朝劫匪逃跑的方向追去，湖滨派出所李所长负责把韩子成急送医院。

从下午到午夜，韩子成一直在容海市人民医院抢救。

这期间，江少杰和杏妹等在手术室外，相互间没说一句话。江少杰知道她在怨恨，危机时刻对好兄弟没能施以援手，眼睁睁看着成子被打得血肉横飞。他对自己的解释是事发突然，根本来不及做出反应。可成子不是冲上去了？他能接受这一解释吗？江少杰始终困惑，成子哪来那么一股邪劲？这不像他能干出来的。

但无论如何，念及在手术台上生死不明的兄弟，江少杰心里充满了愧疚感，痛觉没照看好他。想当初，成子是陪自己进城来的啊。

等待手术结果的还有湖滨派出所的人、工商银行领导和闻讯赶来的新闻记者。由于江少杰和杏妹是离现场最近的目击者，李所长分别向他们取了笔录。江少杰说得最多，绘声绘色描述了成子同劫匪英勇搏斗的全过程，其中不乏夸大、赞誉之词。

手术直至午夜结束。韩子成被推出来的时候还在昏迷着。

主刀是一位满头华发的老医生。他告诉等待的人们，手术基本成功，患者已脱离危险；但伤势不轻，会留下严重的后遗症。

"什么后遗症？您快说呀！"杏妹急了。老医生犹豫着，只把李所长拉到一边嘀咕了一阵。

韩子成被安排在医院的特护病房，里面的陈设可以和星级宾馆媲美。江少杰知道，这是李所长为成子争取的。

夜里，杏妹主动提出留在医院护理成子。

报社记者一大早送来当天报纸时韩子成刚刚苏醒。杏妹给他念了报纸头版头条韩子成勇斗歹徒保护国家财产的文章。“知道吗，你抢下的那只装钱口袋，里面有400多万呢。”

按照记者的生花妙笔，杏妹惊奇地发现成子一夜之间成了英雄。长这么大，她还从未见识过一位英雄式的人物，尽管她看着成子并不像。

韩子成听着并不显得兴奋，不知是出于伤痛还是脑子不够清醒，只说：“别给我爹妈捎信儿，千万别。他们……该骂我了……”

出乎意料的是，上班的时候，一大队人马浩浩荡荡开进了特护病房，个个气宇轩昂。杏妹没见过这阵势，有些发蒙，只记得那些人的名字后面个个都有官衔——什么市委书记、市长，还有银行行长、公安局长。为首者跟韩子成说的话，净是些让人听着浑身舒坦的拜年嗑，临走还留下了慰问金。

等人走后杏妹数了数，是整整1万元。

希格尔大酒店中层以上管理干部会议在总经理室外间举行。

“今天要说的第一件事，是关于如何安排阿杰。”黄伟说，“阿杰嘛，曾是酒店最好的服务生，理应得到最好的安排。他寸步不离伺候了我老爸半年多，可惜老爸没福，就那么给伺候死了。”

每个人都听出了富二代少东家赤裸裸的敌意。

黄伟话锋一转：“可是没有功劳还有苦劳，看在有人替阿杰说话的份儿上，我初步打算请他做领班。不过中间出了个岔子，无意中我欠下他一笔人情，所以我改主意了，聘他做大堂经理，和老王打替班。”

“黄总说得不错，我过去是打工仔，现在以至将来还是。”江少杰立刻站起来说，“我会一如既往尽自己最大努力维护酒店利益。在此，我向老板深表谢忱。”

他朝对面的黄伟和齐叔深鞠一躬。

会后，江少杰原打算找黄伟谈谈成子的事，但想到外界压力还不够大，话到嘴边又咽了回去。他打定主意，要拿这件事做一篇足够大的文章，为成子，也为自己。

老王为工作的事和江少杰好一顿聊，临了交给他一沓大大小小面值不等的

钞票。

“是大堂服务员和后厨师傅们凑的。可能解决不了多大问题，是个心思吧，唉，伤得那么重，医药费还是事儿呢。”

江少杰心头一热，世上还是好人多啊。手上接过大伙的心意，更坚定了他要踢开头一脚把事情做大的决心，权衡再三，他决定先找齐贵山通通气。

“齐叔，你先看看这个。”江少杰把一份刊有韩子成勇斗劫匪的本地报纸递过去。

齐贵山只扫了一眼，不咸不淡地说：“这和酒店有什么关系？事发之前，那小子已经不是酒店员工，被开除了。”

“韩子成是希格尔老员工了，出于人道我们也不能看着不管吧？”

齐贵山哂笑：“他保护的是国家财产，不是酒店，找国家去吧。”

“齐叔，酒店不是空中楼阁，见死不救上上下下300多号人可都看在眼里呢。”

“见死不救？我听说他跟劫匪动手的时候，你这个满脑子哥们儿义气的大侠就在旁边看热闹，到底是谁见死不救？”

江少杰领教了老江湖的厉害。

“你在瞎子点灯白费蜡。”齐贵山最后说，“我知道你的意思，想让我这个不参与管理的股东跟黄总通通气。可以告诉你，没用，我和他观点一致！”

病床上的韩子成心里充满了悲哀。他听护士说，自己的手术费要四五万块钱。

又是钱!

成子这时才体会到当初杰哥没钱给老母亲治病的那种切肤之痛。

一连几个小时，他都不说话，杏妹也不知如何安慰才好。

江少杰来到成子的病房，一眼看到了桌上的1万多块钱。

杏妹心不在焉地告诉他，早上市委书记来过，医院也捐了一些钱。但离手术费还是差远了。

“市长、市委书记来过？他们录像没有？”江少杰答非所问。

在得到肯定的回答之后，江少杰心头豁然开朗。有容海党政一把手露面，他知道该怎么做了。他当即告诉成子，医疗费肯定不成问题。

“弄好了，还能让你发一笔财呢。”他在临走时笑眯眯地说。

离开医院，江少杰直奔容海电视台。在新闻部，他刻录了一张当天录有市

委市政府大员去看望韩子成的新闻节目，接着来到容海日报社，与值班副总编长谈1小时之久。离开时，他还没忘拿走翌日有关韩子成的连续报道发排报样。做完这一切，已是晚上9点多钟。最后一站是黄家别墅，他提醒自己必须抓紧时间。

江少杰赶到黄家时，兰妮和儿子碰巧正在谈论他。

得知江少杰被安排做了大堂经理，兰妮告诫儿子，那个乡下穷小子是个人才，要好好挖掘他的潜质，多给他机会。黄伟的回答是之所以同意江少杰留下，他和齐贵山另有打算。

“什么打算？”兰妮警惕起来，“别起高调跟人家过不去，少听那个老流氓的。”

对江少杰的不期而至，他们都有些意外。

“我找黄总。”江少杰彬彬有礼地对郝嫂说。

虽然只是和兰妮短暂地接触一下目光，江少杰还是读懂了那里面的痴迷，慌得他连忙移开。

“什么事不能在酒店说？”黄伟看都不看来人，眼睛仍盯在电视节目上。

江少杰也不答话，放下手里的一大摞本埠报纸，接通DVD电源，插入带来的影碟。

“这是今晚容海电视台的头条新闻。”江少杰指着荧屏上正在韩子成病床前嘘寒问暖的市委书记，“还有这些，日报、晚报、商报都在显要位置发了消息，韩子成正在成为知名人物。”

黄伟不屑一顾地哼着：“齐叔跟我打过招呼，他的态度就是我的：你的英雄兄弟跟酒店屁关系没有，休想从我这儿抠走一分钱。”

江少杰告诉他，当天的报纸除了省报用的是“容海市某酒店员工韩子成”字眼，其他媒体的身份介绍均明确指出了韩子成系希格尔大酒店保安员。“这可能是个误会，但黄总有勇气站出来声明，容海新出炉的英雄是在见义勇为发生的当天被你开除的吗？”

翻开一张张报纸，黄伟拧起了眉头。

“这又怎么样，不理它就是了。”

“那就是错上加错了。这是个缺乏英雄的时候，韩子成的英勇壮举足以使之成为新闻媒体大炒特炒的题材。市长、市委书记出面表明了来自高层的重视，会极大地起到推波助澜作用。接下来的表彰、奖励、捐赠会铺天盖地，作为英雄打工酒店的老板，您怎么可以无动于衷呢？”

黄伟沉默片刻，露出讽刺的笑容："说来说去，你还是想让我给那个不知天高地厚傻目瞪眼的臭小子报销医药费。"

"不，我在拯救希格尔。"

"笑话。凭你？"

江少杰压抑着心头的怒火，耐心地说："凯叔复建希格尔之初，它曾是容海餐饮业的龙头，规模、声望、利润无人可敌。这几年却衰败了，眼前的机会正可以利用一下，重塑形象，再造辉煌。黄总不是一直强调打形象牌吗？这可是千载难逢的天赐良机。"

黄伟听着听着不禁竖起耳朵，看上去有所动心了。

江少杰建议，黄伟应该马上公开承认韩子成是酒店表现一贯良好的员工，抢在捐赠热浪到来之前声明希格尔会承担一切医疗费用。第二步，在酒店内号召全体员工向韩子成学习、募捐。第三步，赞助容海日报新闻版对韩子成的出身、工作、经济状况、康复进行跟踪报道，同时赞助发行量最大的容海晚报开展社会公德大讨论，举办有奖征文。同样是花钱，这样既经济又比单纯做广告效果好得多。如此主动，希格尔大酒店必将声名鹊起，知名度大大提升。

实际上江少杰心目中还有见机行事的第四步、第五步。就此打住，是不愿亮出所有的牌。

"我记得黄总说过，对企业而言，知名度就是品牌价值，是钱。如果新闻界得知韩子成在成为英雄的当天被开除了，老板又不管不问，希格尔反而会有麻烦。无冕之王们能放过你吗？"

一直听在旁边的兰妮插嘴道："小伟，你听听，少杰分析得多深刻。"

黄伟思忖良久，点点头："我问问齐叔。"

"又是齐叔，"兰妮不满地白他一眼，"你都快成他手里的牵线木偶了。我看少杰说的有道理，按他说的试试吧。"

"我已经在做了。"江少杰不失时机地拿出一份策划书，"下午我去过晚报，和新闻部主任达成了跟踪报道和在全市发起募捐的意向，只等你签字了。"

黄伟一怔："你敢先斩后奏！"

江少杰却是微微一笑："不合黄总的胃口我可以取消。"

被将了军的黄伟进退维谷，点头不是，否决更觉不妥。

"如果您同意，我想把酒店那一摊儿放下交给老王，腾出身来专门张罗这件事。"

得到江少杰的暗示，兰妮冲儿子喊着："小伟，你还等什么？"

"整个活动下来，大约需要多少钱？"黄伟终于被逼得挤出了这一句。

"我明天会把预算拿给黄总。"

江少杰告辞了。他知道自己赢得了机会。

事情如江少杰所愿顺利地进行起来了。黄伟接连在报纸、电视台上抛头露面，一直在犹豫的银行方面抻不住劲了，连忙站出来表态承担韩子成的医疗费，毕竟他们是英雄壮举的直接受益者，并把一张无限额支票押在了容海市人民医院。实际上按江少杰的如意算盘，黄伟只是在媒体上露露面，根本没掏一分钱。这样，等于黄伟既做了好人，又免于破财，可谓一举两得。至于酒店在整个公共活动期间名声大振，一度造成顾客盈门、斩获不菲，那是后话。

对韩子成来说则有点儿喜极而悲的味道。不说酒店、银行、公安几家单位争着要付医疗费，单是社会捐款，几天内便达到了十几万元。看到这么多钱，他有点害怕了，尽管眼下的局面他想都没敢想。

被老板特批在医院照顾英雄的杏妹不以为然："这钱是你拿命换来的，又不是坑蒙拐骗，咋花咋有理。你呀，还是留着娶媳妇吧。"

多少钱能找到你这样的？韩子成在心里感叹着。唯有他自己心知肚明，当时虎操操冲上去跟劫匪拼命，是表现给杏妹看的。现在觉得，自己还是太傻了——又能怎么着？充其量只能换来杏妹在这服侍他几天。她是杰哥的未婚妻，这一事实是不可改变的。

医生来查房，告诉他做好准备，过几天还要动一次手术。

"还要开刀？大夫，我伤得到底怎么样？"

医生只简单说是修补手术。这反而引起了韩子成的疑惑：是不是身上有什么零件要报废呀？

刺在小肚上的两刀并不打紧，可怕的是那一枪，正打在下身。到现在他的小便仍失禁着。

这天下午，坐在轮椅上的韩子成应邀到银行系统做事迹报告。这是江少杰此次公关活动的一个小环节，稿子也由他亲自操刀，成子只需动动嘴巴。他和杏妹也都去了。

"杰哥，我有话跟你说。"在幕布后面，杏妹忽然把他拉到一边，"我可能怀孕了。"

"怀孕？"

杏妹偷眼看着他："俩月没来事儿了，这几天冷不丁吐得厉害，老想吃酸的。""没去检查吗？""人家害怕嘛。要去也得你陪我去。""可我现在太忙啊，实在走不开。杏妹，听话，赶快去查查。"

"要真查出怀上了咋办？"这一次杏妹盯住他的眼睛。

礼堂里嗡然响起一阵掌声。在江少杰听来，那像是一阵远处滚过来的雷声。他早就隐约感觉到，总有一天必须在杏妹和兰妮之间做出一个非此即彼的选择。

现在杏妹怀孕，等于把问题提前了。不用问江少杰也猜得出，她会借此要求奉子成婚。

以韩子成为主题线索的大型公关活动持续一个多月，希格尔大酒店总经理黄伟发现，自己才是最大的赢家。财务部门报告，本次活动开展以来，餐饮部包房几乎天天客满，大厅上座率达到了9成，就连旅店部的入住率也有所上升。按常规，每年的4月份是营业淡季，与上年同期相比，希格尔本月营业额创纪录地增长1 500万元。按一半毛利计算，酒店挣了700万元以上，而黄伟在本次活动中的投入，不过区区3万多一点。3：700，哈哈！

自黄伟接手酒店以来，这是破天荒的业绩；于是，他也破天荒地在酒店管理人员例会上当众奖励了主办人江少杰一个硕大的红包——一个半尺见方的红包。

"是现金。"黄伟笑眯眯地把红包推给江少杰。

与会人员嫉妒得眼珠子都快掉出来了：那会是多少，10万？20万？连江少杰自己都不由自主地猜测：少说5万吧。

"大家都看见了，谁给酒店做出贡献，我都不会亏待他。"黄伟以主人式的口吻说。

表面上江少杰泰然若素："编筐编篓，全在收口。本次公关宣传活动尚未结束，按我的计划还要掀起一个高潮。"

黄伟大喜过望："还有戏呀？你快说说。"

江少杰诡秘一笑："一旦时机成熟，我会单独向黄总汇报。"

回到自己的办公室，江少杰乐不可支地拆开红包，一股火腾然升到了天灵盖。

红包里的确是现钞，但只是清一色的1元票面。粗粗算来，最多有1 000元。

他被黄伟耍了。

不论做出什么成绩，他在黄伟眼里只是一条狗。

于是，他觉得胸中的块垒又增大了许多。江少杰马上打电话，破例主动约兰妮到景阳小区那套房子里见面。

江少杰赶到的时候，兰妮已经脱得精光在等他了。两人关系稳定以来，每次她都急不可待地做出这一姿态。用她自己的话说，便是“我饿得太久了”，需要补偿。

江少杰把兰妮弄得鬼哭狼嚎死去活来。

日你娘，日死你娘……江少杰在大汗淋漓中酣畅地骂道，脑子里全是黄伟那张得意扬扬的面孔。

“小伟最近没少提到你，”成了一摊泥的兰妮带着挥之不去的满足笑容，“满口赞誉之辞，没想到你们会合作得这么好。”

江少杰没好气地说了红包的事。

“其实他跟个吃奶的孩子差不多，外强中干。你得多帮他，都是家里人嘛。”

“在令郎眼里，我至多是头能干的大牲口。”污辱黄伟的目的达到了，江少杰反而觉得索然寡味。要是让黄伟知道，他亲娘正被我干着，那才叫解恨呢！“想想吧，一旦知道我和你的关系，他会怎么样？”

这个问题兰妮不是没考虑过。儿子的幼稚是一方面，她驾驭不了他也是事实。

“儿不捉母奸，少杰，不如我们放弃这一切，私奔吧。”兰妮自作聪明道，“担心将来，嫌丢人没面子，怕小伟有过激行为，干脆咱们躲远点，逃到谁也不认识的地方去。卖掉两所房子，加上我手里的存款，够我们下半辈子用的。”

江少杰立刻回答：“你忘了我的原则。”

兰妮的眼睛黯淡了，每每说到钱，他都坚辞不受。这也是兰妮愈来愈喜欢他的一个缘由。

扔在客厅里的手机响了。白天开会，他一直没开机。

看到短信“我有喜了”这4个字，江少杰仿佛当头挨了一棒，好半天才拨通号码。

“杏妹？”

“杰哥，我真的有了！”杏妹在电话里兴奋地喊着，“咱们的小宝宝快两个月了……喂，怎么不说话，你不高兴吗？我想要这个孩子……”“不行，赶快做掉。”“为什么？”“我说不行就不行！”他低吼着，“必须马上做掉……”电话那端没了声音。“杏妹，你在医院等着，我马上过去。”放下电话，江少杰手忙脚乱穿上衣服。去卧室向兰妮辞行时，他眼睛直了。

“把谁弄大肚子了？”兰妮悠然地摆弄着涂得通红的手指甲，显然刚才的通话内容她全听到了，“今晚你哪儿都不准去，就这儿陪我。”

那一刻，在江少杰眼里，兰妮简直就是一个女妖。

第7章

杏妹胡思乱想了一夜。当江少杰出现的时候，她脑子里几乎一片空白。

上午要为韩子成做第二次手术。好言好语和湖滨派出所的李所长把战战兢兢的韩子成哄进手术室，江少杰拉起杏妹就走。

“干什么你？”离开手术室来到楼梯上，杏妹赌气甩开他的手。这是早晨以来她和江少杰说的第一句话。

“下楼，做人流，我已经挂了号。”江少杰拿出一张挂号单，“医生说早做安全，大了会有危险。”

杏妹执拗地站在那儿，用紧握楼梯栏杆的双手证明着自己的另一种决心，任凭江少杰好话说了一笸箩，杏妹坚决不从。他说得口干舌燥，一连恶狠狠地抽了几支烟，最后竟冒出一句：“你想让他和我一样？”

杏妹被刺痛了，她知道这句话的分量，难过得差点哭出来：“杰哥，你别生气，我是真想要这孩子。要不咱们先登记吧，我想好了，登过记咱们算有了名分，我回老家养孩子，不用你操心。你一个人在这儿闯，闯出名堂把我们娘儿俩接来，混不下去再回大岗村。这也是咱妈临闭眼嘱咐的呀……”

“我是认真的！”江少杰忍无可忍地低吼起来。

“我也不是闹笑话！”

在妇产科门诊室前，杏妹三下两下撕碎了挂号单，扬长而去。

这场争吵从三楼手术室门前一直持续到一楼门诊部，整个过程被兰妮看个荦荦大端。她是一大早尾随江少杰来到医院的。

而且，她认出了那个有几分野性的小姑娘是谁。

第二次手术进行了两个多小时。太平车被推出手术室，江少杰第一个奔过去问手术结果，韩子成默默无语。但江少杰无意中发现了主刀大夫曾对李所长微微摇头，心下好不蹊跷。

“成子，跟我说实话。”没人的时候，江少杰忧心忡忡地问道。

韩子成嗫嚅着：“有点小问题……以后再告诉你吧。”

由于这次实施的是局部麻醉，医生们在手术室的对话韩子成都听到了。歹徒那一枪的有效射中部位在他的外肾和膀胱。第一次手术主要是摘出猎枪子弹枪砂和创口缝合，第二次则是对睾丸进行修补。但打开一看，一只已经坏死，不得不摘除，另一只也有所破损，勉强可以维持性功能。然而他做父亲的可能性几乎不复存在了，这只剩余的睾丸造精能力太弱。

江少杰凭直觉断定，成子留下了严重的后遗症。但他还是做出信以为真的样子，告诉成子："我今天是来和你商量，你在这件事情上的得失需要做出什么样的选择。"

韩子成强忍着内心的隐痛洗耳恭听。

"我把这件事搅和得尽人皆知，为的正是不致让你白白流血。成子，你的第一选择是要求银行方面在医疗费以外做出赔偿，而后再带上几十万各界捐款回家；另一个选择是要求有关部门安排出路，如果有障碍就直接上书市委书记，事情这么轰动，谁都不会置之不理。这是你拿命换来的高尚机遇，没什么不好意思的。但有一个前提。"

"啥前提？"

"恐怕你得放弃到手的钱财，"江少杰说，"不只是做做姿态，以你个人和酒店的名义把这笔钱转赠给见义勇为基金会什么的。"

韩子成沉默着，像是在数输液管里一滴滴流淌着的药水。江少杰知道成子在等他拿主意，于是直言不讳表明了自己的倾向。

"这……可能吗？"成子显得很没有信心。

"放心，我有把握。"江少杰攥着好兄弟的手信誓旦旦地说。

在医生办公室，江少杰找到了李所长。他一进去，李所长和主刀大夫立刻停止了对韩子成病情的讨论。

"手术非常成功，不久就能出院了。"当江少杰问到成子的手术结果时，李所长如是说。

这反而使江少杰愈发自信起刚才的判断：他们闪烁其词，只能证明成子伤势的严重后果。于是他开始拐弯抹角和李所长兜起圈子来。

李所长只听几句便笑了："小江，我明白你的意思。韩子成同志不惜生命保护了巨额国家财产，党和政府是不会忘记的。他个人有什么要求只管提，我会尽快通过组织向上反映，尽量满足。你能代表他吗？"

江少杰点点头，眼睛一直盯在李所长的制服上。

"成子说，他想当警察。"

李所长开怀大笑，立刻来到病房，紧握韩子成的手：“小韩同志，你的要求并不过分，在我看来甚至十分美好。像你这样可信赖的同志加入警界是我们的光荣。相信我会为此做出最大的努力。”

两星期后，在韩子成出院的前一天，再没露过面的李所长突然出现在医院。这一次他带来一位官气十足的胖大警官。

“这位是我们分局的吕局长。”李所长为他们做了介绍。

在填写一大堆表格之后，吕局长拍着韩子成的肩膀，笑眯眯说：“韩子成同志，祝贺你成为我们分局下属湖滨派出所的一名在编警察。”

韩子成不敢相信这是真的，咧开大嘴哭了。

仪式在希格尔大酒店门前举行。鞭炮齐鸣，锣鼓喧天，引来无数过客驻足观望。大红横幅“热烈欢送我店员工韩子成光荣加入警界”昭示着仪式的主题。这天上午酒店停业，全体员工和湖滨派出所干警全体出动，来自容海的所有新闻媒体记者助威，把江少杰精心策划的希格尔大酒店系列公关活动推向了高潮。

江少杰知道他成功了，是一鸣惊人。既安排了好兄弟，又使自己站稳了脚跟，不折不扣的一举两得。

黄伟以韩子成老东家的身份发表装腔作势的讲话之后，李所长代表派出所发言。

“从今天起，韩子成同志就是一名光荣的人民卫士了。大家都知道，小韩是以特殊身份加入我们中间的，他的英雄事迹感人肺腑，英勇无畏的精神值得我们每一个人学习。上级把这样一位新战士派到我们所，是对我们的信任和鞭策。同时，我们也希望韩子成同志放下功劳簿，从头做起，争取早日成为一名合格的，甚至是英雄式的人民警察……”

载有韩子成的吉普车在热烈的掌声中远去了，宣告江少杰殚精竭虑的开山作胜利降下帷幕。

晚上，黄伟一遍遍地欣赏着从电视新闻中录下的仪式画面，乐得心花怒放，希格尔大酒店都未曾这般荣耀过。此刻的江少杰在他心目中，俨然是一位策划大师了。

“齐叔，你都看见了，阿杰干得确实漂亮，这小子真是个鬼才。”

齐贵山颇不以为然地提醒他：我们留下江少杰可不是为了看一只猴子上蹿下跳。“对他的私下活动，我已有所耳闻。”

“你抓到把柄了？”黄伟关掉影碟机。不是齐贵山提醒，这阵子他差不多忘记了心底的仇恨。

“暂时没必要知道，那会使你难堪。”齐贵山慢吞吞地说，“小伟，你得有精神准备，接受你不愿意相信的事实。”

黄伟看他不肯说出究竟，便放弃了猜测。动脑是他一向懒得做的事。“君子报仇，十年不晚，先把他身上的能量榨干再说。”

齐贵山和黄伟不知道，他们的谈话被前来签单的江少杰在门外听去了大半。他这时才认识到，兰妮所言不谬，自己是狼嘴里的肉。

江少杰一闲下来，自然逃不过兰妮的视线。她立刻打电话约见。但这一次不是奔赴床上，而是海滨的一处荒滩。

“我知道大肚子女孩是谁。”兰妮说，“你那个站吧台收银的所谓表妹，是让她知趣地自动消失呢，还是要我来亲自处置？我给你两星期时间。”

江少杰无奈地意识到，他必须向杏妹摊牌了。可怎么跟她张嘴呀？要命的是她仍然坚决不肯拿掉孩子。另一方面，兰妮的警告也给了他更可怕的提示：她将永久霸占他。

他觉得自己掉在了陷阱里，一口他跳不出的陷阱。

陪成子荣归故里时，成子逢人便讲：是杰哥帮他当上警察吃上的皇粮。大岗村人莫不奉江少杰为神明。周老疙瘩亦不怠慢，将江少杰奉为上宾，睁一只眼闭一只眼容忍了女儿当晚和他睡在一铺炕上——因为杏妹到家的第一件事便是宣布她已有孕在身。

周家的热情款待和认可，令江少杰如坐针毡。这等于是又一口温柔陷阱啊。

晚上，杏妹带着异乎寻常的热情欲行房事，被江少杰婉言拒绝了。不是没有激情，而是觉得自己不配。他带杏妹回来的本意是劝她留在家里，没想到却是自投罗网成了上门女婿。

“把孩子做掉吧，来的不是时候。”

“打掉也行，你得先跟我登记，啥时候结婚再说。”

“杏妹，我求你了，咱们得面对现实。”

“你这人怎么回事？孩子生下来又不用你管，你……你是不是有别的女人了？”

江少杰无法回答。

在大岗村住了两天，杏妹如影随形跟着江少杰和韩子成回到容海。

陪成子办完了入职手续，江少杰到储蓄所取出了所有的存款。他告诉仍在希格尔大酒店吧台服务的杏妹，明天陪她上街。

无眠的一夜之后，江少杰先领杏妹去了金店，为她买下从耳环到手链的全套首饰。仅此一项，便花去了他半数存款。接着是买衣服，从里到外，流行样式买了好几套，直到杏妹忍无可忍地跳起来阻止："你疯了！以后还过不过日子？"

路过一家婚纱摄影楼，杏妹嚷着要进去拍结婚照，理由是一生只此一回，这钱不能省。

"这个以后再说。先去吃饭。"

吃饭的地方定在容海首屈一指的豪园酒店。提着大包小裹的杏妹看呆了，在此之前，她以为希格尔是世界上最气派的饭馆呢。

一盘盘西式大菜摆上台面，杏妹眼珠都快掉出来了："老天爷，这么多菜，你败家呢！"

江少杰只顾埋头斟上两杯红酒："干杯！"

杏妹满面幸福的笑容，笑道："就这么喝呀？你还没说话呢。"

"说什么？"

"你今天给我买这么多好东西，下这么好的饭馆，肯定是打算向我求婚了。说吧，单腿跪下，跟电影里似的。"

"先吃吧。"江少杰躲过她的眼睛。

"不嘛，"杏妹娇憨地扭动着身子，"你不说，我就一口不吃。"

久久的沉默之后，江少杰深埋着头，喃喃道："杏妹，把孩子做掉吧。"

"完了呢？"

"完了……我们……分手吧……"他的声音低得几乎听不见。

霎时，杏妹好看的眼睛里浮出一层水雾："你骗人，骗人！"

"是真的，我已经……想了很久。"江少杰艰涩地说，"我们不能结婚，不可能有那一天。"

水雾慢慢变成了水，慢慢流淌下来："你不爱我了？"

"正因为爱，我才不得不离开你。我现在的处境很不好，跟着我，你会受牵连的。很多人在威胁我。我没办法，无路可走。嫁给我你一生都不会幸福。他们不会放过我和我的家人。我只能……一个人跟他们拼……杏妹，请你原谅，我是真没有办法啊……"

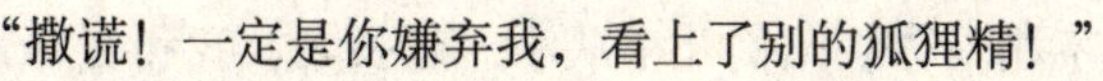

“撒谎！一定是你嫌弃我，看上了别的狐狸精！”

无声的流泪变成了号啕大哭，包房里充满了杏妹悲绝的恸哭。

江少杰给哭得六神无主，心乱如麻地转着圈子。这一幕早在意料之中，只是没想到竟如此难以承受。

“不相信随你！”他突然残忍地吼起来，“是的，我已另有所爱，和你在一起不过是场游戏，活该你认了真。一个没教养没文化的乡村护士根本配不上我，看看你的德性……这下你相信了吧，别自作多情了！”

发泄完这一遍，江少杰感到脸上湿漉漉的。

屋子里立刻没了声音。等他艰难地转过身来，杏妹已经不见了。

江少杰在酩酊大醉中回到希格尔大酒店，连他自己都不知道喝了多少酒。第二天早晨，与杏妹同住的酒店出纳跑来告诉他“你表妹一宿没回来”，江少杰才多少清醒一些。他立刻给成子打电话，简单说了昨天的事，让成子马上赶过来帮助找人。这种时候，只有好兄弟能真心帮他。

不料韩子成走进经理室，一拳便放倒了江少杰。

“好你个陈世美，人没阔脸就变了……”

不明就里的老王死死抱住他：“成子，你这是干什么？再动手我喊人了！”

江少杰躺在地板上，擦着嘴角上的血，隐约感到了些许快意。原来挨揍也能让人好受些。

“老王，放开他。”江少杰摇摇晃晃爬起来，“这是我们兄弟的事，你别管。让我们单独待一会儿。”

老王左顾右盼，临出门仍不忘警告韩子成：“警察也不能随便打人。再动手别说我让你出不去门。”

待他出去，江少杰锁上门，闭上眼睛站在好兄弟面前：“成子，你打吧，我是该揍。求求你再打我两下……”

韩子成也不客气，左右开弓扇他五六个大嘴巴。

“得劲儿了吧？”他揪住江少杰的衣领怒吼着，“你对她干了什么！”

江少杰吐出口中的血沫，带着满足的神情：“我和杏妹不可能结婚，所以……”

“那个女人是谁！今儿说不清，出不去门的就是你！”

“不存在另一个女人。”江少杰说，“分手的原因在我。理由……你没必

傍

要知道。成子，并非我不相信你。咱们几个从小一起长大，我和杏妹青梅竹马……因为我，你们才来到容海。我在世上没有亲人了，你们就是我的亲人啊……没什么不可以向你们倾诉的，唯有这件事难以启齿！你知道，我对杏妹的感情一直很深，至今没有一丝一毫改变。我怎么忍心，让她一生都跟着我担惊受怕……”

“你摊事儿了？跟谁？咱明着来谁都不怕。”

江少杰使劲摇着头，强忍着不让眼泪掉出来：“我的事警察管不了。成子，你若肯帮我，就劝劝杏妹，把孩子拿掉，回家去吧。她必须远离我才会免遭伤害。”

“杰哥！究竟啥难处你摆不到桌面上？爱，你们就该在一起，结婚、生儿育女、过日子……”

“别问了，我不会说的。”江少杰怅惘地打断他，“也许有一天大家会了解我现在的处境。但愿你们是世界上最后两个耻笑我的人。”

韩子成越发糊涂了：“耻笑？”

“我已是笼中鸟，要冲出去，只有靠自己。人生苦短，草木一秋，我不敢浪费别人的生命。何况，我的事根本看不到尽头……求你告诉杏妹，忘了我吧。”

当下，江少杰随韩子成到湖滨派出所报案。韩子成告诉他，过24小时杏妹再无消息，她就成了失踪人口。

“这下你满意了？”江少杰悻悻道。

在景阳小区那套房子里，他望着窗外的绵绵细雨，心里计算着时间。24小时早过了，仍无杏妹的消息，成子也没来电话。

“心疼了？拿个乡下菜妞当宝贝，你寒碜谁呀？”兰妮在他背后说，“别看黄敬凯在外面胡扯六拉我拿他没辙，对付你有的是办法。”

“她是我的初恋情人，初恋你懂不懂？”

兰妮皱起眉头：“你说话的声音太大，震得我耳朵听不清。请你重说。”

江少杰揪起自己的头发，哭丧着脸：“我和她不是胡来。兰妮，如果你爱我，就该理解我的痛苦……”

“跟我在一起，你在女人方面什么权利都没有了。”

她淫荡地笑着把他拉到沙发上，隔着裤子抚弄他的身体。江少杰给弄得受不了，带着别样情绪把兰妮摁在地板上疯狂发泄。兰妮咯咯笑着，她越笑江少

杰越疯狂，直至两个人一起欲死欲仙。

“你说的对，我无意中听到齐贵山和小伟的谈话，他们提到了黄敬凯的遗嘱。那个老流氓从没放松过警惕。”江少杰最后说。

兰妮不由得有些紧张。她怕的不是齐贵山，而是遗嘱的秘密，她是靠谎言拿住江少杰的。万一有一天露馅了呢?

容海市公安局郊区分局的一名巡警在雨中发现了杏妹，地点是近郊一处废弃的小码头。据目击者说，她已经在那儿站了一整天。巡警没敢贸然靠近，暗自组织了营救人员守在附近。

韩子成赶到的时候，巡警告诉他，这个年轻女人曾把身上的首饰抛进脚下的海水中。

不祥的预感溢满了韩子成的胸膛。他不顾别人的劝阻，悄悄向小码头上摸去。

“别过来……”

尽管天已擦黑，涌浪拍岸，杏妹还是察觉了身后来人。

“杏妹，是我，我来接你了。”成子站在距她十来米远的地方，“你把我们都吓坏了，跟我回去吧。”

“站住！”杏妹后退着，脚跟已经站在了码头边缘，“我谁都不想看到，我要去死，去死！”

“杏妹……”

“我不要听！”

就在她转身的一刹那，成子急中生智喊了一句：“你不想活，不为肚子里的孩子想想吗?”

这一嗓子果然奏效，杏妹停止了动作，双手捂住小腹。借助微淡的天光，韩子成看得见她的肩膀在一耸一耸。他瞧准了，深吸一口气，发力猛地朝杏妹扑去。这反而惊动了杏妹，她下意识地向后移步，结果一脚踏空，整个身体堕向海水。

韩子成是在最后一刻抓住杏妹衣服的，但这无济于事，他被惯性拖进了海里。

幸亏营救人员由水性良好的附近渔民组成。他们一拥而上，没费多少事便把两个落水者捞了上来。救护车马上将他们送往医院。医生给又踢又打的杏妹注射了镇静剂，很快使她安静下来。成子除了喝几口海水和手臂上的擦伤，基

本上没事。

李所长在医院向韩子成询问了前因后果。虽然和江少杰接触不多，但此人的精明强干还是给李所长留下了深刻印象。

“你们是好朋友，找机会再做做他的工作，看看还有没有余地。”李所长说，“不过感情上的事也不能强求。实在不行，也只好劝杏妹想开点。”

“李所长，您不知道，杏妹她……已经双身子了。”

“怀孕？这可不好办了。小韩，这两天你先把岗前培训学习放下，两头跑一跑，好好找找原因。杏妹怎么说也是咱们管区的暂住人口，作为民警有责任帮助她排忧解难。你要拿它当一项特殊的工作任务对待，别看什么老乡不老乡的。”

送走李所长，成子就坐在医院观察室的椅子上看杏妹，直看得怨肠百结思绪万千。他曾想过给江少杰打个电话报平安，这个念头只是一闪而过。

医生又为杏妹做了一次检查，告诉成子一切正常，等她醒来便可离开了。

杏妹在天蒙蒙亮时醒来。

“这是哪儿？”杏妹的眼神茫然而空洞，“我咋来这儿了……”

韩子成以一种连他自己都感到意外的温柔声调告诉了她昨晚的事：“后来医生还给你打了一针，想起来没？”

杏妹杏眼圆翻，手按在小腹上：“他们给我打针了？”

“医生说过，剂量小，对胎儿不会有影响。可要是你情绪不好，反倒会传染给孩子的。”

杏妹原本想哭，听他如是说才忍回去。

“你在这儿坐了一宿？”

韩子成嘿笑着：“你照顾我两个多月呢，我才一夜。杏妹，杰哥还不知道信儿呢，要我告诉他吗？”

这一句到底惹出了杏妹的眼泪，嘤嘤抽泣起来。

吃过早饭，在李所长的暗示下，韩子成陪着杏妹去了海滨公园。

面对平静的大海，韩子成直说得口干舌燥，他感觉到有生以来也没说过这么多话。

“我真傻，真傻，”杏妹终于开口了，“竟想到为坏了心肝的人殉情。放心吧，我再也不会有这种念头了。”

韩子成长长地舒出口气，提在嗓子眼的心总算放下了：“结了婚还有离的

呢，搞对象合不来分手很正常嘛。俗话说，不是一家人不进一家门，成不了是没缘分。杰哥不想结婚，就是你跟他没缘。兴许呀，下一个比前头那个还好呢。”

说完这句他就后悔了，因为杏妹的眼睛又红了。

“你没谈过恋爱，所以你不懂。”她带着泪音说。

成子没词儿了。他明白她的意思：期望他去找杰哥谈一次。她还抱着最后一线希望。

“我不相信他真就变了心，不相信……”杏妹反复念叨着这句话。

海滨公园游人寥寥，是因为天气乍暖还寒，没到旅游季节。但在容海生活了一年多的成子知道，用不了多久，这里便会成为欢乐的天堂。

因为眼前有碧波万顷的大海。

韩子成在江少杰那间狭小的办公室找到了他。

他开门见山告诉江少杰，杏妹将不计后果地把孩子生下来。

“她这是成心让我难堪。”江少杰说，“她拿什么养活？今后还嫁不嫁人？成子，我和她真的没有可能了，继续下去注定是一场悲剧。好兄弟，替我劝劝她死了心吧。”

韩子成冷嘲热讽一通，要求他说出原委。江少杰为难得英俊的脸庞都变了形。

“我说过，你们知道了没任何好处，还会看不起我，为我担心……那更叫我受不了！你们不知道我现在有多难受多憋屈，可我找谁说去？我能跟谁说呀？成子，别再问了好不好！”

成子不出声了。内心里，比较而言他更希望的是既定事实不可更改，虽说这让他自忖愧对好兄弟。

可这也怨不得我呀。成子在心里嘟囔着。

“把这3 000块钱交给杏妹，”勉强恢复常态的江少杰递过一个信封，“告诉她，马上把人流做了，回家去。我不想再见到她。”

成子不接，骂他拿这么点钱就想把人打发掉。江少杰解释说那是杏妹最后一个月的工资和解职赔偿金，没他一分钱在里面。

“太卑鄙了吧，连饭碗都给砸了。”

江少杰苦笑：“你太瞧得起我了，我还没混到可以任意宰割他人的份儿上。是把我关进笼子里的人下的茬子。”

成子一惊，难道杰哥的处境跟酒店有关？未及开口，江少杰竖起一根手指

示意他噤声："什么也别问，这是我的最后回答。"

两个人沉默了。

"杰哥，杏妹不肯回老家咋办？"

江少杰久久地望着他，答非所问道："成子，你有没有做梦的感觉？"

没等成子反应过来，江少杰把他拉到墙上的一面镜子前面："看看里面的人，和昨天的你有什么不同。昨天你是被踩在最底层的打工仔，一个每天都担心被老板一脚踢开的酒店保安员，一个大专毕业找不到理想工作的城市边缘人。而今你成了国家雇员，有城市户口、稳定的收入，还头顶英雄的光环。成子，你真的让我好不羡慕——你已经从里到外变了一个人，比我混得出息。明白我的意思？"

韩子成预感到他要说什么，只是不敢那么想，所以做出的表情仍是傻愣愣的样子。

"杏妹是个好姑娘，"江少杰轻轻道，"她应该得到幸福，从一个比我强的人那里。这么多年你一直在暗恋杏妹，只是没有勇气说出来。你的问题在于长期自卑、封闭，不敢和我竞争。现在大盖帽已经把你的自卑压下去了——你看，你高大威风，气度不凡，胸中应该装满了自信。成子，相信我，杏妹不是谁甩掉的破烂货。在我心目中，她永远宛如处女，你是最让我放心照顾她一生的人……我这么想是企望杏妹有一个幸福的归宿。去追她吧，既然心中有爱，机会就在眼前。这回你没有竞争对手了，因为，我已经不配……"

"你混蛋，世界上没有比你更混的混蛋……"

骂完这一句，成子慌慌张张地走了。转出希格尔大门，他突然跑了起来。

在他眼里，天地从未这样宽广过，阳光从没这么灿烂明媚。

回到派出所，韩子成更惊奇了：他看到了杏妹久违的笑容。

杏妹告诉他，李所长在百忙中和她谈了好几个钟头："李所长说，人生是一盘棋，走错几步没啥，可以摆上重来。我也想开了，没什么大不了的。"

"那是，我们头儿是老警察，水平当然比我高。"

"明天俺就去医院，做引产。"

"完了呢？"

"回大岗村。"杏妹叹息着说。

夜里，韩子成平生第一次尝到了失眠的滋味。杰哥说的对，机会就在眼前，只是时间不多了。

第二天一大早，韩子成陪杏妹来到医院。

挂完号，在妇产科门诊室外等候的时候，杏妹偷偷嘱咐他，大夫要问，让成子就说是她老公。韩子成不知是怎样回答的，打了一夜的腹稿已经全乱套了。“该不会很疼吧？”“我哪知道哇。”“你说，3个月的小孩儿能有多大？”“咋也得有1斤来沉吧。”“都长这么大了，真白瞎了……”韩子成偷眼望去，杏妹的眸子分明浮出了一层云翳似的东西。特别是护士叫到11号周杏妹时，成子明显感觉到了她触电般的震颤。

只此一颤，给了韩子成莫大的勇气。他当机立断，扯着杏妹的胳膊便往外走。

“我要问你一句话。”来到没人处，韩子成颤抖着声音说，“杏妹，你说心里话，是不是特想要这个孩子？”

“问这干吗？”

“这你别管，反正我非问不可。”

韩子成感觉到等了足足一个世纪。看见她微微颔首，他摘下大盖帽，急不可待地单膝跪下，语无伦次道：“让我……我来做孩子父亲吧。”

要得到杏妹，他别无选择。

第8章

两个人漫无目的地在市区游走了大半夜，最后杏妹悻悻地跟他回到湖滨派出所。除此之外，她在容海别无去处。

在杏妹暂住的值班室，两个人的争吵还在继续。

“没人比我看得更真切，你爱杰哥爱得很深，可能这辈子都忘不掉。既然我们都爱杰哥，为什么不能爱他的孩子呢？我向毛主席保证，会把他当成自己的儿女……”成子说得苦口婆心。

“天下哪有你这号傻瓜？就算我答应和你处朋友，给别人养孩子的想法这也太荒唐了。说别的没用，先把这个孽种打掉再说。明天我还要去医院。”

韩子成坚持不让她做人流。他清楚这一点：拿掉孩子，杏妹必走无疑。

杏妹快气糊涂了：“假如有一天我能嫁给你，咱们也会有自己的孩子呀！除非你有病。”

成子见她说到点子上，便不再言语，打开自己办公桌上的锁。

“我是有病，”他拿给她看的是自己的病历，“不像你想得那么高尚。”

杏妹是含着眼泪读完病历的。她从中得知，成子见义勇为付出的身体代价，便是做不成父亲了。

另一种情愫在她心中陡然滋生了。在医院护理的时候，成子曾说过，当时他不顾一切冲上去，完全出于在她面前表现一下。不管是真是假，事情的确发生了，成子的严重后遗症也白纸黑字写在上面。杏妹有一种被针刺的感觉。

“当不成爸爸，做男人还是可以的。”成子红着脸指着病历上的另一段说明。

“不，我还是要拿掉它。”沉默良久，杏妹轻轻道，“没孩子等于卸下了累赘。如果我们真能成一家，照样可以过得很好，我不在乎。”

韩子成看到杏妹脸上的红霞，立刻意识到：他们正走在同一轨道上。于是成子趁热打铁，悄悄捏住了她的手。出乎意料的是，杏妹并没有拒绝。

这是一双常年干笨活的手，没有想象中那么柔软。但握上去实在、有力，让人心跳加快，浑身发热……

“留着吧，就当是杰哥留给我们的纪念品。”韩子成说，“他是你身上掉下来的肉，我会像爱你一样爱他。真的。杏妹，我爱你，我打心眼儿里乐意接受和你有关的一切。我知道你舍不得就留下吧，我恳求你。当然，如果你拒绝我，那另当别论。”

在进退两难中，杏妹哭了，眼泪一双一对儿往下掉：“成子，你说的话我信，我信。只是这一来，你可太亏了……”

韩子成倒觉得占了便宜。要是杏妹答应，那才是老天爷赐给他的孩子，也可能是他唯一拥有子嗣的机会。我会把他当成另一个杏妹吗？会的，我会的。韩子成想。

“杏妹，我已经说服了自己，现在看你了。”韩子成边说边大胆地为她拭去眼泪，“为孩子着想，我们还真得抓紧。”

杏妹诧异道：“抓紧干啥？”

“结婚。”韩子成盯着她说。

李所长召开临时所务工作会议，会上巧妙地略去韩子成身体上的原因和杏妹怀孕已有3个月的事实，着重强调了他们的生活困难。见所长如是说，派出所中层干部们纷纷表态，同意小两口暂住值班室。

只有指导员兼副所长海岩是个例外。

海岩原是容海市公安局最年轻的副处长，犯生活错误被贬到小小的湖滨派出所。或许是带着怨气的缘故，和李所长搭班子以来两人一直别别扭扭、疙疙瘩瘩，鲜有一致的时候。

“海副所长，你总得言语一声啊。”会后，李所长拦住急着要走的海岩。

“我还是没想好，”海岩扬着白净的大长脸说，那是他与人谈话的商标式动作，“咱们所本来办公条件就紧张，小韩再占一间，夜班警员连休息地方都没了。要结婚用不着那么急嘛，让分局解决了住房再说吧。”

“小韩的情况很特殊……”

“见义勇为已是过去时了，现在他是一名普通警员，有什么资格搞特殊啊？我就这么个意思，个人生活不能影响正常工作。孰轻孰重，作为一所之长您看着办。”

临了，倒是李所长不得不向副手做出保证：先让韩子成把婚结了，暂住一段时间，另找住所由他负责。

当天，在李所长的催促下，韩子成和杏妹便去结婚登记。临出门，成子换

了一身便装。

“干吗不穿警服？那样看着精神。”杏妹说。

“先带你去个地方。”成子神秘兮兮地把她拉上一辆出租车，“我总得向你证明点什么。”

出租车来到容海郊区一家小旅店，韩子成开了个房间，杏妹这才知道他要做什么。共同沐浴时，已谙男女之事的杏妹万分娇羞地引导还是童男的成子进入她的身体。

成子是十分坚挺的进入的，向她证明了自己是一名合格的男人。

她肚子里的小孩是我亲生的该多好啊。在小心翼翼地进行当中，他曾这样不无遗憾地想过。不，等他生出来，便是我的孩子，法律上也会承认我是他亲爹。

“这不是做梦吧？没想到转来转去，咱俩成一家了……”

“我也觉得像做梦。”成子贪婪地亲吻着杏妹全身的每一寸肌肤，“你说，我是不是福大命大？糊里糊涂跟人进城，一下子有了工作、户口，一下子又得了你这么好的媳妇……”

“回大岗村，他们会吓一跳的。”杏妹滋味不明地说，这时她的心里像是打翻了五味瓶。

“我娘能乐疯了。”

“娘管俺爹叫了一辈子当家的，听着挺顺耳。以后俺也这么叫你吧。当家的？”

“哎！干啥媳妇？”

“还要……”

连日来江少杰在躁动不安、心烦意乱中度过的，特别是听到成子和杏妹结婚的消息。

这本来符合他的愿望，等于卸掉了心头的一块石头，但无论如何他高兴不起来。江少杰曾在夜里偷偷去过湖滨派出所，在那间贴有喜字的值班室窗外久久伫立。

成子能追求成功他想到过，只是未能料到会这么快结婚。为什么？按照杏妹的为人，她不可能这么急于投怀送抱呀？

江少杰找不到答案，而且越找不到答案越烦闷。甚至，他无法理解自己的好奇心。

终于有一天忍不住了，他向黄伟请求去南方沿海城市考察餐饮业动态。本来他是准备悄悄溜走的，天晓得兰妮从哪知道的消息，在江少杰收拾行李时把他堵住了。

“怎么不告诉我一声？去多久？”

“公差，又不是游山玩水。要一个月左右，得去好多地方。”

“我也去。”兰妮说得不容置疑。

江少杰恶心得想吐，他从没像现在这样厌恶她：“好啊，嫌我死得慢，就当着你儿子的面挎上我的胳膊上飞机，然后让齐贵山的走卒在海南岛的椰树林中放倒我。最好还有沙滩，够浪漫的。当然，你不会有事。”

“我才不那么傻。你过两天再走，等我安排好了行程，咱们南方会合。为什么不把这当做一次蜜月旅行呢？我早就期待这一天了。”

江少杰起初以为她不过是嘴上说说。他的第一站是海口。到第二站走出深圳机场的出口，他像是一下子被扑面而来的南国热浪蒸晕了——兰妮正等在外面！

当天，他们下榻香蜜湖酒店一个特大套房。

有人抄走了江少杰的住宿登记卡则是他们万万没想到的。

齐贵山在和黄伟打保龄球时接到了深圳同道大佬电话。他之所以委托朋友一路监视江少杰的行踪，原本是防止他逃跑。但深圳电话给了齐贵山意外收获。

根据对方的描述，在香蜜湖酒店与江少杰同住的那个女人，他怀疑正是兰妮。

“齐叔，谁的电话打这么长时间？该你了。”黄伟招呼着。在比分上，他已经远远领先齐贵山。

齐贵山拿起一只重磅球，漫不经心地用毛巾擦着上面的保护油：“小伟，这阵子没看见你妈，她在家吗？”

“哦，和几个老姐妹到东南亚玩去了。刚走没几天。”

齐贵山笑了，直笑得黄伟心里没了底。

“齐叔，你笑什么？这有什么可乐的？”

放下重磅石球，齐贵山慢悠悠点上大烟斗，慢悠悠吐着浓烟说：“不觉得奇怪吗？你妈和姓江的，几乎同时离开了容海。”

黄伟眼珠子瞪得牛卵子一样大，齐贵山的话他听懂了：“不会吧？我妈走

的时候我送的，她们一行几个人呢……齐叔，你到底什么意思？我看你是疑心太重了，纯属捕风捉影！”

“羞于相信是吗？”齐贵山摆弄着手上的大烟斗，“想想老凯那份谁都不知道内容、被烧掉的秘密遗嘱吧。”

黄伟脸色发白，呆在那里半天说不出话。他发泄地拿起齐贵山那只重磅球，狠命地扔出去。

这次球下沟了，一个瓶也没能打倒。

齐贵山坐在那里笑得浑身乱颤。骨子里，齐贵山并不畏惧江少杰的存在，他盘算的是在这场你死我活的较量中自己能得到多大好处。黄伟很容易控制，兰妮就不好说了。

没有人知道他齐贵山的胃口。

江少杰被兰妮拖着沿海岸线北上，直到上海。一个月以来，他差不多被兰妮两腿间那张毛茸茸的贪婪大嘴吸吮干了。江少杰怎么也想象不到，一个44岁的女人性欲会如此疯狂——兰妮每天都要行房，直至尽兴，每次上床江少杰内心都充满了恐惧。

这时他才体会到，遇上兰妮简直是一场灾难。

这时他才认识到，自己是个婊子，是个没有资格讨价还价的男妓。

快感早不见了踪影，剩下的只是伤痛和仇恨。

“我明天必须回去了。你儿子只给我一个月时间。”在上海香格里拉大饭店客房，江少杰声音细若游丝地说。

“忙什么，陪我玩趟苏杭再说。”

“你不能和我一起走。”

“少杰，你更让我离不开你了。”

这话像一根火柴，引燃了江少杰胸中的一团可燃气体。很快他被熔化了，意识亦随之不复存在。

其实他是睡着了。

一觉醒来，江少杰发现她还在摆弄他的命根子，骑而自欢。江少杰火了，挺身把她掀下身去，怒吼着：“你还有完没完！”

“啪！”一记耳光扇在江少杰脸上，立刻出现5个指印。兰妮是抡圆了扇的。

这一巴掌把江少杰打醒了。他连哄带劝，咬紧牙关满足了她。

这一次他依稀觉得泄出的是血。

“回去以后，咱们得少见面，能不见就不见。”江少杰赔着笑脸，“我有预感，齐贵山始终在监视我的一举一动。景阳小区那所房子尤其不能用，目标太大。”

“又要什么花样？活动歪心眼儿，我咬死你。”说着，她当真在他肩膀上咬了一口。

“用不着你，那两只老虎随时都能把我吞了。”江少杰强忍着内心的巨大耻辱感，带着轻松的口吻说，“一旦败露，你最多脸面无光，我肯定完蛋。你儿子会不顾一切下手的，而且会愈发相信我杀了黄敬凯。到时候你的保护起不到任何作用。”

兰妮长长地叹息着：“难道我们只能是地下情，永无出头之日？我可是盼着昂首挺胸正大光明出嫁呢。”

江少杰相信此言不谬。他已经能够习惯性地摸准她的脉搏，尽管是被逼无奈。

“实话实说我也受不了。唯一的办法是……你得帮我迅速强壮起来，足以和那两只老虎抗衡。”

江少杰说的是心里话。这是他蓄谋已久的。

更深层的含义是：唯此才能最终摆脱兰妮。

那必定是一个漫长的过程。

怕什么，反正我已经被毁灭了！

“势均方能力敌，谁也不敢轻易碰谁。知道冷战时期的核威慑吗？”江少杰继续道，“我们需要那种局面，具体说来你要帮我走上更高的位置。你别担心，我爬上去不是为了与谁为敌置之死地，为了我们的安全和出头之日。”

在兰妮眼里，他侃侃而论的样子是很迷人的。但她不敢保证儿子还能听话，上一次安排江少杰回酒店已经费尽了周折。江少杰看破她的心思，自信地一笑：“不会让你为难的，届时一切都会水到渠成。你只要吹吹风啊。别忘了我这趟出来的目的，我将再造酒店辉煌。”

兰妮舒心地笑了，她相信江少杰的能力。在为黄家创造价值的同时控制着他，何乐不为？

“还记得黄敬凯的遗嘱吧？”江少杰忽然说道，“听你说过，好像里面有一些特别的规定……你手里是不是有副本？”

兰妮做了肯定回答。那份公开的遗嘱她敢拿给他看，但担心江少杰提到第

二份秘密遗嘱——已经烧掉不存在了的那一份。

“回去找给我看看。我记得你女儿是最大受益人，她却不屑继承这笔财产……”

问其何用，江少杰笑而不答。

韩子成在警察学校的岗前培训学习结束了。回到派出所上班的第一天，李所长便带上韩子成夫妇，来到位于容海北部的棚户区。这里堪称容海的贫民聚居地，几乎看不到一座楼房。

七转八拐，总算到了一户前面带着小院的人家门前。李所长打开生锈的铁锁，让进小两口。

这是一套一居室带小火炕的砖混结构平房。由于久无人居，有的地方墙皮剥落，到处都是灰尘。据李所长说，房子是他老丈人家几年前住的公租房，后来分到楼房搬走了。中间租过几次，皆因房客拖欠房租惹一肚子气，后来干脆闲置了。

李所长没说出的实情，是他好不容易做通老婆工作，无偿借住给韩子成一家的。他老丈人没舍得交出这套公房的隐情，是等着这一带拆迁盖楼好留给外孙子。

“我们家那个混世魔王才念初二，早着呢。你们呀，想住多久住多久。”李所长说，“还满意吧？”

成子和杏妹头点得鸡啄米一般。因为肚子里的孩子，他们不敢回老家，原打算在派出所住一个月后去租房子。可是成子的月工资只有八百多块钱，去了房租没家用，去了家用没房租。没想到李所长不动声色为他们安排好了。

“那就抓紧收拾收拾，刷刷浆什么的搬过来吧。”李所长临走时带着命令式的口吻说。

黄玫的导师刘国祯和妻子秘密离婚的消息不胫而走。女儿小娟判给了教授，她妈妈从此消失在太平洋彼岸。

离了婚的教授比以前更沉默了，只是交代给他的两名女弟子一项新的任务：每天别忘了提醒他下午5点钟去幼儿园接孩子。在婚姻破裂前小娟一直由外婆接送，外婆的这一义务随着女儿女婿离异亦不复存在。

有一天，黄玫意外地发现还不到40岁的导师头上有了白发，便刻意没去提醒他，自己去师大幼儿园把小娟接到实验室。一来二去，教授似乎默许了黄玫

代劳去接女儿。

和小娟熟悉起来以后，黄玫突发奇想，尝试着让教授4岁的女儿叫她阿姨。此前，小娟一直称她姐姐。不料，小娟叫黄玫阿姨的翌日，教授便拒绝了女弟子代他去幼儿园每天的例行，并从此不要人提醒。

黄玫断定，教授害怕了。

韩子成正式上岗，在希格尔大酒店门前邂逅了江少杰。

"杰哥，老没见了。怎么脸色这么难看？"

"刚从南方回来，许是旅途劳顿吧。"江少杰不咸不淡地握住好兄弟的手，"你怎么有空过来了？"

"这不才从警校培训回来，昨天分的责任区，就是咱们18委这一片。"

希格尔大酒店恰在18委的地面上。

江少杰微微一愣："巧合还是所里特意给你安排的？"

"我也不晓得。"韩子成腼腆地笑着，"这不正好吗？咱们又能常见面了。"

"那当然。"江少杰拍着他的肩膀说。

两人在门口聊了半天，都有意无意回避着和杏妹有关的话题。分手后，江少杰直奔总经理办公室，向黄伟汇报南方之行的收获。

两人密谈数小时后，黄伟随即召集酒店经理级以上角色开会。会议围绕江少杰的中心发言展开。

"据我观察，够规模的酒店经营模式不外乎两类。"江少杰侃侃而谈，"一类是老字号的传统化经营，像北京的全聚德、东来顺，还有以美国麦当劳、肯德基为代表的快餐店，基本策略是打特色菜肴的招牌，以不变应万变。另一类是现代餐饮店，以服务内容不断满足客人需求为要旨，随着时代的前进而变化……"

"说得对，希格尔现如今了无特色，我老爸那一套早过时了。"黄伟忍不住插进来，"阿杰这趟南方没白跑，带回了全新理念，能保障我们重振雄风。阿杰，挑干的给大伙说说。"

江少杰目视一周，一字一板地说："上坐台小姐，双管齐下。"

有人叫好，有人反对。大堂经理老王是持反对意见的代表，认为沾上提供色情服务的嫌疑等于砸了大家的饭碗。

"保守意味着落伍。"江少杰语气强硬地说，因为在此之前，他窥测到了

黄伟的倾向性，“打擦边球在沿海城市早成了公开民告官，没什么大不了的。一招鲜，吃遍天，这步赶不上，我们可能步步赶不上了。”

小老板黄伟一槌定音。会后，他问江少杰打算上多少坐台小姐。江少杰表示，这取决于他所能获得的权限。他要求单独操作此项业务。

这是江少杰第一次斗胆跟黄伟讲条件。

“打响了，你得记在我的功劳簿上。干不成，随你发落。”江少杰说。

黄伟马上和会上一话未发的齐贵山商量。齐贵山笑道，这副镣铐是江少杰自己戴上的，效果好，皆大欢喜；干砸了，警察会替他们收拾江少杰。

兰妮回到家里，第一件事便是向郝嫂打探虚实。

“这一个月家里没什么事吧？”

“没有，”郝嫂面无表情地说，“就是王凤英来过几次电话，问你回来没有。你们不是一起走的吗？”

兰妮顿了顿：“小伟呢？”

“酒店忙，几天没回来了。他好像什么都不知道。”

或许是郝嫂补充的这一句起了作用，兰妮当机立断，从脖子上取下一条金项链：“郝嫂，这是我在新加坡买的，送给你了。”

郝嫂接过去，点点头：“我记住了，南洋货。”

自从黄敬凯下世，她比以前更小心了。

安顿了女佣人，兰妮立刻把王凤英、徐美云、钟娜几个牌搭子召集到家里，如此这般安排一番之后，这才给儿子打个电话，告诉他老娘云游四海回来了。

黄伟到家的时候，麻将桌上战得正酣。

兰妮像是没看见儿子，顾自说着话：“还记不记得在曼谷，那个人妖边扭边唱走过来，在我肩膀上摸一把，天呀，我全身的汗毛都竖了起来！听说，那儿的人妖有些跟中国古代太监差不多，也是净了身的……”

几个半大老婆子的狎笑中，黄伟好不容易插上一嘴：“妈，怎么去了这么久？”

没人回答他的问题，只说是早晨下的飞机。黄伟看了一会儿打牌，便没趣地走开了，临走扔下一句：“新马泰没劲，等我发了财孝敬你们飞趟欧盟国家。”

回到自己的房间，黄伟想到的是齐叔错了，他在疑神疑鬼。没想到的是几个在一起腻了一个月之久的半老徐娘，怎么下了飞机不回家还凑一块打牌。

黄伟走了，几个人把牌一推，疯笑起来。

“兰妮，你是在香港和我们脱钩的，说实话，干吗去了？”

兰妮说：“多谢老几位捧场。我真的是在澳门输了上百万，儿子一点不知道。唉，老黄一死，儿子当家，总他娘的有人管我……得，晚上我请客，好堵你们嘴。”

只有王凤英心里有数。兰妮的事她多少知道一点儿。

江少杰用预算中为数不多的一笔钱，把酒店的包房全都添置了沙发，与此同时在一楼大堂门侧辟出一个由高档真皮沙发构成的候客区，留给坐台小姐候客。这便是全部硬件。

软件是人，即坐台小姐。考虑到一次可能招不到足够数量的靓妞，江少杰在考察沿途早早和当地“鸡头”打好招呼。这边万事俱备，电话一通，上百名南国佳丽北上杀到容海，在希格尔大酒店开辟了“新市场”；同时在本地招募了一批。按双方协定，坐台小姐只挣小费不拿工资，酒店再从客人那里收取小姐台费。

一个星期后黄伟便收回了此项投资，这时他才明白这是一笔多么划算的买卖。希格尔自从上坐台小姐，包房天天爆满，翻台是常有的事，营业额、利润纪录一再刷新。

黄伟不得不对江少杰再度另眼相看。

没有人比江少杰清楚这一点：他不过是照葫芦画瓢，完全照搬照抄的南方酒店那一套。

消息传开，顾客盈门是可以想象的，出人意料的是一大群女孩子纷纷找上门来要求加入坐台小姐的行列——每月超万元的收入，谁不眼红？这一来，江少杰有了更大的挑选余地，择“色”录取是当然的。只是看到其中有那么多乡下丫头，江少杰心堵的感觉好长时间才消失。

江少杰在坐台小姐项目上唯一的创造性举措是给她们每人做了一个过塑名签，美其名曰“临时服务员”。上面有号码，客人在大堂一走一过，看中哪个只需点她的号码。

一切都按部就班，小姐忙陪客、老板忙数钱，闲下来的江少杰开始长时间地研究兰妮拿给他的黄敬凯遗嘱副本。在他的计划中，所做的一切都只是铺

垫。

谁都没想到，希格尔酒店所做的一切早已进入警方的视野。

命令是突然下达的。李所长召集湖滨派出所全体干警首先传达了分局的行动提示，目标直指希格尔大酒店和管区内的几家宾馆，理由是有人举报它们容留卖淫妇女、提供色情服务，其中希格尔是重点对象。李所长命令从即刻起，全体干警在所里集结待命，没有他和马副所长的允许任何人不准离开，不准打电话。

吃盒饭的时候，韩子成走进所长室，嗫嚅着："所长，我想请一会儿假。"

"什么事？"问话的是对他一直颇有微词的海岩。

"老婆快生孩子了，行动不便。我得回家一趟给她做饭。"

海岩哂笑："不对吧，你才结婚半年老婆就要生了？"

李所长连忙解释小韩说的是实情，要他快去快回："21点钟以前务必赶回来。"

韩子成借了所里的摩托车，起初确实是往家里赶。路过一个街头电话亭时，他不由自主地停下车。

李所长让21点之前赶回去，那一定是行动的时间了……

在韩子成心里，对江少杰一直是怀有很深的感激之情的。韩子成固执地以为，不是江少杰的运作，很难说他能得到这份工作；不是江少杰鼓励，他根本鼓不起追杏妹的勇气并最终得到她。他在骨子里认定，是杰哥给了自己这一切。

江少杰在希格尔大张旗鼓搞违法经营，韩子成早有耳闻。他知道，今晚的行动在某种程度上是冲自己的好兄弟去的。杰哥灾难当头，自己该不该做点儿什么？

违反纪律的后果呢？

韩子成在电话亭前绕起圈子。他还从没这么犯过难。

权衡再三，韩子成感觉不做点什么，以后恐怕再也没脸见自己的好兄弟了。主意一定，他操起电话拨起号码。他的身体战栗着，在刺骨的寒风中……

江少杰是在8点刚过接到这个电话的。那是一个陌生的声音。

"今晚21点整，警方将对希格尔采取行动。"

"你是谁？"

"这不重要，"电话里的人说，"该怎么着你自己掂量。以后我会找你的。"

没等江少杰往下问，那边撂了电话。

江少杰无法判断是否有人开玩笑，但希格尔干的什么勾当自不必说，引起警方注意是迟早的事。他自忖宁肯信其有，以防万一，遂马上下楼找到在大堂里坐镇的齐贵山。

齐贵山在酒店经营上没有发言权，但负责保安工作，所以时而在大堂里做做姿态。

“齐叔，还满意吧？”江少杰凑到齐贵山跟前，指着候客区那帮花枝招展的准性工作者。

“这说明你很能干。”齐贵山不动声色道。

“对了，我来是通报您老人家，警方今晚21点有行动，希格尔在花名册上。”

齐贵山大惊：“肯定吗？”

“不能。”江少杰边走边说，“齐叔看着办吧，这归您管。”

作为一个老痞子，齐贵山深知无风不起浪，也料定江少杰不至于不知天高地厚敢和他挠痒痒，于是马上命令曲三疏散所有坐台小姐离开酒店。

不到5分钟，“临时服务员”们跑得一个不剩。

分局刑警队和湖滨派出所干警果然于当晚21点包围了希格尔大酒店。结果可想而知。

“李所长，能解释一下吗？”江少杰硬着头皮迎上去。黄伟和齐贵山都躲了起来。

李所长气急败坏地说是例行扫黄检查，随即带领手下悻悻撤离。

黄伟喜形于色，是江少杰让希格尔逃过了这一劫。齐贵山却倒吸一口冷气——江少杰竟在警方有内线，这说明他在悄悄强大起来，从长远看绝不符合他齐某的利益。

回到派出所，看到海岩带领的那一组去别的宾馆抓了不少现行，李所长更气不打一处来了。

“老李，听说你们希格尔扑空了？”海副所长一脸的得意。

李所长沮丧地承认全跑光了。

“显然是有人事先给他们通风报信。”海岩慢悠悠地说，“如果问题出在咱们所，我怀疑……”

“老马，你怀疑谁？”

“我听说，希格尔那个很出名的‘鸡头’叫江少杰，是韩子成关系很好的老乡。还有，行动前其他人都在，唯独小韩请假出去过，有通风报信的时间。”

话音未落，李所长坐不住了，高喊：“韩子成！韩子成在哪儿？”

喊完这一嗓子他才想起来，行动结束后韩子成又请了假，回家照看老婆去了。

果然是他吗？李所长怒不可遏地驾车朝韩家赶去。

韩子成到家的时候，简直吓蒙了。

杏妹正躺在炕上呻吟着，下身流出的血已经淹透了棉裤。

“当家的，你咋才回来，我怕是要生了，快上医院……”

“预产期不是没到吗……”

韩子成抱起妻子，一路狂奔到大路上，拦下一辆出租车直奔医院。

泪光涟涟目送妻子被推进手术室，一回头，李所长站在身后。

“我问你，今晚行动前你请假出去，给什么人打过电话？”李所长当胸揪住他的衣领，劈头问道。

韩子成心里发虚，竟一时语塞，半晌才嘟囔出一句：“我没有，我只回了趟家……”

李所长松开手，摘下自己的帽子：“韩子成，抬起头来，看着警徽，我要你回答3遍！”

“我……没有……”

“大声回答！”

警徽在灯光的照射下发出炫目的光芒，晃得韩子成睁不开眼。他再也张不开嘴了。

了然一切的李所长破口大骂：“韩子成啊韩子成，没想到你是这么个蠢东西！”

韩子成哭了：“对不起，李所长，我辜负了您……”

“混蛋！你辜负的是我一个人吗？这是犯罪，对厚待你的人民犯罪！江湖义气、哥们够意思、通风报信，你干得不错嘛！我看你是忘了怎么当上警察的……哭也来不及了，我会建议分局给你最严厉的处分……马上跟我回所写检查！”

“所长，杏妹在生孩子呀，是剖腹产……”

李所长心软了，在手术室门前要求他交代事情的经过。韩子成鼻涕一把泪一把讲述了他都做过什么。

“韩子成，你给我放聪明点。后果已经造成了，你还想赖？什么叫打了电话没人接？”

韩子成慌了，信誓旦旦说：“事情就是这样，我打了两次电话，头回占线，第二次没人接。回头我又想，您待我那么好，我觉得愧得慌，加上害怕，就回所里了……不信您可以找江少杰核实。”

李所长犹豫了。韩子成在他眼里，差不多是半透明的，以他对成子的了解，不可能交待一半留一半，于情于理都说不通。“成子，这儿只有咱们两个，跟我说实话，也许还有救。”

“李所长，您是我的恩人，没有您哪来我的今天？跟您扯谎，韩子成还算人吗？我可以承担责任，可说假话我做不来啊……”

他说不下去了，号啕大哭起来，直哭得好多人出来看热闹。

蓦然，韩子成的悲声中加入了一个嘹亮的陌生元素。

那是一个婴儿在啼哭，从手术室里传来。

第9章

韩子成的书面检查交到所里，所领导专门为此开了两次会，检查未通过。

主要阻力来自副所长海岩。他坚持认为韩子成不老实，没有据实交代犯下的严重错误。他一再强调，警方扑了空便是证据，要求对韩子成严肃处理。

李所长持相反意义，认为韩子成只是一时糊涂。他相信韩子成的检查是深刻的。

两方面意见僵持不下，班子成员中一名老侦察员突发奇想，建议通过有关部门查询事发当晚希格尔大酒店所有的电话记录，电信部门通常情况下都保留着近期电话录音。这一建议立刻被采纳了，海岩副所长主动请缨去办这事。

两天后，海岩沮丧地告诉李所长，由于不是大案要案，分局和检察院不给出手续，电信局又不肯通融，泡汤了。最后他表示同意按李所长的意思办，班子又碰了头，韩子成的检查材料勉强通过，上报区公安分局。

不久，区公安分局党委批示：鉴于韩子成的错误行为并未造成恶果，且做了深刻检查，予以警告处分，转正延期6个月。处分记入档案。

希格尔大酒店逃过一劫，又恢复着往日的热闹。但经历了警方突袭，也不得不有所收敛：一部分坐台小姐被转移到楼上；大门安装对准各个路口的闭路监视镜头；门前的保安员配备步话机，随时保持与酒店内部的联络。

这些都是江少杰亲自安排、布置的。

与此同时，他的另一个计划也在有条不紊地落实着——兰妮按照他的指示，刚刚在律师那里攻克了一个难点。

“刘中浩亲口对我说的，这么做法律上完全行得通，没有任何障碍。”兰妮在电话里说。

“那还等什么，赶快去见你女儿。”

收了线，江少杰兴奋得直搓手。一切都在按照他的步调展开。他正在把自己险恶的生存环境变成一个游戏场，没有人猜得到是江少杰在幕后操纵、制定规则。何乐不为?

只怕你们猜到那一天什么都晚了。江少杰不无得意地想到。

随着敲门声，曲三走了进来：“杰哥，有人找你。”

“谁呀？”

没等曲三说出是谁，那人已经进来了。江少杰细细打量来人，细高个儿、白净长脸、穿一身休闲装，貌似寻常，眉宇间却有一种常人少见的鹰一般的气质。

江少杰不认识来人。如果见过，他记得住此人的特殊气质。

他的第一印象是这是个警察。

来人果然拿出个警证晃了一下，回手霸道地推出曲三：“我姓海，原在市局，刚调到你们管区派出所。”

江少杰立刻换上一副见到久别亲人一般的表情：“是海所长吧？久仰久仰，您这样尊贵的客人我们请还请不到呢。”

“我也早听说过你。”海岩机敏的眼睛扫视一圈，又回到江少杰脸上，“你这个打工仔出身的经理儿把大手笔玩得挺溜啊，全容海现在没有不知道你江少杰的。”

“过奖。以讹传讹，端人饭碗为人干活而已。”江少杰谦卑地一笑，心里却充满了得意。

海岩话锋一转：“正由于你干得出色，希格尔才在分局和派出所都挂了号。”

江少杰倒吸口冷气，心思又回到对海岩不期而至的猜测上来：他来干什么？打秋风还是……

“实话跟你说吧。半个月前，听说希格尔至少有一个加强连的三陪小姐，我就穿便服来转了转，果然。随后我以一个公民，而不是派出所所长的身份给区公安分局打了个举报电话，接着就有了不久前的那次突击检查，把这儿包围了……江经理，你听懂了？”

江少杰听得心惊肉跳：“海所长，您不了解开酒店的苦衷。生意难做，客人的要求千奇百怪……”

“不觉得找我诉苦选错了对象？”海岩打断他，“我的话还没完。在当晚9点之前，我记得你忽然接到一个电话，于是这儿的临时服务员们就全都隐蔽起来了。是这样吧？”

说到这儿，江少杰脑海里一亮——“今晚21点整，警方将对希格尔采取行动……以后我会找你的。”说这话的人不就在眼前吗？“哎呀，原来是恩人驾到，失敬失敬。海所长，这……我们该怎么谢您呢？”

海岩意味深长地一笑置之。江少杰明白了，对方恩威并施，打一巴掌给个甜枣，是来钓大鱼的。他要去请出黄伟，被海岩拒绝了。海岩说他不愿意跟个毛孩子打交道，以后就找他江少杰。

“我琢磨你不是一天两天了，很佩服你的胆识，将来一定能干大事。”海岩说，“不瞒你说，我也是农家子弟，也许这正是咱们的共同点。”

他补充的一句说得轻飘飘，让江少杰听懂了埋伏在其中的另一层含义，不由窃喜。

兰妮是第二次来到女儿就读的学校。第一次是黄玫从外地考到容海师大入学的时候。时隔6年，女儿研究生都快毕业了。然而作为母亲，她无论如何不能理解亿万身家的女儿何以甘于寂寞清苦躲在象牙塔里做书虫子。更要命的是她们的关系，女儿待她永远客客气气，绝不亲近。原因兰妮当然知道，却毫无办法。

“没什么事。妈想你了。一年半载也不回家一趟，还得妈大老远往这儿跑……瞧瞧，条件这么差，跟咱们家比简直是天上地下。总吃方便面啊？”

“有事您直说吧，我晚上还有课。”

在师大研究生宿舍里，兰妮亲热地拉着女儿的手，感觉上像是握着一块冰。黄玫不给母亲拉家常的缝隙，她只好直说来意：“自从你弟弟当政，把酒店搞得乱七八糟、乌烟瘴气，效益也不好。我说他几次，小伟一点不服气，说我是瞎掺和，对他这个终身总经理没有约束力。我是又气又急，不能眼看家业败在他手里呀……你爸爸把酒店65%的股份都留给你了，你的份额最大、最有发言权，只有你能管住小伟……”

“妈，再说一遍：家里的事我不管、不问、不听。你和小伟那么喜欢财富，拿去分掉好了。以后也不要来找我。”

“妈知道你忙，没工夫理财，你只要在这份财产管理权委托书上签个字就行了——你是委托人，妈是被委托人，全权替你管理财产、行使权力。只有这样，你弟弟才能听话。妈是为这个家，为你们好。”

黄玫几乎想都没想就在委托书上签下自己的名字。

这意味着，兰妮顷刻间成了希格尔的最大代位业主，拥有绝对否决权。

7天拆线，杏妹抱着初生婴儿出院了。

孩子一天天长开，再不像刚生下时皱巴小老头儿似的。初为人父人母的小

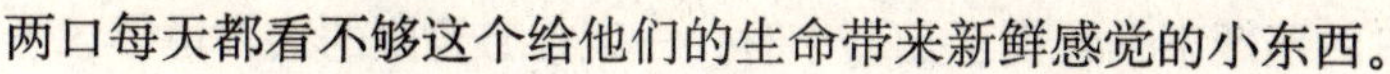

两口每天都看不够这个给他们的生命带来新鲜感觉的小东西。

但杏妹还是看出了丈夫有些不对劲。起初她以为是成子对冬冬的出生心存芥蒂。

成子只说是工作累的。

所里同志都看出来，自从背上处分，韩子成像是变了一个人，每天发狠似的干活，拼命表现。李所长找他谈过几次，成子只是默默地听，不说一句话，该怎么干还怎么干。李所长觉得不是办法，便想到找一个突破口，于是一连几天跟在成子后面。他很快发现，成子老在几家银行储蓄所一带转悠，心里就有了数，知道怎么帮成子找病根了。

这天，韩子成带着警械又来到希格尔大酒店斜对过的工商银行储蓄所门前——他抓获劫匪的地方。江少杰看见了他，打着招呼跑过马路。

“成子，我听说上次扫黄突击检查，你给我打过电话？”江少杰劈头问道，脸色铁青。

韩子成万分诧异，他是怎么知道的？但成子的表情和沉默已经做了回答。

“别再这么干，”江少杰腮上的咬筋一鼓一鼓的，“否则我揍扁你。不只是我，所有人都希望你能当个正直的好警察。听懂了吗？”

韩子成感动得几乎落泪。

“杏妹她……好吗？”

韩子成答非所问道：“杏妹怀孕了。”

他看见江少杰原打算离去的身体僵了一下，回过头来却是一副阳光笑靥。

“行啊你，要当爸爸了。几时生？”

韩子成很紧张地说刚刚怀孕6个月，预产期在初夏。

“孩子的满月席我包了，到时候别忘告诉我。”

说完江少杰上车走了。韩子成一回头，李所长不知什么时候站在身后。

“这阵子，你可是总在责任区内的几家银行附近打转转，是不是还想当回英雄？”李所长笑道。

韩子成脸红了，老实承认他想立功赎罪。李所长告诉他，警察不是银行的保安员，虽说应对各种恶性突发事件也是警察应尽职责，干好了最最容易立功受奖引起轰动，但那毕竟不是全部。他为成子讲解：“民警”的含义，即是人民的警察，服务对象是全体人民，是做公仆，不单单是打击犯罪分子；大量的日常工作，往往是点滴琐碎、单调乏味的。能够全心全意真心实意做到这一点，那才是一名合格的民警。

两个人在冬日的照耀下一连说了几个小时。一席推心置腹的话，说得成子心里无比敞亮，一个月来的郁闷也仿佛排泄掉了。直到这时，韩子成才理解了李所长执意要求上级机关对他进行处分的苦衷。

从兰妮手里看到黄玫的财产管理权委托书，江少杰乐得喜形于色，毫不掩饰地说出了自己的打算：他要做希格尔大酒店的副总。

兰妮恍然大悟，这才明白江少杰的用意。

"凭这份委托书就能把你提上去？"

江少杰说这只是必备条件的一部分，兰妮手上的委托书可以清除一切人为障碍。齐贵山、黄伟当然地会跳出来反对。

"副总经理……不错。"兰妮沉吟着，"这下黄敬凯的遗孀嫁给一个上亿万大企业的副总该没人说三道四了吧？"

江少杰愣了，兰妮会借机讲条件是他万万没想到的："刚经你手把我提拉起来就谈婚论嫁，未免太离谱了。齐贵山、你儿子那一关怎么过？"

"不是任命之后，而是之前，现在结婚。这是我的唯一要求。"兰妮说，"要我撕了它吗？我在这件事上可是没得到任何好处。"

江少杰无奈，使出看家本领，当下把兰妮弄得热血沸腾。

"我们是一体的，对我有好处当然对你有益。你口口声声对我一心一意，干吗这么计较？"江少杰在她身上笑嘻嘻地说，"我知道你的心思，担心差距，担心破灭，担心明天，事实上我们维持的现状和一桩秘密婚姻毫无二致。我舍弃初恋情人对你忠心耿耿，生活中再没有别的女人，这还不够吗？"

"混蛋！干吗停下来……"

等到通体舒坦，兰妮才喃喃自语道："我要实实在在的婚姻，不是偷偷摸摸。"

江少杰软磨硬泡说世上没有不透风的墙，他每天都在提心吊胆，秘密结婚只会挖大墙上的洞。他起誓发愿自己所做的一切最终是为了和她走上红地毯。江少杰甚至提到他的小命还攥在她手上，兰妮何虞之有？

"副总是你所能达到的最高位置了。你不可能超越小伟，我能帮上忙的只能到此为止，你还想要什么？"

见她口风松动，江少杰郑重其事道："实力，能够拆除那个两人小联盟的实力，否则我们不会有明天。"

兰妮很是吃惊，这么干等于玩命，黄敬凯生前都奈何不得齐贵山。

江少杰冷笑："我已经想出了解决他的办法。"

"你……你要杀了他？"

江少杰捧着她的脸说："你在发抖，这更说明有他存在你的婚姻设想绝对不现实。别害怕，我会兵不血刃。那一天不会太远，我很有把握……"

兰妮勉强同意试试，因为她隐约觉得这符合黄家的根本利益。现在黄氏孤儿寡母，没有一个能出头的硬汉。江少杰总还是自己人，把他扶持到羽翼丰满与一直觊觎黄家财产的齐贵山抗衡应该不是件坏事。

晚上回到家，兰妮告诉儿子她要召开董事会议。黄伟笑得满嘴喷饭。

"董事会只有三大股东才能建议召开，您老人家好像没这资格吧？看在你是我老娘的份儿上，有什么好的建议我倒是愿意洗耳恭听。"

"到时候你就知道了。"兰妮讳莫如深道，"明天你务必把齐贵山给我找来。"

"所为何事？"齐贵山打着哈欠走进黄伟的办公室。他已经有一段时间没起早来过酒店。

"不知道，"黄伟懒洋洋地说，"八成是我妈更年期提前了。"

齐贵山点上大烟斗，沉默中突然冒出一句："多半与那个乡巴佬有关。"他分析，江少杰一年前当上前台经理，正是兰妮操作的结果。她这次跳出来，说明他一向的怀疑是对路的。黄伟没说话，不只是对齐贵山絮絮叨叨这一套听腻了，内里的缘由是无论如何他都不肯相信老妈和一个乡下小子有见不得人的关系。

到了约定时间，盛气凌人的兰妮出现了。和她一同前来的还有一直为黄氏家族服务的小个子律师刘中浩。

"首先要说明一下由我来召开董事会议的资格问题。"兰妮一本正经地说，手上同时出现了一份文件，"这是酒店大股东黄玫的财产管理权委托书，全权委托我——她的母亲作为其名下财产、股权管理的代理人。"

律师刘中浩在证明了委托书的法律效力后退下。

黄伟把委托书从头至尾读了一遍，半晌才尴尬地挤出笑来："妈，咱们是一家人，齐叔也不是外人，您何必来这手呢？酒店眼下运行良好，我姐姐没兴趣经营，交给我来管理您老人家完全可以把心放在肚子里。"

兰妮不为所动："这是我准备和你讨论的第一个问题。你爸没死时你接的手，两年来你都干了什么？酒店的现状和你有关吗？"

黄伟哂笑，声称希格尔两年纯利挣了近4 000万元，怎能说和他这个总经理无关？兰妮反唇相讥，酒店一年上了两个台阶，完全是江少杰的功劳。

听她如是说，始终未说话的齐贵山笑眯眯地向黄伟看去。

“江少杰不过是个打工的，”黄伟浑身不自在地说，“至少是我决策无误。”

“那才是笑话。你以为混一张名牌大学文凭就有本领了？不是你死爹苦心孤诣安排的角色，你怕是还在满大街找工作呢。江少杰小地方师范毕业，可他是个天才……”

黄伟恼羞成怒地喊了起来，认为母亲拿他和一个乡下人比是在羞辱他，质问她到底想干什么。

“很简单，我不想眼看着黄氏家产毁在你手里，它不是你一个人的。必须把真正能为我们家创造财富的人提拔到最高管理层，保持酒店应有的繁荣。”

黄伟脸白了，他的直觉是母亲要找人取而代之。

“害怕了？”兰妮继续道，“你爸爸不是封你个终身位置嘛，怕你失业吃不上饭。我不过是想提议增设一名副总，候选人嘛……”

“江少杰？”

“对，”兰妮泰然若素地盯着面前的两个人，“是他。唯一的人选。”

黄伟惊奇地向齐贵山望去。后者慢吞吞地磕了磕烟斗，慢吞吞地开口了：“我不同意。酒店从来没设过这个位置。小伟一直干得很出色。”

“我也反对。”黄伟鹦鹉学舌一般。

没主见的东西。兰妮心里骂了一句，嘴上说：“我真是弄不懂，提拔一个能为你们装满腰包的人竟会横遭阻拦。他冒犯了你们？危害谁了？”

黄伟气势汹汹地强调了江少杰杀害他父亲的嫌疑。

“你比警察和肿瘤医生更高明？收起你的小心眼吧。得，现在我改主意了，改提议为任命，江少杰出任酒店副总，即刻生效。”

“这不可能。”黄伟和齐贵山一起跳起来。

兰妮再次举起那份委托书：“你们忘了，我现在的身份是大股东的代言人，拥有65%的一票否决权。”

当着他们的面，兰妮找来酒店办公室主任，命令他为即将上任的副总经理江少杰安排新办公室。

“一切昭然若揭了。”待兰妮走后，齐贵山自言自语道。

黄伟这才不情愿地想到：齐叔可能是对的。

任免通气会上，江少杰是唯一的发言人："感谢董事会对我的信任。少杰才疏学浅，只知笨手笨脚干活，蒙此厚待实在惭愧得很。我和黄总之间永远是雇佣与被雇佣的关系，大家也是如此。酒店是各位的饭碗，在绝对服从黄总的前提下让我们共同珍惜吧。我没什么就职宣言，有的只是满腔走上新的工作岗位的热忱和衷心感谢。"

当天晚上，江少杰坐进了新办公室——毗邻总经理室的一个大套间。

"怎么样，三儿，够派吧？"

曲三的小刀条脸笑成了一朵花："像，像个大老板。"

大班椅上的江少杰开怀大笑，直笑出了眼泪。

冬冬长到七八个月，杏妹才抱孩子回了趟大岗村。她逢人就讲，儿子只有4个月大。乡亲们莫不惊奇：4个月的小孩儿长得忒大了！

杏妹连父母都瞒过了。

此前，家里对老丫头婚恋的变故已经知道头尾，都无话可说，只夸成子本分，傻人有傻福。成子的父母不明就里，自是拿冬冬当孙子稀罕着。

忽一日，杏妹的二哥也就是冬冬的二舅指着小外甥冒出一句"我咋瞅着这小子跟江少杰小时候有几分连像"，杏妹这才慌了手脚，裹起孩子逃离娘家。

两个月不见，成子抱着冬冬使劲亲着。看到当家的眼里那种少见的慈爱光芒，杏妹心里踏实了。

孩子一天天大了，生计问题便摆在了面前。

"我早寻思了，咱家的日子，光指你那点死工资不中。"杏妹说，"冬冬现在也硬实了，我想出去找点事干。"

成子只说等儿子大一些，其实他也是一筹莫展。

"咱儿子又不是金枝玉叶，跟我吃点苦怕啥。"

杏妹说干就干，背着冬冬上街转悠几天，告诉成子想去市场卖菜，上菜的批发点、地摊她都找好了，只等他去给办下有关手续。

成子将信将疑应诺了，第二天给妻子骑回一辆二手倒骑驴，还有执照和一盘台秤。地点成子给挪到了他责任区内的一个露天农贸市场，那里人头熟，好有个照应，他上下班还能帮着干点儿。

就这么，杏妹的小买卖玩儿似的开张了。

自从江少杰履新，齐贵山每天都泡在黄伟的办公室里。

黄敬凯意外死亡，一下子激起了齐贵山的贪欲。当年，他正是仰仗当过黄敬凯老大，以收取保护费的名义强取豪夺了希格尔10%股权。这个万贯之家没了顶梁柱，现在不下手更待何时？不料江少杰在兰妮的支持下冒了出来。其实齐贵山并不关心他们的男女关系，但兰妮的这一手显然带有压制他齐某人的倾向。虽然还没盘算好如何向希格尔这块大蛋糕下嘴，未及动手便给人夺了刀叉，他是万万不能接受的。在他的眼中，江少杰正在壮大为一个最可怕的对手——现在是副总，将来很可能是常务副总，再将来呢？齐贵山不晓得江少杰的胃口，只是本能地认定这小子绝非等闲之辈。

搞不好，他们看中的是同一块肉。

所以，齐贵山愈发起劲地怂恿黄伟搞掉江少杰。

“无需旁证，你妈完全被江少杰操纵了。”齐贵山赤裸裸地说，“你是她儿子，就是明明白白告诉她，你除掉了江少杰，她能把你怎么样？当断不断，必受其乱。”

“也许我妈说的有道理，江少杰是个有益无害的人物，至少现在是这样。”

骨子里，黄伟从没动过杀人的念头。

“你怎么这么糊涂。老凯凭什么叫我做掉他？难道这还不够？”

“追杀令不是又被老爸取消了吗？杀人可不像拍死只苍蝇……要不，干脆撵走算了，这不难做到。”

齐贵山心里冷笑：你撵得走吗？

“小伟，你真叫我失望。杀父之仇，可能还要加上凌母之辱啊！要我替你决定吗？或者，让老凯的临终嘱托继续生效？”

黄伟抬不起头来，也不敢抬头。

“江少杰势头这么猛，很快就要骑到你脖子上屙屎了。如果老凯的死是他一手造成的，同样没咱爷俩好果子吃。等有迹象就太迟了……也罢，我自己动手。”

黄伟听不出这话的真伪，只是恐惧地嗫嚅着：“齐叔，您老人家一人做事一人当，我可什么都不知道。”

齐贵山想找一只替罪羊的努力就此失败，只有亲自出马了。他从袖筒里顺出那支从不离身的锯短枪筒的5连发猎枪，举在灯光下面看着。

杏妹的菜摊摆了一天，只卖出不到三成。和她挨着的左右菜摊差不多全卖

光了。

成子下班帮她收摊，见状也是一脸苦笑。

杏妹抱孩子坐在丈夫骑着的倒骑驴上，一路磨叨着：“旁边的胡大哥比我上得多，可人家全卖完了，还比我卖得贱。我算了算，我照他那价卖，连裤子都得赔上。”

韩子成安慰妻子，干啥都讲门道，劝她多留神学着点，看看人家怎么卖的。

第二天，韩子成帮妻子把菜送到农贸市场，上班走了。杏妹把摊摆上，对比老胡的菜摊，又傻眼了：老胡上的是新鲜菜，而她的菜是头天的剩货，既不好看又不新鲜。

杏妹灵机一动，去买了一盒好烟：“胡大哥，来抽一支。别客气，抽一支吧。”

“大妹子，你这是干啥？”

老胡是近郊农民，农闲时便进城摆摊卖菜。按他的说法，卖菜比种地还实惠。

“胡大哥，不瞒你说，俺弄不明白，在一个市场上批的菜，来价一样，你们都能卖出钱来，俺咋不行呢？大哥别客气，教两手吧。你瞧俺拖孩子带崽的，混口饭吃也不易……”

老胡抽足了，这才狡黠地嘿笑着给她上了第一堂课。他让杏妹像他一样，把菜先挑一遍，好次分开，老嫩两样，价格也要区别对待。杏妹将信将疑照着做了，有起色，但成效不大。

头一车菜卖掉，不赔不赚，自家闹个吃菜没花钱。

杏妹感到很满足。会好起来的。她每天都这样想，只要肯干。

雨从头天晚上开始下，到早晨还淅淅沥沥不肯放晴。杏妹大喜，她知道这种天气菜好卖，价儿还可以高一点。于是她不顾成子的劝阻，把冬冬寄放在邻居家，顶着雨骑上倒骑驴奔蔬菜批发市场而去。

蔬菜批发市场在容海西郊，来回近30公里。由于是雨天，所以杏妹特意多批了一些，满满地装了一车。

通往批发市场的公路修在海边。去时下坡多，回来又是满载，便十分累人。偏偏海上也不消停，大风小嚎的，让杏妹一直咬着牙赶路。

一道漫长的缓坡出现，杏妹骑不动，只好下车拖着走。下雨路滑，杏妹拖得很艰难。雨水顺着雨衣敞口淌进脖子里，她都觉得热。

忽然间，杏妹觉得省劲多了。诧异地回头望去，原来有一个人正在雨中低头帮着推车。杏妹心头一热，喊一声“谢谢了”，遂浑身使足力气拖着倒骑驴往坡顶爬去。

坡顶终于到了。杏妹抹一把脸上的雨和汗，回过头去向那人道谢，却愣住了。

车后的人是江少杰。他没带雨具，就那么在雨中淋着。

杏妹的心直发颤：怎么会是他……

江少杰笑着，看着她，笑得仍那么迷人。自从分手，这对昔日的恋人有一年半没见过面了。这是一次纯粹的邂逅，他原本是驾驶酒店配给的小汽车去外地，碰巧遇上了雨中拉车的杏妹。

渐渐地，杏妹有了出不来气的感觉。雨披的帽子早被掀下去了，雨水淋在头上、脸上。她不知是怎样爬上车的，不知为什么浑身无力蹬不动车子，只觉得脸上湿漉漉的，有咸的有涩的，有冷的有热的，分不清是雨还是泪……

迎面飞驰而来一辆小轿车带着风声与倒骑驴擦肩而过，杏妹毫无知觉，只恨脚下使不上劲。但随即轰的一声她听见了。

起初杏妹以为是雷声。抬头一看，天上没有闪电。

又一声闷响，杏妹听清了，声音来自身后。她忍不住回过头去，吓傻了。

刚刚过去那辆小轿车停在不远处，一个蒙面人倚在车门上，双手平端一支锯短枪筒的猎枪在射击——目标已经被打倒了，在地上连滚带爬奔向自己的小汽车。

被打倒的是江少杰。

第三枪，霰弹将他车的挡风玻璃轰碎了。

杏妹脑子里仿佛出现了空白，眼睁睁看着那个蒙面人，一步一步朝江少杰走去。

完了。杏妹的第一个想法就是那人是来杀江少杰的……

忽然，手上的倒骑驴动了，顺坡往回滑去。车子的这一动，仿佛点燃了杏妹的生命。她想都没想便掉转车头，带着浑身燃烧出的莫名火焰拼命蹬起车子向坡下冲去！

风声，雨声，蒙面人的脚步……枪举起来了……她甚至看见蒙面人勾在扳机上的手指开始发力了……随着杏妹没命的一声喊叫，她看见蒙面人被倒骑驴撞飞起来，被抛到十几米外。

她是眼看着这一幕发生的，并且不知道为什么自己没有闭上眼睛。

顺着雨水淌过来的血再次让她醒悟过来。车后面的江少杰人已经吓瘫了，一只胳膊流着血。

“你还能动吗？”

江少杰拼命摇头，话都说不出来。

看看前后没有过往车辆，杏妹当即掀翻满车的菜，生拉硬拽把江少杰拽上车，拼命向市区蹬去。

手术是在郊区一家部队医院做的，它刚好在回城的路上。

杏妹始终陪在旁边。她觉得像是做了一场噩梦，不敢相信这是真的。

从江少杰胳膊上取出的7粒枪砂却是实实在在的。好在医生说伤势不算严重，但要每天换药。

扶着虚脱一般的江少杰坐在医院走廊的长椅上，两个人相对无言，谁都不知道说什么好。最终还是杏妹忍不住了，要拉着他去报警。江少杰坐着不动，依旧沉默着。

“死人！有人对你下死手，为啥不去找警察！”杏妹喊了起来。

“不必了。”这是江少杰跟昔日恋人说的第一句话，“这不关你的事。你走吧。”

这话噎得杏妹差点掉出眼泪，留也不是走也不是。

江少杰用余光觑着她的侧身，用没受伤的左手从脖子上取下木制护身符。他打算借这个机会把它还给她。

同样是在一个雨天，在乡卫生院值班室的床上她亲手把护身符戴在他脖子上的。时过境迁，已物是人非。

“谢谢。”他说，“我会好自为之……你也多保重。”

杏妹走了。江少杰手上仍攥着那枚护身符。

韩子成到家的时候，已经知道杏妹没去菜市场出摊，他下班没接到她。

杏妹晚饭也没做，抱着冬冬失魂落魄地坐在炕头。不等当家的一口气喘匀，她便把早晨的事一五一十说了一遍。

“有人持枪追杀杰哥？你不是说笑话吧？”

“不是我，那个蒙头盖脸的家伙当时就要他命了。”杏妹喃喃着，像是不知道自己已是泪流满面，“想起来我都后怕……他为啥不肯报警呢？”

韩子成猛然想起，江少杰曾说过他处境危险。成子原以为那是甩掉杏妹的借口呢。他心知不妙，立刻赶往派出所。

李所长听罢成子的汇报，开车迅速来到西郊杏妹描述的事发地点。在那里，他们果然找到了江少杰开的车。可惜除此之外，所有的痕迹都被雨水冲刷掉了。接着来到那家部队医院，也证实了杏妹的话。

联系郊区公安分局，他们当日没有接到报案。

最后决定找江少杰，却到处都找不到。

没有人知道江少杰正和兰妮在一起，而且是在外县。江少杰走出医院和杏妹分手后便离开了容海，到地方给兰妮打的电话。她一见到他就哭了。

兰妮这一哭让江少杰感到了些许安慰，眼下他正需要这个。眼泪是装不出来的。

“一定是他。”兰妮在泪光涟涟中咬牙切齿，“我找那个老流氓算账去！”

江少杰两眼空洞，梦呓般地说：“你想怎么做呢？枪是他的，我认识，人却不是齐贵山。兰妮，该清醒了，你保护不了我。”

兰妮哭得更厉害了，哽咽道：“这回没得手，下次可就难说了。咱们逃走吧，明天我就回去卖房子……少杰，带我走吧，我再也受不了啦！”

第10章

“江少杰在哪？”

希格尔大酒店总经理办公室套间里，问话的是李所长和韩子成。

“我们也没看到他，两天没露面了。”齐贵山挡在黄伟身前说，“有事我们可以转达。”

韩子成简单介绍了星期一早晨西郊公路上的枪击事件，他们是来调查此事的。韩子成说话的时候注意到，黄伟明显地颤抖了几次身体。

“这怎么可能……”黄伟脸色苍白嘟囔着，“谁想杀江少杰……”

齐贵山镇定地表示一无所知，反问江少杰的去向。李所长答非所问说一旦江少杰出现马上叫他到派出所报到。

警察刚走，黄伟立刻气急败坏地跳到齐贵山面前：“是你派人干的对不对？”

“可惜，失手让他跑了。”齐贵山不无遗憾地说，那样子仅像是飞了只待宰的鸡。

黄伟原以为他只是说说，火了：“这会连累到我，殃及希格尔！我们家偌大家产不想沾舞刀弄枪的边，您总得替我想想吧！”

齐贵山辩解说他正是在维护黄伟的利益，为老凯报仇。他分析姓江的也许是吓尿裤子跑远了，听警察的口气江少杰没敢报警。“只要露头，我不会再给他开口的机会。”

“您老适可而止吧。我绝不容忍有人打着酒店旗号杀人，否则……”

“什么？”

“我就告诉我妈。”黄伟咬咬牙说，“或者，你非要干，先和酒店脱离关系。”

一向被齐贵山认为没脑子甘于受摆布的黄伟来这一手，是他万万没想到的。这个爱冲动的小子为了把自己洗刷干净，真把他卖了呢？齐贵山叹息着，心里只恨没请对杀手，无奈地表示自己将去忙活自家生意，也好避避风头。

“靠一个里外都分不出的人撑着，希格尔等着瞧有好日子过吧。不过，看

在老凯那一面，需要时尽管吩咐吧，我总得对得起他送给的15%。”齐贵山最后说。

出了江少杰那档子事，杏妹几天来都神不守舍，小生意做得心不在焉。虽然眼见他没大事，可人在哪儿呢？她每天都问成子，又不敢深说。

她不明白自己为何还惦记那个没良心的。

“大妹子，前两天我跟你说的，全是闹着玩，你别当真。”每天享受着杏妹的好烟，老胡脸上到底挂不住了，“咱们小本生意，真经全在一杆秤里藏着……哎，你在听吗？”

心有旁骛的杏妹回过神儿来：“胡大哥，俺听着呢。”

老胡压低嗓子：“你的秤哪买的？找人调过没？”

“百货商店买的，没坏调它干吗？俺这盘秤足斤足两可准啦。”

老胡告诉她，这个农贸市场卖菜的有四五十家，有一个算一个，大家都撅秤杆子，这就是卖菜的秘诀。要像她这么老实，谁都挣不着钱。杏妹吃惊道那岂不成了骗人的奸商？老胡说这是竞争的结果，想吃这碗饭，就得照样学——大家互相压价，彼此再从秤上找，里外算账顾客并不吃亏。谁要是硬挺着足斤足两，价格下不来，货也不走道儿，吃亏的当然是自己。

听老胡这一番高论，杏妹头摇得像拨浪鼓：“俺干不来亏心事。大伙就不能开诚布公对待顾客吗？”

老胡大失所望：“得，这么半天我闹个白说。谁敢站出来说别人的秤缺斤少两？一人一口唾沫淹死你。这叫游戏规则，懂不？现在谁能把别人的钱揣进自个儿兜里就是好家伙。”

杏妹不懂，人为什么要互相欺骗呢？老胡讥笑她娘家肯定在月球上。

江少杰活不见人死不见尸，酒店经营上便乱了套。齐贵山闪了，黄伟等于没了主心骨。半个月来，黄伟隔三差五召集开会，逼着大伙拿点子、出主意。中层干部都知道江少杰出了事，莫不噤若寒蝉，鲜有高屋建瓴的好主张。

这天，黄伟领着属下又在开会。死气沉沉熬过去几个小时，曲三突然闯进会议室。

“老板，江总回来了！”

“噢，在哪儿？”

黄伟又惊又喜准备出迎，江少杰满面春风进来了。他穿了一身崭新的西

装，看上去没什么地方不对劲儿。

大伙一阵寒暄之后，江少杰来到黄伟面前。

“阿杰，你没事吧？”黄伟战战兢兢问道。

江少杰作秀一般转了一圈，笑道：“人人都说我中了黑枪，我这不是好好的？”

黄伟松了口气：“这些天你跑哪去了？我们都急坏了。”

“一点私事，我向令堂请的假。她没告诉您？”

黄伟大惑不解，他从没和母亲讨论过江少杰的失踪，她也竟然没问过。

“听说在开会，我就急着上来了。齐叔呢？”江少杰笑眯眯指着齐贵山惯常坐的那把椅子。

这一问，把黄伟问得心惊肉跳。

韩子成闻讯赶来，在副总经理办公室堵住江少杰。

没等成子开口，江少杰抢先说：“我不管杏妹跟你说过什么，反正无论于公于私都不要提问，你得不到任何回答。”

“我们是兄弟啊。”成子动情地说。

“正因为如此，我才无可奉告。”江少杰说，“我的事，只能靠自己了断。”

韩子成在沉默中做了最坏的猜测，骇然道：“杰哥，你本来是受害者，可不能以身试法呀。”

江少杰笑道：“如果我就是罪犯呢？”

“我会立刻逮捕你。”

江少杰大笑，把成子推到门口：“我宁肯相信那是一个误会：蒙面杀手搞错对象了。”

韩子成帮妻子收摊时告诉她江少杰回来了。令他惊奇的是杏妹并不感到意外。

“我今天看见他了。”杏妹小声说，“在菜市场上一晃儿，瞅着像他。没等我看清，人就不见了。”

韩子成显得很紧张：“他看见冬冬没？”

杏妹说不清楚。成子十分感叹，孩子毕竟是杰哥的骨肉，这么藏着掖着，对他公平吗？他没有权利了解这一切？

杏妹气不打一处来：“韩子成，到现在你还替白眼狼着想，简直傻狗不识臭！我是被抛弃的，孩子他让做掉，江少杰有啥资格知道真相？”

“那你为啥还救他一命？冬冬的事，总不能瞒一辈子吧？”

杏妹恨恨地说他永远都甭想知道。成子不以为然，自忖孩子长大了总还有这权利。到时候认不认父亲，应该由冬冬来选择。

心眼儿这么活动着，他没敢说出来。

杏妹小生意的转机几乎是从天而降的。

在一个毫无异常迹象的日子里，一个采购员模样的小伙子打听到了杏妹的菜摊前：“你叫周杏妹？”

“俺就是啊。你是？”

年轻的采购员笑了，说他是附近一家建筑工地的，在韩哥的管区内，借过成子不少光。

“怎么着，嫂子在家闲不住，出来挣点零花钱？”

“啥闲不闲的，是不敢待。俺家就你大哥上班，他那点死工资不够花，不出来咋办？”

两人热热乎乎唠半天，采购员忽然瞄上了杏妹的菜摊。杏妹以为他是家里吃，热情地让他一样挑点拿回去。采购员说白送她可送不起，他是为工地几百号人办伙食，采购量大着呢。

“嫂子的菜，我全包了。”

杏妹惊喜交加：“真的？那咱们讲讲价，嫂子给你优惠。”

年轻的采购员一笑置之，说工地是大出大进的地方，不在乎几个菜钱，坚持按市场价照单全收。过完秤，小伙子变戏法似的推来一辆自备的倒骑驴，装上菜走了。

旁边的老胡目睹这一情景，眼珠子都红了。

杏妹仅用半天时间赚了上百元，回家乐得准备一桌丰盛的晚餐。等当家的下班，她仍高兴得合不拢嘴。可成子想了又想，还是没能记起认识哪个工地的采购员。

“瘦高个儿，长瓜脸，二十郎当岁，挺精神个小伙子，说你帮过他的忙。”

实在想不起来，成子便懒得再想，转眼忘在脑后了。

第二天，那个给工地办伙食的小伙子又来了，坚持按市场价买下杏妹摊上所有的菜。两人相持不下，吵了个半红脸。

“要按市场价，俺少挨不少累，心里愧得慌，这钱挣得也太容易了。”

“给我优惠价，凭啥呀？韩哥对我有恩，再占嫂子的小便宜，有愧的该是我了。”

“你大哥帮助别人那是他的工作……”

“韩哥生活不宽裕，我帮他一把更是应该应分。”采购员笑嘻嘻把钱塞到她手里，“工地上我旁的管不着，这点小事还说了算。嫂子，咱们说定了，以后我天天上午来，你的菜也不用零卖了，我全包，就按市场零售价，按批发价我还不买呢。”

杏妹大喜，说让小伙子拉个单子，以后工地需要什么菜她给送去。采购员慌了，“嫂子给送去，我还不得下岗呀。”

杏妹听他说得在理儿，便不再坚持。

旁边的老胡吃不住劲了，转过头来开始溜须杏妹，给冬冬买了一大堆小食品：“嘿，大妹子，看样子你的一车菜每天都未见起够他用，明天给大哥说合说合，能不能帮我卖点儿？”

杏妹得意地笑了：“好好撅你的秤杆子吧。”

差不多等于白捡钱的喜悦持续了一星期，杏妹越来越纳闷。又跟成子说起，他还是想不起认识什么工地采购员。两人商定，有空儿成子到农贸市场去看看。

翌日，那个每天都来的年轻采购员准时出现在杏妹的菜摊前。一如既往地完成交易，小伙子骑上倒骑驴离开之后，韩子成一头雾水走出暗处。

“不认识，肯定不认识。”

杏妹要去把小伙子喊回来问问清楚，被成子拦住：“不用，我跟在后面看看他到底是哪的。”

倒骑驴不紧不慢穿过几条街道，很快来到了一箭之地的希格尔大酒店。在后门，韩子成远远地看见酒店几名后厨小工出来卸车，便什么都明白了。

他在车水马龙的街头心绪不佳地打一会儿转转，最后决定直接上楼找江少杰。

他走进副总办公室时，江少杰正数钱给那个年轻的采购员。后者刚要退下，被突然闯入的韩子成一把抓住。看他的架势，江少杰知道自己穿帮了。

他掩饰着尴尬，要求成子放开采购员：“小李是新来的，他什么都不知道。”

小伙子出去了，两个人心态不一地面对面站着。

傍

江少杰老实承认差价是他自掏腰包，暗示自己的年薪达到了6位数，对这点小钱无所谓。

“你明明知道，杏妹不想和你有任何关系，更不要说你的施舍了。”

“没那意思，”江少杰低低地说，“我只想报答杏妹的救命之恩。”

“她不需要！”

“可我需要！”

“我们不稀罕！”

江少杰哑然而笑，硬把韩子成摁在沙发上：“过去的就让它过去吧，我们总还是兄弟。帮点小忙，既然我有这个能力。没想到你们会这么介意，当我什么也没干好了。”

安抚成子不再激动，江少杰忽然问到孩子。他说曾在农贸市场远远看到冬冬一眼，没大看清楚。

“多大了？”

韩子成避开他的目光，嗫嚅道只有几个月。

“当上父亲，你的生活就不一样了。”江少杰喃喃着，“我这辈子，怕是没机会当爸爸了……”

韩子成慌忙转移话题，拐弯抹角问到枪击事件。江少杰回答得很含糊，他形容自己是在高空走钢丝，一不留神就会摔得粉身碎骨。在那么高的险境中，没有谁能帮得了他。

“说起来我真羡慕你们的小日子，无忧无虑，简单而现实，那才是人的日子。我可能永远都过不上那种生活……”

韩子成在懵懂中拍起胸脯，咱是警察，可以从工作角度帮助好兄弟。

“哥们之间就是不一样啊，”江少杰拍着他的肩膀，“可惜我的问题暂时并不牵涉到犯罪。但愿我负案在身那一天，不是你来抓我。”

韩子成感到了一丝不祥之兆。

离开时江少杰一直把成子送到大门口。

“哎，你们这儿不是有好几百个坐台小姐吗？”韩子成指着空无一人的一楼大堂候客区。

“你穿这身衣服进来，早吓跑了。以后过来穿便装，给我个面子。”

韩子成严肃地告诉他，长此以往，希格尔早晚要出事。江少杰苦笑，现在像点样的酒店，坐台小姐是必备的一道菜。但他心里明白，在容海，他也不过是照样学样。

回到家里，成子跟老婆学说了一遍和江少杰见面的经过，从此杏妹从农贸市场上消失了。

几个月来，江少杰始终保持着同海岩的密切联络，密谋的主题直指齐贵山。两人心照不宣，扳倒这棵大树，符合他们的共同利益。

在一个月黑风高之夜，数十辆警车，上百名警员从天而降包围了齐贵山的位于城乡结合部的鸿运旅店，当场抓获不计其数的嫖客和妓女，足足塞了一卡车。作为组织者，齐贵山的待遇好一些，被单独押上一辆警用轿车。

没人知道这是江少杰和海岩里应外合的佳作，更没人知道他们两个躲在暗处乐呵呵地目睹了这一幕。

但这远非全部，只是江少杰打响反击战的第一枪。用他的话讲，便是先把狮子装到笼里再说。

黄伟是在家里看本地电视新闻时获得消息的。当得知出动的是容海市公安局刑警队，电视台做的现场直播，黄伟惊恐地意识到：齐叔麻烦大了。

是夜，江少杰被火速召至黄家别墅。

“齐叔栽了。”黄伟万分沮丧道，“他的鸿运旅店响了。”

江少杰明知故问：“齐叔没在现场吧？”

“被堵住了。阿杰，听说你有内部关系，你给跑一跑吧。希格尔一直由齐叔罩着，他并非白拿15%干股。他的存在远远超过一个股东的价值。”

黄伟这才想起老爸说过的一句话：社会关系是第一生产力。想想自己曾拒绝把王飞一伙控制在股掌之间，真是愚蠢到家了。

“我能干什么呢？”江少杰适时卖起关子，“黄总认为我是合适人选？”

黄伟听得懂江少杰话里的意思，委婉地劝他办好这件事有助于相互关系的改善，还暗示齐贵山的某些主张他并不苟同：“我考虑再三，这件事只有你能办。”

他以前所未有的友善姿态搂住江少杰的肩膀。

“尽早把人弄出来，不惜一切代价。记住，齐叔对我很重要。”

江少杰嘟嘟囔囔说现行案，又是市局刑警队的大动作，会很艰难，但他答应尽力。“没找其他渠道吗？”

黄伟说刚和齐贵山家人通过电话，他们也是一筹莫展。江少杰心里有了底，要求黄伟转告齐家人，没有十分把握切勿有病乱投医，以免弄出岔子节外生枝。黄伟答应了，当场拿出一张银行卡。

“别怕花钱，不够用再朝我要。”

江少杰满意而归。临走时，趁黄伟不注意，他向兰妮发出一个暗示。

兰妮明白，江少杰是约她第二天见面。

见面地点在街头咖啡馆，这多少让兰妮有些不爽。

应江少杰的要求，兰妮讲述了齐贵山的个人历史。据她介绍，这个老流氓年轻时因持械伤人和强奸等多项罪名被判入狱，是这一带乃至整个容海市有名的流氓，一度是小混混黄敬凯的老大。黄敬凯替他顶雷坐过牢，刑满释放后继承的家族遗产。在20世纪80年代末，平地里冒出个百万富翁还绝对是凤毛麟角，从此希格尔大酒店便被齐贵山一伙盯死了。对峙了一两年，又恨又怕的黄敬凯无奈，只好和从不出头的齐贵山坐下来谈判，忍痛无偿送给他10%股份，条件是齐贵山保证酒店不被各路流氓打扰，如有损失由他包赔。令人惊奇的是，从那以后酒店果真平安无事。

“可以说，齐贵山是酒店的一根柱子，支撑着半边天。他代表着保障酒店能够顺利走到今天的黑道背景。势力有多大我说不清，反正私下里黄敬凯都不得不承认他的作用。”

当江少杰问到齐贵山的现存党羽，兰妮说他50岁人了，当年的那些喽啰年纪也都相仿，收手的，改行走正路的，二进宫三进宫的，基本上没什么人了。兰妮曾被动地认识其中的一些。

“就是说，他实际上等于一个光杆司令？”江少杰掩饰着内心的喜悦，表面上不动声色。

“差不多吧。但我得提醒你，瘦死的骆驼比马大。齐贵山能维持住酒店的局面，招牌的价值还在吧。”

江少杰微笑着，显得很自信。

“他这次进去，是你干的？”

“来而不往非礼也。”

兰妮愕然：“他出来怎么办？你在以卵击石。”

“这次怕没那么容易。”江少杰呷一口咖啡说，“我要借刀杀人，置之死地。”

兰妮觉得心都快蹦出嗓子眼了。江少杰却胸有成竹地打电话给湖滨派出所副所长敲定了约会地点。

一身便装的海岩如约来到希格尔大酒店。江少杰把客人引入一间僻静的包

房。

面对满桌丰盛的海鲜大餐，海岩要求先上一碗面条。等吃完面条，江少杰开瓶斟酒时，被他拒绝了。

“喝什么酒？我不会喝，已经吃饱了。”海岩双手叉在胸前，一副拒腐蚀永不沾的架势。

江少杰简直哭笑不得。

“有事快说，我很忙。”

江少杰只好直入正题：“齐贵山这回栽了。我知道，这么些年他没少给警方制造麻烦。你们一定早就想把这个人渣除掉或者说绳之于法。不过作为个人，您未必想得罪他。还是让我来帮助你们为民除害吧。”

海岩只是冷笑。

江少杰苦笑。虽然面对面接触不多，但他已经了解到对方的飘忽风格，他必须去适应。

“咱们打开天窗说亮话吧。关于希格尔，我无需赘言，它雄踞同业前列位置，目前的营业额每天不低于30万元，是块优质蛋糕。谁罩着它，都没亏儿吃。齐贵山为此所得的是10%股份，投入的仅仅是他的影响和所谓的黑势力。黄敬凯死后，齐贵山要求增加到15%。这便是黄伟伺机甩掉他的原因。现在是时候了。”说到这儿，江少杰脸不变色心不跳，“再者，一个黑社会人物长期在贵辖区晃动，这不是给你们警方抹黑吗？大家都没面子。”

海岩开始不耐烦地看表了。江少杰明白，这是在催他快出底牌。

“20年来齐贵山作恶多端，虽然用种种伎俩逃脱了应有惩罚，但在警方那里一定留有诸多案底。”江少杰说，“我想以个人名义取得他的材料——复印件便可。”

一只厚厚的信封从桌面上推了过去。海岩只在手上掂了掂，迅速塞进自己的手包。

“我要您动用所有的上层关系，在量刑时绝不留情。对黑社会性质的团伙犯罪不是有重判的刑律吗，希望您能充分利用这一点。黄老板的基准数是10年，每加1年徒刑付费两万。死刑另算。”

海岩面无表情站起来。

“别急着走啊。这么多菜您可是一口没动呢。找两个陪酒的如何？”

随着他拍响的巴掌，两个穿着暴露的妖冶小姐忸忸怩怩出现在包房里。海岩却从她们中间挤过去走了。

这是个老油条，怕被录音。江少杰一手一个把两个坐台小姐搂在怀里，一面暗自笑着。从始至终，海岩只说了一句跟面条有关的话。

杏妹不再卖菜，李所长也跟着发愁。警员个人生活与战斗力之间的关系，他最清楚不过。虽然韩子成每天都闷头干活一如既往，他心里的压力李所长感觉到了。他曾为杏妹联系过一家私人医院，但孩子又成了问题。做护士本来就收入低，孩子再花钱送托儿所，两下相抵，还不如杏妹自己在家哄了。

报纸上的一篇文章引起了李所长的注意。该文章介绍的是上海一位下岗女工从零做起，由小到大创办净菜公司的事迹。他把文章推荐给成子。

“瞧瞧，同样是卖菜，人家就有特点。啥特点？把菜洗净摘净，等于进行一遍深加工，附加值不就出来了？你再往下看，人家还是上门服务，预先订购，以销定产……”

韩子成越看越兴奋，晚上把顶头上司请到家里。

杏妹看过报纸，没明白他们的意思。

李所长一边抱着近1周岁大的冬冬一边解释，在菜市场上大家挤在一起，互相争利压价，钱不好赚是正常的。另辟蹊径，唯我独有，应当不失为一种好办法，那相当于在鲜有竞争对手的前提下搞特色经营，前景会十分看好。

听李所长说得一朵花似的，杏妹答应试试。

“李所长说的，准错不了。”成子也跟着煽风。

李所长白他一眼：“没脑子。什么我说的，这是人家南方经验。杏妹，你都看到了，这做净菜生意好处多多，卫生、方便，利人利己。以前我就听说过南方有这类公司，在咱东北还闻所未闻。做生意讲究独特性，没准儿从此你们家发了呢。”

杏妹脾气急，马上就要开张。当下，几个人按图索骥，开始商量实施方案。李所长建议，既然有便民服务特色，就不能坐等顾客上门，要先安一部电话，建立联系纽带。

投资用不着多少钱。起初想印小广告，李所长提醒城管部门禁止张贴上门小广告，遂改为印制名片，还便于顾客保存。

大计一定，几个人分头行动。

几天后，随着韩家电话安装到位，杏妹的创业正式拉开了序幕。

当时，她想都不敢想，自己凭借一辆倒骑驴，会有朝一日骑出百万身家，真正在容海扎下根。

江少杰很快拿到了齐贵山的所有案底材料，一桩桩一件件地仔细研究。

他在20世纪80年代的一桩械斗致人死命案中发现了问题。当时两个流氓团伙为争地盘发生械斗，其中一伙的头目正是齐贵山。在这场械斗中，齐贵山的一名走卒郭大川被另一派刺中心脏当场死亡。对方的流氓团伙无一例外受到制裁，作为本方团伙头目，齐贵山理应在重惩之列，但他却成功脱身了，他当时的手下弟兄黄敬凯出头顶的雷。江少杰从结案材料上得知，疑点在众口一词指认死者是帮派头目，并由郭大川和黄敬凯承担了罪责，连死者家属都默认了这一点。

带着这一重大发现，江少杰克制着内心的喜悦到律师事务所进行了询问。在获得杀人罪没有追诉期的明确答复之后，江少杰强烈要求海岩帮助查找这桩陈年旧案中死者郭大川的家属。

在一个飘着小雪阴霾密布的下午，江少杰来到了位于容海市棚户区的一户人家。这是一间一居室的平房，家徒四壁，唯一的值钱物是一架电视机。郭大川的傻儿子委在炕上傻笑，女儿嫁到外地。郭大川的遗孀——那位原本40多岁的中年妇女满头白发，看上去足有60岁了。一目了然，江少杰立刻知道了这个穷掉底的家庭最缺什么。

没费多少事，郭大川的老婆就抖搂出了当年齐贵山拿给她1万元钱封口的真相。在80年代初那算得上一笔巨款了，但不久便为发送郭大川活活气死的老母和给傻儿子治病开销精光。郭家人对齐贵山的深仇大恨不言而喻。

江少杰从皮包里拿出5万元现金，在郭妻昏花的眼前晃动着，像是在逗引一只半个月未曾进食的老狗。

“同意在这份协议上签字，这些钱就是你的。”江少杰用富有魅力的声音说，“一旦你作为原告出现在法庭上，还会得到这么多。此外，我会免费为你请个最好的律师。”

离开郭家，江少杰抑制不住内心的喜悦，打电话告诉兰妮：“我已经说服了齐贵山的冤家对头。罪上加罪，他不死也得扒层皮。”

“别高兴太早。他总有出来那一天……”

“那时候他恐怕得靠人抬着出来，只配舔我脚趾头。”江少杰在电话上说，要求兰妮在适当的时候予以他强有力的支持，“我所做的这一切，都是为了我们长长的未来。”

第11章

齐贵山的案子开审，除江少杰以外，谁都没料到半路杀出个程咬金——郭大川的老婆作为证人出现在法庭上。一同出庭的还有齐贵山多年以前的几名团伙成员，他们都曾见证过郭大川的死亡。其中的一个，当庭承认1982年齐贵山送给郭家的1万元封口钱正是他操办的。众口一词：齐贵山是当年那桩械斗致人死命案主谋之一，负有不可推卸的责任。

郭大川的老婆和傻儿子哭哭啼啼，当着法官和众多旁听观众的面指认齐贵山是杀人凶手。

由于齐贵山的律师主要把精力集中在组织、容留妇女卖淫案上，对突如其来的这一手准备不足，败下阵来是可想而知的。

黄伟闻讯赶来的时候，庭审已基本结束。他气急败坏地问江少杰是怎么回事，得到的回答是一问三不知。

隔日宣判，被告人齐贵山犯罪事实清楚，证据确凿，犯有流氓械斗罪，组织妇女卖淫罪，数罪并罚，依法判处有期徒刑15年。

齐贵山当庭要求上诉，并通过自己律师告诉黄伟：江少杰把他坑了。

在法庭外，黄伟把前来旁听的海岩副所长请上自己的奔驰560，要求他披露暗箱背景。

“我不会告诉你的。”海岩带着一如既往的冰冷回答说，“连这都猜不透，你还混什么？”

哀求别人对黄伟来说是件很难受的事，但眼下他不得不这么做：“马所长，那就换个角度谈吧，按您的方式，我相信您会乐于解释的。”

他摸出一张银行卡放在仪表盘上。

海岩看都不看，丢下一句“省省吧”便要下车。黄伟不甘心地去拉他，结果被海岩一肘击中鼻子，登时见了红，酸的、咸的、苦的尝个透。

江少杰敲门走进总经理办公室的大套间，黄伟还在擦鼻血。

“给你半小时，把办公室收拾干净。”黄伟带着极其厌恶的表情，看都不看他一眼，“你被解雇了。别让我再见到你！”

“理由呢？”江少杰笑道。

黄伟冷笑：“姓江的，你干了什么自己最清楚。事已至此，就别再施展你拙劣的演技了。马上给我滚蛋！”

江少杰仍是一副自负的笑脸：“恐怕没那么容易吧？黄总可能忘了，对我的聘任决定来自董事会而不是您这个总经理。您是股东不假，换个角度在理论上您和我一样，都是酒店雇员。您在夸大自己的20%发言权，干吗不问问说了算的那65%呢？”

黄伟正要发作，门开了，来人不请自入——是他的母亲。

江少杰悄悄退下了。

与母亲对峙良久，黄伟阴阳怪气道：“妈，你来得可真是时候啊。齐叔被判重刑，完全是江少杰背后搞的鬼。解雇已经够便宜他了。”

兰妮不动声色地问儿子要证据。黄伟把他和海岩接触的经过讲了一遍，还有齐贵山的。

“这些还不够吗？”

“儿啊，你在想当然。”接着，兰妮话锋一转，说年轻的时候齐贵山老是动手动脚想占她的便宜，黄敬凯知道了也只能装聋作哑。其实这是她捏造的，齐贵山一直对她恭敬有加。但兰妮为儿子讲述的齐贵山如何强取豪夺了希格尔10%股份倒是真的。“你爸爸死后都被迫再送5%的股份给这老流氓。小伟，齐贵山究竟是什么货色这下你该清楚了吧？希格尔大酒店与黑社会有染的名声早传开了，不是他插在中间能吗？咱们家做的是光明正大的生意，根本犯不着跟一个黑社会老大搅在一起。”

黄伟疑窦丛生，有些事他闻所未闻：“妈，你说的这些什么意思？”

兰妮告诉儿子，江少杰的所作所为完全是遵照她的指示，包括把齐贵山丢进笼子。黄伟大惊，他根本不相信母亲会有这样的深思熟虑。

“是他帮我做到的。”兰妮说，“小伟，你怎么还不明白，自从你爹下世，是谁在支撑酒店？你年轻、简单，你姐姐清高，咱们家老少一起算谁行？”

黄伟惊恐地想到，齐叔的某些怀疑可能是真的。然而是老妈在撒谎吗？“妈，我始终弄不懂，你干吗总是袒护、偏爱那个乡巴佬？我不管别人怎么讲，他搞掉齐叔等于拆了希格尔一根柱子。还有老爸的死，我至今怀疑是他干的。乡巴佬胃口大着呢，必须赶走这个危险人物。”

兰妮叹息：“疑人不用，用人不疑。江少杰是个经营天才，咱们家还得靠

这种人打理，我就信着他了。你实在有异议，我只好公事公办了。”

她宣布，江少杰仍将担任希格尔大酒店的副总，其他人无权干涉这一任命。

母亲走后，黄伟无可发泄地把办公室砸得一塌糊涂。

他想起齐叔的一句话：“一切都昭然若揭了。”只恨自己醒悟得太迟了。

曲三奉召来到总经理办公室，看到里面的狼藉一片吓了一跳：“黄总，这儿发生了什么事？”

黄伟无心理会他的问题，亲亲热热地把曲三搂坐在沙发上：“三儿，你在希格尔干多久了？”

“6年整，7年头上。领班干了4年。”曲三懵懵懂懂地回答。

“我们家一向待你如何？”

“那还用说，打凯叔那算起……”

“领班你先不要干了。”黄伟打断他。

“黄总，我没做错什么呀？”

“是另有活儿要你干。现在我只信任你。”

曲三使劲眨着眼睛，揣度着：“黄总，你说吧。”

一个声音在黄伟心底狂呼：如果老妈和江少杰真是那种关系，我一定亲手宰了他！

江少杰拖了好些日子才和兰妮凑到一起庆贺胜利，在容海最好的酒店。

兰妮却显得十分勉强，不见喜色：“少杰，我反而有些担心。”

“担心？”

“一山难容二虎。你和小伟的关系怎么办？迟早发生内讧。谁胜谁负我都不愿意看到。你不十分了解小伟，黄敬凯的狠劲他身上也有，只是不那么明显……我们最好还是离开这儿吧。根据我的判断，小伟永远不会同意咱们的关系，只怕他了解到真相一意孤行对你下手……”

江少杰轻描淡写道，他拟订了一整套计划，有更好的办法。他要求得到机会再显身手。

“当然，矛头绝非指向令郎，是为我们自己。”

兰妮追问究竟，江少杰敷衍了事。因为，他的计划不会告诉任何人。

不久发生的事让江少杰改变主意，他必须提前做准备了。

在每周的中层管理人员例会上，黄伟突然宣布了他和江少杰新的分工：他在主持全面的前提下将主管财务、人事和酒店的日常经营，江少杰分管酒店和旅店部的后勤工作及公共关系。打出的旗号是董事会的决定。

江少杰私下向兰妮核实，得到的回答是含糊其辞，她甚至要求他别太拗着黄伟使小性子。

放下电话，江少杰冷笑着："妈的，假传圣旨架空我，这下叫你吃不了兜着走！"

月底算账，杏妹刨去各种成本，净赚3 000元，相当于成子两个月的工资收入。全家大喜。

赚了钱，心情好，话也多了起来，三句不离生意经："这净菜生意是新鲜事儿，开始都不太信，那是没尝到甜头。要想大伙认，得有个过程，让他们真正受益。名声有了，不愁销路不好——吃总是人的头等大事嘛。"

"这下摸着门儿了？"

杏妹说她完全有时间每天卖两车菜，只是孩子太绊脚了，建议把冬冬送幼儿园。

"老婆，那你不是太累了？"

杏妹列举出上幼儿园对孩子的种种好处，并精心计算出卖两车菜的收入，逼着成子表了态。

不久，杏妹成功地打进另一个花园小区。但一个人没办法每天早晨上两车菜，只得雇人送。两车菜，杏妹独自一天紧忙活，挑摘、清洗、过秤、装袋、分送，晚上还要接记电话，一点闲工夫没有。不多日子，杏妹累得又黑又瘦，可心里乐，浑身便有使不完的劲。

成子疼老婆，每天下班帮着干，还连说带劝。杏妹不听，没辙。

在很短的时间内，他们还上了所有外债。李所长暗自吃惊。从韩子成那里听说杏妹在豁出命似的干，他很是感慨："成子，你小子有福啊。杏妹这么能干，你们家的日子往后错不了。"

成子心头、脸上一起乐。

李所长接着说："咱们为党为人民工作，要是也能拿出这股劲头，那可就盖了帽儿了。"

说者无心，听者有意，韩子成把这句话深深记在了心里。

身负特殊使命，曲三每天都要向老板汇报江少杰的行踪，他现在的工作是一天24小时监视希格尔的副总。

江少杰连续同海岩接触，引起黄伟的警觉。

“没听到他们说什么？”

“哪敢靠前啊。海副所长连你都不放在眼里，何况是我……对了，江总还放出风来，说老板不信任他，打算跳槽去南方碰碰运气。跟很多人都这么说过。”

让江少杰滚蛋是黄伟的本意，又心有不甘：他和老妈的事到底有没有？还有老爸的死……诸多头绪，黄伟捋不过来，只恨齐叔不在身边——他的上诉已被驳回，维持原判。

“上次在天河宾馆，没看见他和谁在一起？”

“江总走后我去总台查过，没有他的名字，也不见我认识的人出来。天河确实是野鸳鸯相会的地方，可平时江总为人很严谨，目不斜视，一副君子做派。咱们酒店那么多小姐，从没听说他跟谁有过瓜葛……”

“没有不贪腥的猫。”黄伟打断他，“只要他还算男人。一旦发现江少杰嫖娼，立刻打110。”

说完这句话他就后悔了。

万一被堵在床上的是江少杰和老妈怎么办？黄伟心乱如麻。那样也好。他想，左边请人做掉江少杰，右边可以借机拿掉老妈的代位股东权力。到时候，希格尔便唯我独尊了。

想到这儿，黄伟心头的不安没那么沉重了。

两年来一直挣扎在生与死的旋涡中，江少杰的神经早已磨炼得极为敏感，几乎在第一时间便发现自己的身后拖上一条尾巴。他笑了，耐心地与曲三玩着猫捉老鼠的游戏。

这天，江少杰开着自己的车，慢悠悠地在容海市的大街小巷兜着圈子。直到把后面出租车里的曲三甩掉，这才换乘一辆出租车来到湖滨派出所辖区的一栋居民楼里。

敲开403室的门，没等江少杰看清室内，一支飞镖呼地飞过他的耳边扎在门板上。

掷飞镖的是一个身材不高，满脸横肉的车轴汉子，看年纪不到30岁。据江少杰了解，他叫张四毛子，刚从劳教所里出来。此人设赌抽红、拉皮条、打架

斗殴、欺行霸市，没一样够判刑的，倒也称得上无恶不做五毒俱全，是湖滨路一带有名的地痞。海岩和江少杰共同看中了他，认为张四毛子是代替齐贵山的最佳人选，但他必须处于服从的层面而永远混不成股东。海岩掌握着张四毛子的把柄，随时都可以把他送进局子。

江少杰拔下飞镖，拿在手上掂量着："你是四毛子？"

"是你大爷我。你他妈谁呀？"

飞镖被轻飘飘掷在地板上。这一下激怒了四毛子，他一拍手，四五个在屋里吆五喝六赌钱的流里流气的年轻人跑到客厅里。其中有一个拿弹簧刀的冲到江少杰身后，堵住他的去路。

江少杰觉得这一场面很可笑，拿出一张名片递过去。四毛子看过名片，立刻屏退那几个人。

"原来是马哥的朋友，失敬。"四毛子脸上并无多大变化，只是语气缓和了一些，"有事尽管吩咐吧。"

"给你找个事做。干好了，我可以长期雇用你和你的兄弟。"

江少杰回到酒店，开始给各路朋友打电话。随着地位的提升，他已经交下许多重量级的人物。

"太平洋集团吗？我找徐总。就说希格尔酒店的江少杰请他听电话……徐总，我是小江，又发了吧？听您的嗓音就极具含金量，底气十足啊……是这样，希格尔被警方盯上了，随时会响，徐总这阵子暂时就不要过来了，您这样的上宾在希格尔闪了身子我可担当不起……等风声过去我打算上几个苏州小姐，能不让您尝头一口吗……再见。"

像这样的电话江少杰一口气打了十几个，中心意思十分明确——希格尔要出事。

与此同时，海岩向湖滨派出所一把手李所长汇报：据线人的可靠举报，希格尔大酒店故态复萌，三陪服务、嫖娼卖淫活动十分猖獗。配合严打形势，他建议李所长和分局联系抓一抓这个典型。海岩的建议正中李所长下怀，有上一次失手的遗憾，他正愁这口气出不来呢。两人立刻奔赴分局。

分局领导十分重视，当天便与他们达成了共识。双方商定，由于希格尔保安措施严密，监测手段先进，这一次不搞进一步侦察，准备采取突然袭击。最后他们密定了行动的具体步骤、分工和时间。

行动时间很快到了江少杰和张四毛子耳朵里。

警方行动这一天对希格尔大酒店来说是个没有任何意外征兆的日子。所不同的是在这天傍晚，有十几个貌似不良青年的家伙大呼小叫坐进一楼大堂，占据了中央最大的一张桌子。

“欢迎光临！”服务小姐带着训练有素的职业化热情走过去，“请问先生几位？”

为首的秃头翻着眼白：“你不识数？都这儿戳着呢，自己查。”“我们有大包房……”“我们不去包房，就在大厅吃。”“请点菜。”秃头掷回菜谱：“免了。菜谱头一页挨着给我们上。”服务小姐大吃一惊：“先生，菜谱头一页都是生猛海鲜，很贵的……”

“怕我们付不起钱是吧？”秃头冷笑着掏出一大沓现钞拍在桌上。

服务小姐战战兢兢退下了，立刻向大堂经理老王汇报。老王是看着这伙人进来的，第一眼就知道来者不善。自从齐贵山绊脚进去，缺了镇山角色，老王总有一种不祥的预感。看他们的菜单，至少要几千块，肯定不是正常消费。报警吗？似乎小题大做了。找江总？他又刚刚出去。问黄总？在没有明显证据的前提下没准儿要挨骂。踌躇再三，老王还是叫服务员把单下了。

但他知道，一旦这伙人闹起事来，酒店保安未必是对手。

老王并不知道，这伙人其实是两拨儿。一拨儿是他看到的，另一拨是四毛子带着3个人，他们另坐一桌，要的是简单酒菜，和大桌上的人装作互不认识。

夜幕降临，老王坐在吧台里的电话机旁警惕地盯着大桌上这伙人，随时准备报警。

在秃头的带领下，十几个人高声大嗓，吃得旁若无人，吵得大堂里其他客人纷纷侧目。老王几次要过去提个醒，想想还是忍住了。

时间在一分一秒地过去。老王一直在看表，那伙可疑的客人已经吃了3个小时，桌上的蟹壳虾皮堆得小山一样。老王算了算他们的菜单，6 000元出头了。奇怪的是酒水他们只要了几瓶啤酒……

事情发生在8点半。为首的秃头突然发出一声惨叫，随即高呼服务员。

最近的几名服务小姐同时跑过去。她们惊慌地发现，这位喊叫的客人满嘴是血，手里还高举着一截半根火柴棍长短的铁丝。

“疼死我了……这是什么东西？”秃头转圈展示着带血的铁丝，“大家看看，这就是希格尔的生猛海鲜！”

大堂里一片肃静，所有的客人都望着这一幕。只有大桌上的这伙人在没好声地笑。

服务小姐们都吓得花容失色，说不出话来。

“叫你们老板出来！”

本来老王已经操起电话听筒，看到场面上没大乱，以为只是碰上吃霸王食的，便犹豫着放下电话趋步上前：“各位，我是大堂经理，有话对我说吧。”

“好，经理大人！”秃头把铁丝伸到老王面前：“你们家三文鱼把老子嘴扎坏了，你看咋办吧！”

老王镇定道：“对不起，实在对不起，这桌菜我们免单。先生嘴破了我们赔偿医药费……”

“老子金口玉牙，值20万！拿20万来！”

老王依然面不改色：“20万未免太多了点儿，不过我们可以商量……”

“商量个屁！不拿出20万老子让你们重新装修！”

老王嘿嘿一笑，声音也高了起来：“看得出，各位兄弟都是吃地面混码头的。齐叔齐贵山想必各位听说过，他是本店的股东，这个面子你们总得给吧？”

秃头一口带血的黏痰啐在老王脸上：“少拿大咂咂头吓唬小孩。那过气的老东西蹲大狱呢，出来怕是老白毛子啦……”

他的同伙忽然举起一个啤酒瓶：“大哥，这里有只耗子！”

“好！这下长猴了，老子要40万！”

待老王看清酒瓶里的小老鼠，他眼前一黑，差点坐地下。

“不肯出血？铁子们，给我砸！”

打砸是非常具有计划性的。首先被破坏的是大堂里的闭路电视摄像镜头。接着桌子被掀，杯盘横飞，酒瓶乱舞，大玻璃窗、吊灯等易碎器物是重点打击目标。顾客和服务员仓皇逃窜，几名酒店保安束手无策……

老王被几个手快的服务员拖到吧台内，在万分懊悔中打电话报警。

黄伟刚从电梯里出来，被一酒瓶子砸了回去。

有几个流氓开始追撵漂亮服务员，一时间鸡飞狗跳，女人们的惊声尖叫、玻璃器皿破碎的声音不绝于耳。

这期间，有一个人却坐在桌前无动于衷地细斟慢饮着，有滋有味地欣赏着混乱的场面。这个人就是张四毛子。来的时候他是化了装的，戴着棒球帽和墨镜。从始至终，张四毛子一手未伸。

打砸持续了近10分钟。张四毛子眼见能掀的掀了，能砸的砸了，喝完杯中最后一杯酒，站在门口一声呼哨，十几个人瞬间消失在夜色中。

不知道过了多久，随着警笛由远而近，数十名武装干警冲进希格尔大酒店，老王和众多酒店员工才从各自的藏身处露出头来。然而警察却未理睬他们和大堂的惨状，分成两路直接奔往楼上的各个包房和旅店部。

老王惊恐地发现，跟在警察后面的还有工商执法人员。老王立刻猜到了两伙执法人员的来意——希格尔今夜将不止遭受一次惨重打击！

天擦黑时，看见江少杰出了希格尔大门驾车向东驶去，曲三叫包租的出租车紧紧尾随。

这一次江少杰的车没有七扭八拐，直接驶至位于南城的天河宾馆。他把车扔在停车场，在曲三的望远镜里消失在宾馆大门中。

曲三笑嘻嘻地摸到了总服务台前。他没等开口，就被里面的女服务员认出来了。

“又是你？”女服务员横眉立目，“总来查啥呀，你哪那么多朋友住宿？不给找！”

“帮帮忙嘛。”曲三讨人喜欢地笑着，同时在指间推过一张叠成细条的50元钞票。

女服务员白他一眼，一边闪电般地敛起钞票，一边抛过住宿登记簿。曲三也不再理她，闷头儿一页页翻找起来。

翻到最后一页，曲三的眼睛直了：一张卡片上填写的是兰妮的名字，房间号是1010。

曲三慌忙掷还登记簿，问清1010号房的方位后，跑到天河宾馆对面的树丛暗中窥视去了。

两个小时过去，曲三没能等到他期望的人出来。外面寒风刺骨，曲三熬不住，便重新蹩进宾馆门厅。找了一圈没能发现可心的隐蔽处，曲三索性坐电梯升到10楼要看个究竟。

小心翼翼摸到1010号房门前，伏耳上去，里面有人，好像还不止两个。曲三正疑惑着，门突然从里面打开，一只手薅住他的脖领子，一直把曲三拖进套房客厅。

失去重心的曲三狼狈地爬起来，这才看清薅他进来的是江少杰。顺着敞开的房门望进去，老板娘兰妮在和她的富婆牌搭子们搓麻将。

“谁派你监视我的？”

曲三耷拉着脑袋不敢抬头，更不敢回答。

“你有两个选择，”江少杰说，“收拾铺盖滚蛋，或者，今后听我的。”

“江总，我……我实在没法说呀……”

恰在这时，江少杰的手机响了。他听了一下，在门口叫出兰妮。

“董事长，酒店出事了……”

曲三听见他小声说，后面的话没听清。

他们慌慌张张赶回酒店，被大堂里的情景惊呆了。

所有能砸碎的都砸碎了，所有的桌椅都不在原位上，大都缺胳膊断腿被毁坏。大厅里的吊灯摇摇欲坠，临街的窗玻璃没一块是完整的……更让兰妮不安的是，店里到处贴着工商局和公安局的封条。

“这是怎么了，啊，老王，你说话呀！”

老王含着眼泪向老板娘讲述了流氓砸场子的经过。更惨重的打击来自警方，将希格尔围得水泄不通，当场抓获十几对性交易人员和可疑三陪小姐，撤走时还给上了封条，勒令停业。

“小伟呢？你们总经理呢？”

老王嗫嚅道被带走了，罪名是涉嫌容留卖淫妇女提供性服务。

这期间江少杰一语未发，独自踱到大堂深处，碎玻璃在他脚下被踩得咯咯作响，更衬托出大堂的悲凉。迎着外面吹进来的冰冷夜风，他嘴角上滑过一丝飘忽的笑意。

提心吊胆跟在江少杰身后的曲三到底是个机灵鬼，一下子从那飘忽的微笑中悟出了东西。

“江总，以后我跟定您了。”曲三在江少杰耳边说。

接下来的几天里，曲三亲眼见识了江少杰的工作效率和呼风唤雨的能力。江少杰像一只装上发动机的陀螺转个不停，从派出所到公安分局，从公安局到检察院，再到工商局，各衙门口拜个遍。按照他心里的小九九，有急有缓，有张有弛，有的火速办理，有的反倒故意拖延。

暗中助他一臂之力的仍是海岩。江少杰花出去的大把大把交际费，有相当一部分落入了这个受贬派出所副所长的腰包。那正是他倾力配合江少杰的目的。

停业的希格尔大酒店大堂里白天依然很暗。破碎的杂物、桌椅虽然早被清

理掉了，损毁的痕迹还在。赫然入目的还有执法部门的封条。服务员们都闲散着没事做，倒也不敢乱说乱动，酒店上下死气沉沉。来此坐镇的兰妮无处可去，只能在老王的陪同下坐在大堂里。

看到江少杰回来，众人像见到久别亲人一般迎上去。

江少杰径直走到兰妮身前："有点儿眉目了。几家媒体的老总一一拜到，都答应新闻照发，但不提酒店名字，这样在公众形象上我们避免了更大的损失。工商局方面已经露出活动气儿，几位主要领导私下同意尽快解禁，最迟不会拖过两星期，只是违规罚款免不掉……"

兰妮听得心不在焉，她更关心的是儿子。

"唯有黄总的事不好办，"江少杰小声说，"已经批捕，搞不好会判刑。近日内检察院将提起公诉。"

"赶快想办法呀！"

江少杰表示很为难，事情都传开了，哪个当官的也不愿意给一个众目睽睽下的犯罪嫌疑人担风险。"区公安分局的一位副局长说，至少是刑事拘留，这恐怕是最好的结果了。我想来想去，不如这样：你亲自找人捎话给黄总，让他以总经理的身份把罪错都揽过去。因为我已经得到暗示，警方尚未放弃追究酒店法人责任的努力。董事长，您可是代位股东啊。"

听到这段话，兰妮怕冷似的裹紧了貂皮大衣。江少杰似乎听到了她上牙打下牙的声音。

当着兰妮的面，江少杰气定神闲地开始布置工作。他告诉办公室主任，明天上午找装修商来见他，至少要3家的报价，装修的原则是恢复原样，重新购置的餐桌餐椅也要遵循这一原则；所有的女员工放假10天，放假期间不计工，不愿回来的同意解除聘用合同；男服务员留下，装修期间帮着干粗活；曲三协助人事部经理将原有的保安员全部辞退，一个不留。

布置得井井有条，江少杰看上去胸有成竹。

"老王，打开一个房间，让董事长休息。"

老王犹豫着："上面可都贴着封条呢。"

"我没说清楚吗？"江少杰不容置辩地说，让在场的人小小地吃惊着：江总从不用这种口气跟人讲话。

封条撕开，江少杰扶着兰妮进到自己的办公室。刚关上门，兰妮便搂紧了他的脖子。

"少杰，眼下全靠你了。"

在大班台上，江少杰驾幸了兰妮，这一次他感到无比惬意。但快感不全是来自兰妮的身体，而是来自他私下算的一笔账：祸害这一把，装修款、材料款、新桌椅购置费加交际费还有巨额罚款，希格尔大酒店少说得拿出几百万。太他妈爽快了！

江少杰能得到的好处还没计算在内。

韩子成受杏妹订菜卡的启发，设计了一个名片式的警民联系卡——民警韩子成向管区居民承诺：有困难找他，24小时随叫随到。犹豫再三，他把联系卡给李所长看了。

“您不是说，咱们为党为人民工作，要有杏妹那股劲头，就盖了帽吗？我是向媳妇学习……”成子红着脸说。

“想法是好的，我个人赞同。”李所长严肃地说，他晓得自从背上那个处分成子心里一直憋着一口气，现在这口气终于找到了一个良好的排泄口，“但你想过没有，承诺一旦公开，你的行为将不再是个人式的，而是代表派出所，代表咱们干警队伍。贵在坚持是吧？万一松了套，不能兑现承诺，倒成了花架子，会适得其反，客观上造成负面影响。”

韩子成喃喃道已深思熟虑，绝非一时冲动，而且得到了老婆的大力支持。李所长说这一来成子的工作量无形中放大了许多，还不能和所里的日常工作安排冲突，时间一长怕他吃不消。

“只要不趴下，我会坚持到底。”成子用拳头自擂胸脯。

获得领导支持，韩子成悄悄开始在责任区分发印成名片的警民联系卡，对象侧重于孤寡老人和生活困难的家庭。事情还没有成效，却被嗅觉敏感的记者捕捉到了这一新生事物，很快一篇《英雄谱新曲——记好民警韩子成》的报道发表在容海晚报上，一时传为美谈。

“玩噱头，乡下人的小聪明。”说这话的是海岩。

“老海，这么说就不对了。”李所长指着报上的文章说，“小韩的举动很有创造性，管区居民受益，社会上是承认的。对他的工作热情怎么可以消极对待呢？”

海岩辩解说派出所作为公安部门的基层单位，有它的既定任务和纪律严明的工作秩序，要都满足韩子成这样小打小闹做点好人好事岂不乱了套？

“你是说小韩过分了？”李所长沉下脸，“人家是牺牲个人休息时间兑现便民承诺的，他一天只睡4小时！这难道是玩噱头耍小聪明？而且，不用

说你也知道，受处分以来作为普通户籍警小韩的分内工作同样是全所最出色的……”

李所长认为海岩的观点有一定代表性，准备在全所开展一次讨论。海岩颇不以为然。

张四毛子如约来到江少杰的办公室，一见面便大咧咧地坐在桌子上。

“行啊铁子，我才知道，你原来是希格尔的副总经理。”

“下来，”江少杰喝道，“你该站着和我说话。别忘了你的介绍人是谁。”

张四毛子立刻蔫了，乖乖从桌上下来。

“在绝对服从我的前提下，从今天起，你就是希格尔的保安队长了，负责整个酒店和旅馆的安全保卫。如果有地痞流氓来闹事，我拿你是问。”

“没问题。自从齐贵山栽进去，这一片儿谁还比我更流氓？”张四毛子笑嘻嘻说，“月饷你给多少？”

江少杰说出了一个出乎其意料的数字，并要求他尽快拿来一份全容海一流坐台小姐的名单，要保证这些人随叫随到。

“这更没说的，当鸡头是我老本行。我那帮铁子咋安排？”

“保安队有8人，但你只被允许带4个。”

工商部门允许酒店重新营业的通知早捏在手上，装修、新购家具都已到位，江少杰硬是不吐口，直至得到充分暗示的兰妮幡然醒悟，匆匆在管理人员例会上宣布：聘任江少杰为希格尔大酒店常务副总经理，主持全面日常工作，与总经理待遇相同。

翌日，希格尔大酒店重新开业了。

第12章

胡子拉碴、蓬头垢面的黄伟从拘留所里放出来了。老王去接的他，由于老王不会开车，他们只好坐出租。“王叔，我的车呢？”老王说江总这阵儿忙，到处公关拜菩萨，暂时借用。董事长已经批了专款，要给他买部新车。黄伟哼着，老子蹲大狱，他在外面升官发财抖威风。

“黄总不知道，这次不是江总到处打通关节四下斡旋，酒店说不上会怎么样呢……”

黄伟听得心烦意乱。

回到家里，黄伟到底忍不住了：“你让他做常务副总，我成了什么？”

兰妮点着儿子的额头：“给你腾出空儿来，好去花天酒地吃喝嫖赌啊。”

“妈，你是在毁这个家！”

兰妮翻起眼白瞪着儿子。

“你亲口承认的，是你和江少杰串通一气把齐叔扔进局子，接着就是流氓砸店，警察登门。往下是什么，是不是该轮到我了？”

“胡说！你干吗不提江少杰摆平了一切，把酒店管理得井井有条？”

“开口闭口全是江少杰！”

“问题是你行吗？上任以来做过一件像样的事吗？除了把漂亮服务员挨个哄上床！”

在一瞬间，黄伟失去理智地喊起来：“齐叔一点没说错，你被操纵了，甚至，和那个小你20岁的乡巴佬还有一腿！”

兰妮脸色惨白，几乎是下意识地抡出了一巴掌:“你敢侮辱我！你……你不是我儿子！”

黄伟捂着脸上楼去了。他终于弄懂了，老爸没给她遗产，她就开始报复……也许，老爸的死正是她和江少杰密谋的结果！

眼见儿子拎着衣箱摔门而去，兰妮拦也不是，不拦也不是，一个人坐在沙发上哭了。她伤心的不是别的，儿子的态度已然表明：他永远不会接纳和承认江少杰。佣人房欠开一道缝，郝嫂把这一幕尽收眼底。

针对所内外对韩子成在责任区内分发警民联系卡的不同议论和态度，李所长适时召开了派出所全员大会。

“好大喜功，想一鸣惊人，是我们许多干警头脑中根深蒂固的东西。韩子成同志参加工作之初，认识上也是有这种偏颇。但他扭转过来了，怎么扭转的？用行动，用自已创造性劳动证明了他对本职工作就是为人民服务、为老百姓排忧解难的实质性把握。瞧着普通，看似不起眼，和他成为英雄的壮举难以相提并论。大家都知道雷锋，雷锋单拿出一件事，哪一件是惊人的？可雷锋是伟大的，伟大在他普普通通、持之以恒地为人民服务、做好事，这就了不得。难怪美国西点军校都在学雷锋。不客气地说，韩子成同志身上正闪耀着雷锋精神，这就是我要求全所同志向他学习的东西。当然喽，不是让你们照抄照搬，每个人都印警民联系卡到处撒，关键是学人家这种精神和创造性劳动的热忱。韩子成同志到目前已坚持两个月，社会反响强烈。能不能坚持下去，小韩请全所同志监督，看看是不是搞噱头、玩花架子。”

会后，韩子成把李所长请到家里，为另一桩事。

冬冬一个人在院里玩泥巴，一岁半的孩子会说很多话了。

“冬冬一个人在家呀？妈妈呢？”

冬冬用小手指着屋里。李所长随成子进到外屋，那里到处堆放着各种蔬菜，俨然是一个简陋的洗菜小车间。杏妹却坐在水槽子前睡着了，看上去十分疲惫。

“她怎么累成这样？”

成子悄声说：“这就是请您来的原因。每天卖两车菜，不要命地干……现在我又伸不上手了，还把我的话当耳旁风，您得帮我劝劝她。”

“说我啥坏话呢？”杏妹突然睁开眼，“李所长来了。您瞧我……成子，给李所长倒水去。”

问过杏妹的经营情况，李所长很惊奇：“容海可不只一两个花园小区。不想适当扩大再生产，找几个帮工？”

杏妹自称是小生意，雇人的事想都没敢想。李所长批评她观念太旧，小富即安：“家家都要吃菜，现在有人认可，说明净菜市场大得很。为什么不把蛋糕做大？如今下岗职工这么多，人工不贵，应该试一试。”

自从卖上净菜，杏妹对李所长的崇拜几乎到了迷信程度，他说的每一句话都坚信不疑。过几天，她果真去了劳务市场。到地方她才知道，等着找活干的人多得看着眼晕。

杏妹也没敢去登记，在一种新奇和羞涩的心情中，悄悄亮出事先写好的一块纸板，上书：招洗菜女工。先是呼啦围上一大帮，当听说是个体户用人，立刻散去了大半。当杏妹骑上自行车邀请有意者去家里看看，跟在她后面的只有七八个。到了家门口，谁都不肯进院了。

“就这儿呀？”

“这破地方能干出啥名堂……”

杏妹回身的工夫，又走了一半。“姐妹们，进来说话吧。条件是简陋了点儿，我也是刚起步。要想有奔头，还得靠大伙齐心合力创业嘛。”

又有两个女工互相一使眼色，骑上自行车逃也似的离去。其一还扔下句话：“你还是自己创业吧。”

看到最后的两人面露难色，杏妹慌忙把她们拦住：“两位大姐，你们就别走了。干不干没关系，先进来看看吧，就当串个门儿。”

剩下的两个一个叫王凤，一个叫李琴，都40出头，还真是下岗女工。杏妹把她们请进屋，先给她们看了订菜记录本，并详细介绍自己的劳作方式。

“不瞒两位大姐说，我这是刚开头，就已经有了几百个固定客户，两个花园小区两车菜，实在忙活不过来了。这一带我挨条街走过，小区越来越多，这门生意肯定好做。人多好干活，蛋糕也会做大……”

杏妹一口气说了半小时。王凤和李琴给说得一忽儿眼亮，一忽儿嘴笑，就是不开口，直到杏妹问她们有什么要求。

“大妹子，你一个月挣四五千，能给我们多少钱啊？”王凤不好意思地说。

杏妹立刻答道，头仨月，她保她们的基本工资，以后连她在内都挣效益，前提是账目公开，每天卖多少挣多少大家都心中有数。

王凤和李琴笑了，当天便留下来干活了。也正是从这一天起，杏妹做起了老板。韩子成笑她是全世界最小的老板。

经派出所同意，韩子成在责任区设立了办公点，为自己的工作又增添新鲜的一笔。

一块“湖滨派出所18委责任区民警韩子成办公点”的小木牌就挂在居委会办公室门前。居委会所在的居民楼临街，毗邻希格尔大酒店。韩子成选中这个地方，是深思熟虑的结果。

在居委会的外窗台上放着一个名片盒，里面是韩子成的警民联系卡，供人

随意拿取。

小木牌钉上不到10分钟，消息便传至江少杰耳中。

“刚挂上去的，”张四毛子说，“底下好出台的那帮小姐也听说了，嚷嚷着准备挪窝呢。江总，你看咋办？”

江少杰也不知如何是好。成子干吗来这手？“整天眼皮底下晃动个警察，谁心里都不托底，对生意肯定有影响。据说其中有一半是那个成子的个人行为。拿钱摆平吧，或者您咳嗽一声，我拿他老婆孩子开练。”

江少杰拍案而起，正色警告：“若是敢动韩子成家一手指头，他会要张四毛子小命。”

张四毛子不知他为何发这么大火：他在退出副总经理室之前还被告知，任何时候都不许插手这件事。

夜幕降临时分，江少杰悄悄来到韩子成的办公点前。尽管有些背光，他还是能看清小木牌上的白底红字。在小木牌前，他站了很久。

兰妮给了江少杰一把家里的大门钥匙。

“开玩笑。你是唯恐天下不知？”

兰妮说她想开了，既然儿子都听到风声，索性公开好了。看江少杰的脸色，不等他开口，兰妮先一通抢白：“江少杰，我知道你一撅屁股要屙什么屎，百般推诿是不是？别不识抬举。我一步一步把你拉上去，扳倒齐贵山，连我儿子的实位都让了出来，你还想怎么着？是时候了，我就是想让所有人知道我们的关系！”

“姑奶奶，你小点声。”

“我这是在自己家里，想说就说想喊就喊！”

江少杰赔着笑脸：“能不能听我把话说完？你同意也好，反对也罢，然后由你来决定。你那是疯子的想法。实际上，眼下咱们正在最危险的浪尖上。表面看，你大权在握，齐贵山歇菜，小伟徒有虚名，酒店的管理权控制在我手上，似乎我们可以恣意妄为了。你大概忘记了，对我的每次任用，小伟都做出了强烈的反应，这一次尤为严重——开始把你我同凯叔之死，也就是他仇视我的根源联系在一起了。在和他闹翻的同时公开我们的关系，等于引爆一颗定时炸弹。小伟看上去软弱无能，孤立无助了，谁都清楚他身上有黄敬凯残暴凶戾那种特殊的狼性，逼他就范等于激怒一匹狼去咬人。再说一遍，小伟终究不会对你怎么样，对我绝不会手下留情。”

兰妮心里承认，他分析得有道理。

“照你的说法，我们该以小伟为敌，对他下手？不把他除掉，我们永无出头之日了？江少杰，我为你付出了我所能做到的一切，甚至更多。但反过来，如果你背叛我，特别是你敢动小伟一根毫毛，我会杀了你！”

她干吗突然这么说？莫非始终在怀疑我害死的黄敬凯？一道闪电划过江少杰的脑际。

“大姐，你的问题在于太极端。”他第一次这么称呼她，兰妮被逗乐了，“小伟当然是一道天然障碍，但如果我伤害了不足以成为对手的令郎，你的母爱天性立刻会化为熊熊烈火把我吞噬——我的把柄还在你手里，把你树为最后的敌人，现在所做的诸多努力岂不完全失去意义了？所以你的担心和假设都是无聊的，我不会动他一手指头。”

兰妮听烦了：“说来说去，不还是没戏吗？”

江少杰提醒她：“眼下的局面毕竟好于黄敬凯刚死那会儿。不过让小伟接受母亲重披婚纱下嫁一个打工仔显然是困难的。可能真的别无他法，只有寄希望于时间消磨他的意志，泯灭仇恨……谁愿意一辈子有个仇人住在隔壁？”

“那需要多久？”

江少杰说也许要几年，他会首先成为黄伟真正的朋友，相互亲密起来，让黄伟从能力到感情都能认同他的存在。同时，他还需要敛聚证明阶层的财富。

钱不是问题。兰妮想，问题是再过几年她就50岁了，自己等得起吗？想到这儿，兰妮打了个寒战。

黎明时分，江少杰离开黄家别墅。拎着鞋子小心地摸到大门口时，他感觉到有什么地方不对劲，于是悄悄到佣人房门口。里面没有动静，却又好似有心跳的声音。

江少杰忽然冒出一个念头：当年，黄敬凯是怎么发现苗头的？

黄伟去探监，一脸懊悔地向齐贵山讲述了他不在以后酒店的种种奇怪的变化。

“我真后悔，”齐贵山喃喃着，“结果还是给他占了先……小伟，你还等什么？”

黄伟明白他的意思，正因为明白才不敢正视他的眼睛。

“我给你一个名单，需要人手可以去找他们。这些人和我交情多年，都非常可靠。”

“齐叔，你干吗不给他们下指令？”黄伟嘟囔着。

齐贵山说江少杰曾当着警察的面向他提出警告，如果近年内江少杰遭到不测，将认定是他主使的结果。齐贵山不想把牢底坐穿，所以寄希望于黄伟出手。

“您老人家让我做替罪羊吗？”

齐贵山凶狠的眼睛盯着黄伟，直盯得他浑身起鸡皮疙瘩：“很好，下一个上砧板的该轮到你了！”

狱警跑过来干预，并宣布探视时间到。

“还有比这更丢人的吗？”齐贵山在两名狱警的挟持下挣扎着，咆哮着，“你身上要有半点血性就好好想想吧。姓江的胃口大着呢，我敢说他最后会吞掉希格尔大酒店，你不过是人家的一碟下酒小菜！你听见吗？没用的东西……”

狱警带走了齐贵山，许久还能听见他的叫骂声。

黄伟仍枯坐在探视室。他想到了杀人。

只是一想到杀人的后果，这念头便没能持续多久。

在办公室忙过一上午，黎明时分在黄家别墅产生的那个念头又浮出脑海。江少杰忍不住给兰妮打了个电话。

“离开你家的时候我到佣人房门口听了听，倒是没什么动静，但我有直觉，郝嫂一定知道很多东西。这让我想起，当初第一次冒险去你家，很可能那会儿就被发觉了，是她给黄敬凯报的信。”

兰妮介绍说郝嫂本是黄敬凯的一个乡下远亲，在黄家做佣人有10年了，同她的关系一直不冷不热，相比之下和黄敬凯生前更近些。兰妮怀疑，郝嫂和黄敬凯有一腿，因为她不止一次在黄敬凯的衬衣上嗅到过郝嫂常用的廉价雪花膏味。

“听着，这娘儿们必须赶走了，一旦她向小伟胡说八道我们会很麻烦。”

“总得找一个恰当的理由吧？”

江少杰说会教她怎么做。

他们不知道，这次通话完全被郝嫂用客厅里的分机偷听到了。窃听主人的电话是她多年养成的习惯。

和兰妮通完电话，江少杰给韩子成打了一个传呼，约他晚上到希格尔来一趟。

晚上，韩子成准时赴约。看到他这次穿的是便装，江少杰心里充满了感激之情。

“也没什么事，就是有点想你了，一块喝几杯。”

说着话，江少杰把成子请进一间清雅的包房。酒菜是事先点好的，好兄弟得意哪一口他最清楚。

“成子，咱哥俩正经有一段没在一起喝了吧？”江少杰说，“说来早该请请你。这几年你又是娶妻生子，又是转正提干，听说刚刚还选上了区人大代表，哪一桩都值得庆贺呀。”

韩子成讽刺道不敢和他比，从打工仔到常务副总一路蹿升，还拿着百万年薪。

“不许放屁掺沙子。内里的苦衷，唯我自知呀。来，成子，为你的成就，也为我们20年的友谊，干杯！”

江少杰一饮而尽，韩子成只象征性轻呷一口。

“说吧，我知道你有事。奔主题，别绕圈子。”

江少杰一怔，从这一细节他感觉到了成子的变化：判断力和主动性。以往在他面前，成子始终扮演的是被动角色。

“那我就照直说了。”江少杰说，“到处都在讲这阵子你干得不赖，工作特点新颖，警民联系卡、责任区办公点什么的，都是你的发明……整一口，整一口……我的意思是，能否把你的办公点往别处挪挪，别安在兄弟眼皮底下。算是给我个面子。”

成子微微一笑：“你看着害怕？希格尔还有见不得人的东西？”

江少杰解释，酒店是特种行业，这一行对警察一向很忌讳。“如今餐饮业竞争激烈，客人需求千奇百怪，没有特色服务根本无法生存。我不想隐瞒，在容海的确是希格尔有陪酒小姐，完全是时代进步的结果。兄弟整天在这儿上眼药，我的生意怎么做呀？”

“照你的说法，合法经营，不打擦边球的业户都得关门黄摊？”

江少杰希望不要抬杠，韩子成则表示他只是做了一个民警分内的事，如果希格尔仍有违法经营嫌疑，如果这让希格尔的经营者感到不舒服，那正是他的目的所在。

“我记得你曾说过，希望我做一个好警察。”

这一军将出了江少杰满脸尴尬。

“看在兄弟的份儿上，大家都得吃饭。”

“看在兄弟的份儿上，我倒希望你们有所收敛。”韩子成说，“希格尔在我的责任区内，别跟兄弟过不去，我是吃这碗饭的。”

眼看要谈崩，江少杰转夸成子表达水平有提高，简直无懈可击。韩子成进一步解释办公点是他和派出所领导选的，没有比现在更合适的地方。

“那我们就换一种方式谈话吧，尽管我能猜到你可能并不情愿。”江少杰敛尽笑容说，“别不好意思，为你能接受我的建议开个价吧，随便说个数我都能接受。我知道，你和杏妹并不宽裕……”

韩子成忽地站起来，脸都黑了：“我有今天是拿命换来的，你买得起吗？”

对他的激动反应毫无准备，江少杰窘困已极，话也递不上去了。

“你变了，再也不是从前那个行侠仗义、心胸坦荡的杰哥了。”韩子成低声说，“变得快让人认不出了。”

沉默良久，江少杰自斟自饮道：“这个时代人人都在变，不变的是傻瓜，不变只能受苦受穷，变化才是进步。想想大岗村吧，想想那儿的生存质量，真不敢想象我竟然在那种地方长大……大岗村人最纯朴、最善良，也最贫穷，你干吗不唱着高调回去重做大岗村人呢？”

两人不欢而散。

不相信可爱的铜臭？我会让你感受到铜臭力量的。江少杰暗自笑着。

郝嫂刚买完菜进到家门，就被女主人叫到楼上。

“我的那对祖母绿耳坠哪去了？”兰妮横眉立目扬着手上的一只空首饰盒。

郝嫂慌了，连说不知道。

“不知道？小伟不在家，我的房间只有你进来过，难道出鬼了？”

郝嫂想了半天，才不动声色地答道：“许是夜里来了贼吧。”

这一回合，两人打个平手。

过两天是牌搭子来黄家搓麻将的日子。当着客人的面，兰妮没好声喊来了郝嫂。

“郝嫂，这里边的两万块钱呢？”兰妮当众展示着空空如也的鸵鸟皮手袋。

郝嫂声若蚊蚋地答道没看见。

兰妮高声说前一天晚上这只手袋就放在茶几上，家里没人来过。伴随着女

主人高音亮嗓的，是几个富婆锥子一样的目光，刺得女佣人根本抬不起头来。

郝嫂知道，她在黄家的日子不多了。只是没想到，当天晚上兰妮就和她摊牌了。

“你说的那些，我一样也没拿。”

“你的意思是我把东西藏起来了，诬陷你这个好人？”

郝嫂知道：“就是这么回事。”

“看在你是老黄亲戚的分上，我就不报警了。你想啊，如果警察来了，我丢的东西可能就在你房间里。明白我的意思？”

“明白，”郝嫂这一次抬起头，“你就是想赶我走。”

兰妮冷笑：“那你还等什么？其实你早该离开这儿了，黄敬凯一死就该走！”

一只信封扔在郝嫂脚下。她腿一软，跪下了：“别赶我走，我家里什么人都没有了……”

“你还想在这儿养老吗？”兰妮在楼梯上回过头来，“要怪你就怪黄敬凯去吧，可惜他死得太早，你指不上了。你偷听、偷看，不止一次向那个死鬼告密，想起来让我恶心。收拾好你的东西，马上滚！”

江少杰是在第一时间知道郝嫂被扫地出门的。当时他和一个地地道道的“职业妇女”还没起床。他在电话里告诉兰妮，日后会给她送一个乡下笨丫头去，人已经选好了，非常可靠。

兰妮好不容易敲开了儿子的房门。

“这些天你跑哪去了？”

黄伟懒洋洋地告诉母亲赌钱、泡妞，一桩桩一件件都离不开找乐儿。“反正我在谁眼里都是废物点心一块，你不是夸我败家子吗？那我就证明给你们看。”

兰妮很痛心。一个人自幼生活无虞、富足，究竟是好还是坏？她找不到答案。女儿黄玫的另类选择更让她不可思议。

见母亲一脸茫然，黄伟哂笑：“很失望是吗？齐叔也是这么评价我。”

兰妮一凛：“你去见他了？”

“你们都看不上我，”黄伟答非所问道，“可惜我这个总经理是终身的，不辞职谁也动不了。我他妈也想开了，乐自己的，谁要是惹着我，那是他找不自在。”

兰妮不想眼看儿子就此沉沦下去，心一横，把江少杰找到家里，想让他说服儿子。

江少杰却有自己的打算。

在把新佣人小芹——一个不满20岁的农村丫头介绍给兰妮和黄伟后，江少杰便开始夸夸其谈。从全球金融危机，讲到国内市场疲软、需求萎缩，又扯到企事业单位、个人灰色收入问题上。接下来讲餐饮业历来是经济大势的晴雨表，首先受到冲击等等。兰妮听得云里雾里，更由于事先没做沟通，根本不知道他要说什么。

“现在谁都拿不出新打法，只能眼看营业额一天天减少。”江少杰觑着黄伟，“但我一向认为，断层意味着机遇。也许我们该改改路数，打一把资本经营牌。”

黄伟头不抬眼不睁，只有兰妮用目光询问着。

江少杰继续道：目前很多够规模的酒店要么歇业，要么出兑转项，他们面临的问题多种多样，或是保本经营无心恋战，或是被银行贷款催得紧跳楼价甩卖，或是彻底失去了经营信心。希格尔是负债为零的家族企业，不存在上述问题，而且有充足的流动资金。这部分资本放在银行里增值有限，合理的做法应该是投放出去。他建议盘进一两家濒临倒闭的酒店，并介绍说有几家的开价仅够他们最初的装修费，已经便宜到家了。假以时日，一定能卖好价钱，因为经济发展不可能永远在底部运行。

兰妮并未听懂多少，只是见他说得头头是道便以为错不了。她连连点头，转向儿子：“小伟，你看呢？小伟？”

黄伟用他微微响起的鼾声表明了自己的态度。

韩子成在毫无精神准备的情况下发现了办公点的变故。这天早晨他来到居委会，停好摩托车刚要拿钥匙开门，张四毛子从屋里出来了。

“你来干什么？”

张四毛子没说话，笑嘻嘻指着外墙。韩子成抬头一看，原来的居委会的牌子和他办公点的小木牌都不见了，取而代之的是一块“希格尔大酒店员工宿舍”的铜匾。欣赏完警察发愣，张四毛子才告诉他，居委会搬到背街的后楼去了，连同“韩子成办公点”。

赶到后楼，居委会的人正往一间空房子里搬桌椅板凳。居委会主任王大娘不好意思地跟韩子成解释说，希格尔一个管事的忽然找到她，说酒店新招了服

务员，没地方住，想租18委的办公室当宿舍，租金十分优厚，一给就是全年的。“18委穷，也没啥产业，街道给的那点经费都不够发补助的。我和刘主任一商量，当时就定了，也没来得及跟你打招呼。这不，把你的桌子顺手搬过来了，在这儿也不错，挺方便的……”

“什么时候的事？”

老太太说是昨晚，酒店的人很急。

韩子成感到心口发紧，隐约有痛觉。

黄玫刚进教学楼便听见刘国祯教授的大嗓门了，声音是从系主任办公室传出的，他们显然是在吵架。

等教授回到实验室，黄玫习惯性地为他递上沏好茶的杯子。

“你看看吧，看看吧。”教授用手指敲着他扔在桌上的文件。

黄玫翻开，看见那是本地一家药厂委托容海师大化学系研制某种抗癌药物科研项目的委托书，配方是厂家拿来的，仿制国外的产品，因涉及知识产权必须对某些化学成分重新调整比例。仿制并不奇怪，目前国内市场销售的生化药品中有97%属于这种情况。委托说明中规定，新配方发明权归容海师大，但厂家拥有优先购买权。

“这属于应用化学研究，不是咱们强项啊。”黄玫说。

刘国祯说系主任硬塞给他的，系里已经收了厂家的高额委托费。

“这是不是意味着，我们要在这上面浪费很多时间，正在进行的课题推迟？”

教授苦笑：“有什么办法，各实验室经费逐年减少，逼你搞创收，否则就维持不下去……这是逼良为娼，逼良为娼！”

教授的再度激动让他美丽的女助手陷入了沉思。

第13章

黄伟正在电脑上津津有味地浏览一个国外的黄色网站，张四毛子敲门进来了。他点头哈腰告诉黄伟，哈尔滨赌狂冯老邪来了，指名道姓要会黄伟。

黄伟眼前一亮，号称打遍关东无敌手的冯老邪他见过，疤脸，据说是出千诈赌被人泼硫酸烧的。几年前，黄敬凯曾与冯老邪恶战一天一宿，黄伟在旁边看热闹来着。他依稀记得，老爸没少填活姓冯的。冯老邪的绝活是在牌上善做手脚，很难对付。

“这回他是一个人来的，说是带了一千多万。容海的几大职业玩家都痒痒着把他的货下来呢。”张四毛子在他耳边细声慢语地说，“黄总有兴致，我可以安排个场子，绝对翻不了船。”

黄伟笑了，但要求来希格尔玩，以为自家的码头最保险。张四毛子当即给冯老邪打个电话，约下时间后按黄伟的吩咐到财务部筹现金去了。

晚上，冯老邪准时来到希格尔大酒店顶楼。

顶楼是希格尔第八层，和第七层之间有一道栅栏铁门。黄伟命令栅栏上锁，底层大门口也布置了人。这样，即使警察闻讯闯来，他们也有时间撤离。在此之前，张四毛子已经清理了顶楼的住宿客人。

赌局设在最大的一间套房内，黄伟进去的时候冯老邪已在座，另两个参战者是王飞和他的朋友。

“在下黄伟。”黄伟主动向冯老邪伸过手去。

冯老邪戴了副硕大的墨镜，看不见他的眼睛和表情。他只和主人碰了一下手，丝毫没用力：“我姓冯，和凯叔玩过几场。但愿你的运气比他好。”

冯老邪的手像是女人的，绵软，柔若无骨。黄伟笑称他的运气是天生的，只要不出千，谁都不怕。冯老邪面无表情回敬道玩技术是他的本色，黄伟要是怕就算了。唇枪舌剑一番，最后还是王飞站出来当和事佬：既然伟哥做东，怎么玩他说了算。冯老邪点头同意后，3只密码箱便摆上了赌台。王飞和他的朋友共用一箱筹码。每箱里全是崭新的百元大钞，看得张四毛子直流口水。

黄伟提议，先玩一揭两瞪眼，单张纸牌决胜负。大者先下注通吃为庄，输

家洗牌、发牌，不准叫头一张和最末一张，每副牌只玩两次。这几乎是最简单的玩法了。

“全凭运气。只怕这要委屈冯先生的技术优势了。”黄伟挑衅地望着对面的冯老邪。

冯老邪示意他打住，叫人上牌。伺候在一旁的张四毛子应声把一整箱没开封的防伪扑克牌搬上赌台。冯老邪抽出一副，验过之后洗牌上牌。

“你先叫。”冯老邪对黄伟说。

“承让，我押6万块要第六张，六六大顺。”

王飞要第九张，取九九归一之意。冯老邪叫了第二张。张四毛子用塑胶牌铲分完牌后，参赌的3个人各自掀开自己的牌。

3个人都是A，打个平手，各自收回赌资。黄伟大笑，称冯老邪果然名不虚传。

进入中局，张四毛子悄悄把牌铲交给自己的一名手下，溜到走廊里打电话。

接电话的是江少杰，就在楼下。他再次嘱咐四毛子，成败在此一举，千万不能错过机会。张四毛子收了线，到旁边的一间客房内照葫芦画瓢对小红、小眉叮咛了一番。小红和小眉是川妹子，职业性工作者，张四毛子刚领她们做完处女膜修补手术。

“记住，他总是打完炮一支烟。谁要是走漏半点风声，我点她天灯！”

“四哥放心吧。”

四毛子回到赌台旁，只剩下黄伟和冯老邪单打独斗了。看冯老邪的货，已经所剩无几，而黄伟面前堆得像小山一样。

冯老邪洗好牌，面无表情道：“上把你赢了，该你叫。”

黄伟瞥着冯老邪的钱箱：“冯先生的筹码好像不多了，干脆我就赌你剩下的钱——100万。我叫第五张。”

冯老邪毫不犹豫推过最后的赌资，叫了自己的牌。

黄伟小心翼翼将自己的牌掀开一角，脸上的笑容荡然无存。站在旁边的张四毛子看见，他的牌是张梅花3，几乎输定了。然而对面的冯老邪同样是一脸乌云，半边脸上的伤疤油亮瘆人。最后冯老邪苦笑一下，颇有风度地把赌资推过中线，然后亮开自己的牌：一张红心2。

1点险胜！黄伟欣喜若狂：“哈！关东第一赌不过如此！”

冯老邪拎起空箱子，劝他别太得意，一场小胜负算不了什么：“怪只怪我货带得少露怯了。明天我还会来。不过下次怎么玩我说了算，这才公道。”

正在兴头上的黄伟答应了，并邀其共享来自天府之国的二八佳丽败败火再走。

冯老邪拒绝了，称他有自己的爱好。

“他娘的，老子赢了冯老邪600万，600万啊！”输家刚出门，黄伟乐得手舞足蹈狂呼起来：“要是一天赢600万，一年是多少？还开个鸟酒店！姓冯的明天再敢来，老子照单全收！”

张四毛子替老板收拾好战利品，恰到好处地告诉黄伟该休息了，小红和小眉在等他。

“是不是又拿水货糊弄我？上次那个是做过手术的，我一试就感觉出来了。”

“您放心，这两个绝对原装。”

把黄伟送进客房，张四毛子在门口很过瘾地听着里面的淫声浪语，直到小红和小眉出来。按照既定计划，张四毛子马不停蹄赶到容海机场，把她们送上最早的航班。

“记住，这辈子不许再来容海。”分手时他向两个职业性工作者最后警告道。

一眼未眨的张四毛子赶回希格尔大酒店顶楼时，黄伟正赤身裸体躺在床上吸烟。

“黄总，您醒了？”

黄伟冷不丁坐起来，眼睛直勾勾盯着张四毛子，喃喃着：“老四，我玩了一夜牌，连打两炮，怎么一点不困呢？”

张四毛子恭维道许是暴赢招致的兴奋过度。说话的时候，他看见床头柜上的一盒烟已经下去半盒。

黄伟似乎同意了这一说法，随手甩过去10万元让张四毛子当花红撒给下面。四毛子出门的时候，看见他又点上了一支烟。

一夜未眠的还有江少杰，当得到黄伟一口气抽了半盒的确切消息，他心里且喜且忧：喜的是成功迈出了头一步，黄伟后悔也来不及了；忧的是他会不会一下子抽死？

几乎是在不知不觉中，业务量又增加了，逼得杏妹不得不放弃自家院中的小棚子，在市中心租两间车库作为车间。

新址在一栋背街的市内企业大楼里。“杏妹净菜铺”小木牌不见了，代之

一块“湖滨净菜服务公司”的锃亮铜匾；人更是由1个变成8个，分工不同、各司其职地在两大间车库里紧张有序地忙碌着。

李所长看傻眼了，当着韩子成夫妇的面承认他忽然产生了嫉妒心。

杏妹介绍说他们现在一天能卖几吨菜，客户连大带小近千家。有的已经不散订了，嫌费事，干脆每天让她们给配菜，月底结算。

“每人一个月能挣多少钱？”

“这可是保密的。反正呀，比你们上班的强多了。我们最早3个发起人都出资入股了，占大头儿，新员工也可以自愿入股。”

问到打算，杏妹说她很知足，等资金宽裕，计划买台车，上菜、送菜实现机械化；家里头，目标当然是锁定在购买三气楼房上喽。

没人知道，如果细算账，杏妹已经挣够买房子的钱，只是拿不出来，压在生意上充作流动资金了。

仅过两个月，经李所长爱人介绍，湖滨净菜公司买了一辆六成新的农夫车。

第二天晚上，冯老邪果然飘忽而至，王飞和他的朋友一如前夜陪赌。

这次由冯老邪发言玩填大坑，也是黄伟十八般赌技中的强项。

但刚近中局，一脸憔悴的黄伟便有些支持不住了，哈欠不断，连打喷嚏带咳嗽，鼻涕一把泪一把的，好几次都是冯老邪敲桌子提醒他叫牌。

“唉，一天一宿没睡，困死我了……该谁叫？”

“高兴过头了吧？你叫。”

“笑话，区区几百万都不够塞牙缝的，我押10万。”

“我跟，踢你一口。”

黄伟强打精神亮开自己的牌：“这把你输定了，我3个Q，两个K。”

冯老邪随之亮牌：“你忘了我是手艺人。同花大顺，通杀。”

黄伟茫然地望着对手把筹码收走，眼看就要坐着睡着了。这时，张四毛子的嘴巴恰到好处地伏在他耳边：“黄总，您去躺一会儿，精神精神，我替您盯几把。”

由顶楼一名服务员搀扶着，黄伟回到了那间他躺了一天的客房。床头柜上的烟盒里还剩最后一支烟。

连黄伟自己都觉得奇怪，一支烟过膛便精神了，没事了，于是几分钟后回转到牌桌上。仅过了一个小时他又开始耷拉脑袋，连抽了别人几支烟都不行。

赌局只好提前散了。

“这主儿抽白粉吧？”看到黄伟大汗淋漓被架出去，冯老邪偷偷问王飞他们。

躺在床上，黄伟刚喝一口张四毛子递来的茶水，便吐得翻江倒海。

“黄总，黄总，你不要紧吧？要不要去医院？”

“老四，给我找点安眠药来。”黄伟浑身颤抖，虚弱地喘息着：“快去，我他妈再不睡一觉该虚脱了……”

“区劳动局向我们发出通牒，要求业主尽快落实同雇员签订劳动合同事宜。”江少杰站在黄伟的大班台前不紧不慢地说，“酒店员工好像听到了风声，据说成立了秘密工会小组。有人扬言，如果再不签劳动合同将告到劳动仲裁委员会。大厨们还要求增加工资……”

黄伟蜷缩在沙发上，似睡非睡，似醒非醒，眉头忽展忽蹙，身体不时受到针刺般抽搐着。

“带烟了吗？”他忽然打断江少杰。

江少杰连忙为他递烟点火：“您看这事怎么办？”

专注于吸烟的黄伟只抽了几口便咳嗽起来，厌恶地掐灭了：“你这什么破烟……谁提要求开除谁，还反天了。”

江少杰认为不妥，本来就是资方理亏，员工们折腾起来会把事情闹大。

“签不签有什么关系？”

“酒店会额外支出不小的一笔费用，包括社会劳动保险金、薪水不得低于市政府规定的最低工资，还不能在聘用期内随意解除劳动合同。”

黄伟冷酷地表示先裁员，反正目前效益也不好。

“裁员不是好办法，会引起人心浮动。”江少杰说，“不如这样，我们只签报城镇雇员，对那些农村来的只签不报，反正保险对他们也没用。这能省下一大笔费用。”

如果江少杰还是一个服务员，绝不会同意这么干的。有时候，黄伟真的觉得这是一只好狗：“你小子更损，酌情办吧。以后这类破事少来烦我。”

独自迷糊一下午，黄伟终于熬不住把张四毛子传来了。他猜到了事儿坏在保安队长手上，可现在不找他找谁呢？

“你活腻了，跟我来这套！”张四毛子一进到办公室便吃了耳光。

张四毛子大喊冤枉，一再声称没做错任何事。

“还嘴硬！我问你，前天你找来的那两个鸡婆，给我抽的什么烟？”

听他这么一说，张四毛子心里有底儿了，继续装傻充愣。或许是刚才抡那一巴掌耗尽了力气，黄伟颓丧地瘫在沙发上，哭叽叽说烟里可能有白粉。四毛子问是不是小红和小眉故意引诱的他，黄伟依稀记得他只是打完炮随手拿过她们的烟抽了一支，结果越抽越精神，越抽越上瘾——她们把他坑了。

“黄总，我真不知道，骗你是孙子……不过据我所知，那些做鸡的吸毒并不稀奇。她们没告诉你？”

对于毒品，黄伟对其危害性多少听到过一些。问题是眼下他浑身难受，除此之外什么都顾不上了。

“也没什么大不了吧？溜水、抽粉现在挺时髦，没钱还玩不起呢。据说那玩意儿可以让人上天入地，想啥来啥，舒服透顶。”

黄伟哭丧着脸道钱是小事，一旦上瘾，人就没治了。

“您刚抽头几口，很容易戒掉吧？”

说着话，黄伟连打一串儿喷嚏，浑身怕冷似的发起抖来。他忽然抱住张四毛子，乞求他把小红和小眉找来——她们有他需要的东西。张四毛子为难地说她们已经回四川了。

“老四，快去想想辙，快去……”

说到最后，黄伟竟不顾身份跪在地上给保安队长磕起头来。

张四毛子故意拖到晚上才去晋见小老板，并大吐苦水风险大货又不好弄，迟迟不肯把包在锡纸里的1克稀释过的海洛因拿出来，直到黄伟幡然醒悟扔过皮夹子。在保安队长的注视下，黄伟颤抖着双手把那一小撮白色粉末掺进烟丝里，卷好，急不可耐地点燃，三口两口便吸到烟屁股烧手。

慢慢地，十分舍不得地吐出最后一口浓烟，黄伟一副通体舒坦的样子：“真舒服……老四，你小子真能干。以后能保证供货吗？”

张四毛子说他一个铁瓷倒粉的，没问题。看到黄伟恢复人样，揣到他刚才给的丰厚酬金，四毛子衔在心尖上的一丝内疚无影无踪了。

江少杰和兰妮一先一后来到豪园的一间包房。他们已经很长时间没出来幽会了。

宽敞、豪华的包房里播放着轻音乐，让人恍若梦中，温馨而心旌摇动。

“你大概想到，目前我和令郎非常融洽，他对我信任空前，很多事情都要我做主。”他抓住她的手迷人地喁喁私语着，“我说过的，我们会相处得像一

对亲兄弟。”

这何尝不是兰妮希望的？只是他比喻错了，兰妮认为应该是另外一种关系。

“想让他认同一个只比自己大两三岁的继父太难了，这是横亘在你们之间不可逾越的一座大山。这种状况我当然不满意，可有什么办法，我总不能拿出收拾别人那一套对付你的亲生骨肉。”

兰妮说：“是你太原则了，原则得有些固执。”

江少杰苦笑根本不是那么回事：“这么多年来，我的意志、自尊也都消磨得差不多了，不知不觉已经放弃了许多固有的信念。时过境迁，我不再那么天真愚顽了，在很大程度上，这来自于你的影响。”

“我？”兰妮显然不肯相信。她只是觉得，在两人的相处中，不知从何时起自己一直处在下风。

“对，”江少杰凑近她的脸，“几年来你所做的一切，包括你的勇气，让我看到了一颗真诚的心。我从来没有像今天坚信这一点。你用行动说服了我，改变了我。对我来说，还有比被别人如此深挚地爱着更幸福的吗？”

兰妮听得心花怒放，羞赧得像个少女，至少是在心情上：“别那么看着我，我快受不了啦……”

江少杰隔着衣服揉摸起她的胸乳，直把她撩动得娇声微微。

“快放手，别让服务生进来看见……”

这就是江少杰修炼的结果，他可以不上床不伤身体地把兰妮弄得死去活来，神魂颠倒。

关键是神魂颠倒，不够清醒。

“那么，”他看着她迷离的眼睛说，“为何不把今天变成一个特别的日子呢？”

“干吗……”

“订婚。”江少杰取出一个首饰盒，从中拿出一枚钻戒戴在她手上，“这是你梦寐以求的，也是我的。”

钻石在灯光下熠熠生辉，晃得兰妮满眼泪花。她搂住江少杰没命地亲了一通，梦呓般道：“我们什么时候结婚？”

江少杰慢吞吞说两年以后。如果那时候和黄伟的关系仍得不到实质性改善，他认了，带她远走高飞，到天边去共筑爱巢。

兰妮目光黯淡了，为何要等那么久？两年后我49岁，你28……

“只是不甘心，在这儿我还没完全施展开。”江少杰说，“兰妮，答应我，暂时不要告诉任何人。”

兰妮答应了，有些勉强。

江少杰却心满意足，这就是他的目的：给她希望，又让她抓不到东西。

管理层例会上，各部门经理依次做当月月度报告。这天兰妮也在座，黄伟挨着他母亲。

在江少杰一秒钟都没放过的观察中，脸色苍白的黄伟始终显得心烦意乱，犹如受刑。据张四毛子汇报，黄伟现在几乎整天躺在顶楼不下来，女人也懒得找，而且吸食量越来越大，已经开始静脉注射了。

轮到老王汇报大堂经营情况时，黄伟忽然离开座位，脚步踉跄奔向大门。没走出多远，便口吐白沫一头栽倒了。

所有人都不知所措，不知道怎么回事。

在兰妮的尖叫声中，江少杰招呼几个身强力壮的经理帮助他把黄伟弄上顶楼总经理包住的房间。

如果有人清醒，会产生疑问：为什么不直接送医院或是叫救护车？可惜现场没人清醒，除了江少杰。

把人事不知的黄伟放到床上，江少杰自告奋勇用手指甲掐他的人中，一边掐一边明知故问六神无主的兰妮她儿子有无心脏病、癫痫病史。

过了一会儿，黄伟终于给掐醒了。他睁开无力的眼皮，茫然地望着床前的母亲，像不认识似的。

“小伟，你这是怎么了，啊……”

黄伟迟钝地摇摇头，瘦骨嶙峋的手指指向床头柜。

立刻有人替他打开抽屉——里面的一大堆一次性注射器和兑好毒品的药水豁然进入众人眼帘。大家都愣着，看见毒品犹如打了强心剂的黄伟竟一跃而起，换了个人似的操起一只注射器动作娴熟地抽进药水，在胳膊上密密麻麻的针眼中间刺进针头。未及药水完全推进去，但见他眉头舒展，呼吸正常，还微微露出了笑容。

在场的人莫不目瞪口呆，他们都看懂了。

又是江少杰挺身而出，他横在黄伟和众人中间要他们出去。

兰妮突然瘫在地毯上，号啕大哭。等她哭够了，再看黄伟，如同一条吃饱喝足的小公狗，睡着了，一任其母疯狂地又掐又拧就是不醒。

江少杰好不容易把兰妮劝到楼下，在自己的办公室听她长一声短一声的号哭和没完没了的数落。当她胡言乱语责怪到江少杰没替她照看好儿子，他只苦笑道总经理的私生活岂是下属管得了的。

“天晓得他什么时候吸上的，从哪获得毒品。”

兰妮早听人说过，毒品沾上就绝难戒掉，儿子吸食的又是毒品之王海洛因。想到这儿，她又哭了起来。

“怪只怪我和他沟通得还是太少了，如果早一点发现，我怎么也会规劝一下。”江少杰带着沉重的表情叹息道，“现在恐怕太迟了，黄伟是静脉注射，说明毒瘾已经很大。”

黄伟忽然出现了——衣装整洁，头发一丝不苟，好像什么事情也没发生过。

“哭什么，我这不是好好的？”黄伟倚在门上说。

厂家委托容海师大化学系研制抗癌药物ISPN的有关事宜最终敲定，项目落到刘国祯主持的基础实验室。出席完签约仪式，一肚子郁闷的教授却突然笑吟吟邀请黄玫去家里吃晚饭。

黄玫很是诧异。自从教授同师母离婚，她再没去过教授家里。欣然接受的同时，她没忘了问理由。教授迟疑一下，告诉黄玫他从前教过的一个研究生很有才华，现在是北京一所大学副校长兼硕士生导师。小伙子一表人才，因忙于事业耽误了个人问题，此次来东北访学是受教授的邀请。教授家晚上的饭局这位副校长将在座。

黄玫立刻改口说晚上有事，恐怕去不了。教授只好摊牌：他邀门生来容海的目的之一，便是介绍他们认识。“你们都很优秀。我的意思是……”

“老师，我明白你的意思。”黄玫打断教授的话，这在她是少见的举动，“谢谢老师的好意，我现在不想考虑。”教授显得很尴尬：“黄玫，你也老大不小，该抓紧了。”

黄玫不说话，只是看着教授收拾东西。刘国祯走到门口，欲去又止，突然低吼起来：“你干吗不找对象？外面流言蜚语都传翻天了！”

黄玫还是不说话。她知道教授害怕了，但她不害怕，特别是不再害怕教授的大嗓门。有时候，她觉得教授就是个大男孩，甚至需要别人来呵护。

等教授走掉，黄玫偷着乐了。

但回到教师单身宿舍，她才知道晚上果然有事——母亲在等她。

听完母亲的哭诉，黄玫知道免不了要和弟弟深谈一次。

其实在黄玫心底，对这个孪生弟弟并没有多少姐弟情。她是在吃奶的时候被抱到伯父家的，从此几乎断绝了和生身父母家的来往。虽然和弟弟同时考上的大学，却分属两个学校。在此期间，弟弟来看过姐姐几次，见面也没什么可说的，除了客气还是客气，黄玫甚至没跟她的同学说过自己还有个弟弟，为什么这么做连她自己都说不清。当她得知父母独吞了爷爷那笔巨额财产，黄玫愈发觉得和弟弟分属两个家庭，两个世界——一句话，她始终对父母、对弟弟产生不了亲人般的温馨与热情感觉。伯父黄思凯是在她读初中时病死的，伯母在她接到大学录取通知书时去世，从此黄玫一直对外宣称自己是孤儿。

黄玫就是在这样的心境中走进弟弟房间的。

“出去出去。”黄伟正脸冲墙躺在床上，头也没回便喊起来，“别烦我！”

“小伟，是我。”黄玫坐在床边，犹豫着拉住弟弟的手。

黄伟挤出笑来，既不热情也不冷漠，但有些慌张。尽管他不情愿，还是被姐姐挽起了衬衣袖子。望着弟弟胳膊上无数个发红的针眼，早有精神准备的黄玫还是落泪了。

“你为什么……要这样啊？”

“没什么大不了的。姐，你别哭啊。”黄伟无所谓的样子，“现在像点样儿的，都爱抽两口，挺时尚的。”

黄玫的一滴滴眼泪落在弟弟遍布针眼的手臂上：“你会送命的。”

黄伟笑道没那么严重，接着他给姐姐描述了打针的快感：一股舒服的电流迅速向全身扩散开来，那是一种奇妙的温暖感觉，所有的烦恼、忧愁、紧张一扫而光，剩下的是近乎纯粹的宁静、平安、快慰，麻酥酥的，脑子里想象飞扬，全是最神奇的景象，正所谓随心所欲，要什么有什么，仿佛正在做最开心的事……

耐心地听他讲完，黄玫问道快感之后呢？一旦没有毒品维持呢？久久沉默之后，黄伟老实承认很难受，犹如一万只蚂蚁在啃噬他的骨头。犯瘾的时候，为了抽一口，扎一针，可以什么都不顾。

“工作、责任、前途、尊严……全都可以抛开？”

这一次黄伟没有回答，空洞的眼睛里除了茫然便是沮丧。

“心里明白，干吗还要招惹它？”

黄伟颓然道，从知道误食毒品时起，没有一天他不想戒掉，只是太难了。

传

犯瘾的时候，他只有一个心思——弄毒品来，只想做一件事——扎一针。

看他还没失去理智，黄玫乞求弟弟接受她的帮助。

“你帮我？怎么帮？”黄伟一脸的怀疑。

“关键是心瘾。我和妈想过了，先送你去戒毒所，戒断生理毒瘾再说。”

黄伟断然拒绝：“那会传遍整个容海，以后我还怎么见人？”

黄玫苦口婆心相劝没有结果，只好喊来母亲重新商量。母女被逼得没辙，摁着黄伟的脖子要他口供：到底想不想戒？最后，黄伟默许了她们在家里帮他戒毒。

当天，黄玫回学校配制了美沙酮——一种辅助戒毒的常规用药，可以逐渐减少、缓解吸毒者对毒品的依赖。兰妮则准备了几支海洛因针剂，以防万一。

晚上，黄伟被母亲和姐姐用铁链锁在大铁床的栏杆上。

“姐，非这样不可吗？”

“是的，”黄玫说，“否则你的身体逃不过化学和生物定律的惩罚。”

黄玫破天荒地和母亲睡在一起，给她讲解了半宿戒毒方面的知识。戒断毒瘾有两层意思：生理戒断和心理戒断。理论上生理毒瘾是可以戒掉的，最可怕的是心理毒瘾，几乎没有办法戒除，正所谓一日吸毒，终生觅毒。

“这是不是说，小伟没救了？”

“都是钱惹的祸。”黄玫说，“咱们家要是工薪家庭，过普通人生活，小伟自食其力，想的只会是柴米油盐、妻儿老小的家用，想抽也抽不起。”

女儿的话把兰妮说翻了：“有钱怎么了，是罪恶，是错误？人生在世谁不花钱谁不爱钱？都是你死爹榜样做得好，吃喝嫖赌样样精通，小伟更是有过之无不及，还抽上了……”

黄玫无心和她吵，只在心里惋叹着需要请多少天假。她知道，戒毒不是三天两日便能做到的。

午夜时分，隔壁房间传来动静，有东西摔碎的声音，有头撞墙的咚咚声响。黄玫过去给弟弟用上美沙酮，这才相安无事到天亮。第二天，黄伟躺了一整天不吃不喝。到了晚上，他忽然拒绝用美沙酮，要求打一针海洛因。

“受不了哇！”黄伟拍着门板哀求着，大铁床生生被拖到了门口，“妈，姐，求求你们……”

兰妮实在听不下去，找出注射器要进去，被女儿死死拦住。

“妈，戒断刚刚开始，你这么做等于害了他！小伟会得寸进尺，决心、意志力顷刻瓦解！”

兰妮瘫在儿子的卧室门前，拍着大腿泣不成声："黄家祖坟冒青烟啊，让我养这么个孽种，天啊……"

门里门外，哀求、哭声交汇，令黄玫感到了无比的厌恶与无奈。

消息源源不断地到了江少杰耳朵里，是黄家新来的保姆小芹打电话告诉他的。

夜里，他满怀欣赏的心态来到黄家。

"少杰，你来了……"兰妮有些慌乱地擦着没来得及涂眼影的泪眼，"啊，这是我女儿黄玫。"

江少杰恭敬地伸过手去："黄小姐，我们见过，那会儿你还在读书。"

黄玫却坐着没动，也没去握他的手，目光中的冷色令江少杰想起了第一次见到她的情景。事隔几年，黄玫那种能把人镇住的冷艳之美依然没变。

"哦，我是来看黄总的。"江少杰迅速摆脱了窘困，得体地转向兰妮，"他怎么样？"

装模作样听她说完，江少杰表示强制戒毒仅靠家里恐怕不行，把人锁起来也很危险，要求上楼看看。

门开了，屋子里污秽不堪，一片狼藉，黄伟却不见踪影——床头铁栏杆竟被扭断了。一扇窗户敞开着，有凉凉的夜风吹进来。几个人骇然扑到窗口，下面黑乎乎的什么都没有。

黄家成了一锅粥，希格尔大酒店上上下下随之大乱。

直到天亮，江少杰才给兰妮打电话通报了黄伟的所在。其实他早就知道黄伟躲在酒店顶楼的另一间套房里。兰妮母女俩赶到的时候，黄伟还在熟睡，旁边扔着几支一次性注射器。

兰妮在冲动中弄醒儿子。黄伟像是在做梦，像是困乏已极，又好似视物不清的样子，翻过身重新昏昏睡去了。

江少杰阻止了兰妮的继续折腾，为黄伟盖上毯子："让他睡吧。昏睡是吸毒者最常见的表现，他可能已经得了严重的神经系统疾病。"

平常的一句话，谁都没有在意，只有黄玫在心里画了个问号：此人对毒品很在行啊？

"联系戒毒所吧，他们有更科学有效的方法。"江少杰在走廊里对兰妮母女建议道，"这样下去黄总非送命不可。"

平心而论，江少杰认为目的已经达到，犯不着夺人性命。

当天，黄伟被蒙着脑袋塞进了容海市公安局戒毒所的救护车。

第14章

在戒毒所，兰妮失魂落魄地问医生诊断情况。他们介绍，黄伟是深度中毒，已经很难戒断，他的心脏、血压、呼吸系统、甲状腺都有严重问题。摆在他面前只有两条路：吸死，或者靠坐牢强制戒毒。按照他们的说法，像黄伟毒瘾这么大，出去以后几乎百分之百复吸，只有坐牢才能避免终生觅毒吸死。

望着戒毒所门前的岗哨、高墙上的铁丝网，兰妮恍然觉得这就是一座监狱，儿子在坐牢。

和女儿分手后，兰妮被巨大的孤独感和恐惧感包围着，给江少杰打电话约他出来见面。这种情况下，她不找他找谁呢?

“小伟得在那儿待多久？”

兰妮啜泣着摇摇头，接着她的目光突然凶狠起来，像一头愤怒的母狼：“谁引诱的小伟？给我查，查出来我非扒他的皮不可！”

江少杰慢条斯理说他早私下问过，是黄伟和两个外地三陪女郎狎戏时误吸的，责任在他自已。后来为了提神，黄伟就主动吸上了。

他的结论是误吸，不存在丝毫的外界故意引诱：“不信，等小伟清醒些，你可以问他本人。”

兰妮喟叹，咬牙切齿问那两个婊子在哪。江少杰说她儿子从来没有向副手汇报他床上游戏的习惯。

好言好语劝她平静下来，江少杰话题一转，酒店怎么办？国不可一日无主，家不可一日无尊，人权财权不在手里，要紧的事他做不了主。兰妮要他酌情处理，既然小伟一时半会儿出不来，只好多辛苦他。

“这怕不妥，”江少杰为难的样子，“小伟一向很固执、守财，谨小慎微，以往在很多事情上我都要花大量时间说服他。他不在期间我如果自行其是擅作主张，他回来肯定不高兴，甚至情绪化地不论对错跟我翻脸。我想过了，不如你亲自代理总经理，每天来酒店转转，日常工作我打理，大事我们一起商量。我可以多出主意，决策权在你手。这样将来万一小伟发难，你好替我搪塞一下。当然，出现明显失误我不会推脱责任。”

兰妮思忖一下，同意了。其实此刻她脑子空空，根本转不起来。

江少杰抓紧她的手，语调柔柔地说：“这样做的最大好处是，我们可以常在一起。”

兰妮顺势靠在他肩上。眼下，这是她唯一可以依靠的肩膀。

把兰妮送回家，江少杰立刻约见海岩。两人当晚坐在了一张酒桌上。

江少杰抑制不住内心的喜悦频频举杯。经过一段时间的接触、配合，两人已互无芥蒂，越走越近。一个敢出手，一个敢伸手。

“海所，我还有个问题，像吸食海洛因这类烈性毒品的瘾君子通常结果会怎样？能戒掉吗？”

海岩说毒品若能戒断，就不是毒品了。

江少杰灿烂地笑了：“干杯！”

海岩捂住杯口：“还没告诉我，你是怎么干的——肯定是你让那个毛孩子染上毒瘾的。”

“不，”江少杰忍俊不禁，“你在冤枉我。”

海岩说江少杰瞒得了别人，却瞒不过他：“这招儿够损的，倒很有想象力。”

两人痛饮一杯后，江少杰带着微醺的醉意说：“现在可以预言，不久的将来，我江少杰会成为希格尔为数不多的股东之一。我要从蛋糕上挖下一大块来。”

海岩心里盘算的是：我的份额呢？

“等我全面控制了局面，我们合作的前景更广阔了。海所，你答应吗？”

“什么？”

“全方位保护希格尔，我保证你获得比齐贵山多得多的利益。它得在绝对安全的状态下运转。你举荐的张四毛子之流只起痞子作用，难堪重任。”

海岩副所长轻描淡写道他将拭目以待。

这一天他们在豪园谈了很久。但他们万万想不到，这一幕密谈被偶然经过的李所长看到了。

经过精心策划，江少杰把他的想法对新上任的代总经理兰妮和盘托出了。

“我一直在琢磨眼下酒店的出路。有人建议搞连锁店经营，开几家分号，应和大众化消费潮流，搞薄利多销，哈尔滨有一家饺子馆是成功的典范。但希格尔没有相应的优势——一套成形的统一管理模式和特色菜肴服务，也没有类

似的市场推广经验，摊子铺得太大难免漏洞百出。我们的优越之处在于自营场所开阔壮观，资金雄厚，口碑良好，所以仍然应该坚持高消费赚取高利润的原则，提供高品位服务——我要让希格尔再做一次排头兵，作为献给你代任总经理的礼物……”

一番高谈阔论之后，江少杰把兰妮请到一楼大堂。

打烊后的大堂里已没有客人，只剩下少数几个服务员在打扫卫生。

江少杰兴奋地告诉兰妮，他的计划即是在大堂建一个大规模现代化洗浴中心：“中心水池在这儿，淋浴、桑拿浴室分列两旁，北墙角加一个楼梯通往楼上，2楼全部分隔成带有独立桑拿浴房的情侣包间……”

兰妮吃了一惊：“取消大堂餐饮？”

江少杰做了肯定的回答。在他的蓝图上，餐饮部今后只保留包房，主要功能转向为洗浴中心服务，洗浴中心将作为主打项目推出，并宣称这是高消费的最新潮流。以后在希格尔，那些够档次、享受得起的客人，足不出户就可以得到餐饮、洗浴、娱乐一条龙式的服务，还包括坐台小姐、按摩女郎的特殊服务。

“如其落实，我可以保证希格尔再次站在容海最前列，把所有的对手甩在后面。”

兰妮担心，如此一来，希格尔的准色情色彩岂不是更浓了？江少杰的回答是呈上一沓南方沿海各大城市雨后春笋般冒出来的大大小小洗浴城的照片。

问到投资额，江少杰讳莫如深，只称计划书刚刚起草，还未来得及请专家做详尽预算。不过要想在冬季到来之前掘进第一桶金，他要求兰妮尽快答复。

出乎江少杰的意料，兰妮的回答是只需考虑3天。

第三天，电话铃声在江少杰的期盼中响了。兰妮告诉他，3天来她一直在亲朋好友中做咨询，还听说容海已经有两三家底气十足的老板在筹办同类项目。这种形势下，希格尔还等什么？

江少杰喜出望外。

放下电话，他连忙找出计划书和设计草图，准备送到黄家别墅给兰妮过目。

开着兰妮新给他买的宝马X5轿车上路，江少杰已经开始盘算如何开销即将得到的1 000万了。

宝马驶入一条单行线中段，被迫停下了，因为前面堵车。江少杰等得不耐

烦，便打开收音机。通常，容海交通广播电台对交通异常情况总能做出及时播报，提醒司机绕行。果然，播音小姐甜甜的声音正在播送前方十字路口车辆肇事的消息。江少杰等不及，违章调头往回走，打算从另一条路赶往黄家。

只开出一箭之地，江少杰停下了。

因为他听到了收音机里说肇事的农夫车是“湖滨净菜服务公司”的。

江少杰知道湖滨净菜公司的老板是谁，于是毫不迟疑地下车，匆匆徒步赶往肇事现场。

在围观的人群外围，江少杰翘首看见现场中央一辆自身并无大碍的农夫车，把一辆崭新的广州本田撞得很惨，发动机都变了形。农夫车车门上果然喷有“湖滨净菜服务公司”的白漆。大概是因为警察还没到现场，本田车的车主——一个额头上鲜血直流的胖子，正在愤怒地责骂农夫车司机——一个二十出头的小伙子。听胖子的口气，责任全在农夫车。江少杰等了一会儿，终于看见杏妹挤进来。

“先生，实在对不起，先上医院吧。”杏妹赔着笑脸说。

“上个屁医院，我的车怎么办！”胖子说。

“我们赔……”

“你赔得起吗？我这是新车，20多万……”

江少杰本能的反应是过去帮腔，偏偏这时兰妮打来催促电话，便满怀惆怅地离开了。

傍晚时分，宝马车来到韩子成家。

韩家的所在方位江少杰早就知道，却是第一次来。但如果白天记下本田的车号，或许还不会来。

来到栅栏门前，他发现门是锁着的。院子里有一个3岁大的男孩在弹玻璃球。

“小朋友，这是韩子成家吗？”

男孩抬起头，扑闪着一双机灵的大眼睛，让江少杰有似曾相识的感觉。

“我爸叫韩子成，我妈叫他当家的。”冬冬说，“你呢？你是谁？”

听孩子这么一说，江少杰胸膛里涌动起一股莫名其妙的热流——原来是杏妹的儿子！

“我是你爸你妈的好朋友，姓江。”

“江叔叔好。”

“哎，真乖。告诉叔叔，你叫什么名字？”

“我叫冬冬。”

“冬冬几岁了？”

孩子的目光忽然从他身上移开了，兴奋地叫起来：“妈妈！”

江少杰回头发现，杏妹不知什么时候站在自己旁边。两个人都感到有些意外，一时不知说什么好。

冬冬看出了异样：“妈妈咋不说话？江叔叔说你们是好朋友。”

江少杰率先打破僵局，连忙解释白天看见了汽车肇事：“恐怕得赔偿人家吧？也许我能帮助你们，这事交给我吧。”

杏妹生硬地说不关别人的事，她不需要帮助。

“杏妹，事情过去这么多年，一切都烟消云散了，我并没有……”

“请你走开！”杏妹嗓门突然高了起来，接着开锁进院，抱起孩子进屋摔上房门。

江少杰在院外站了很久才上车走掉。当晚，他托海岩向交警支队的熟人打听消息，很快得知杏妹的农夫车没上保险，需赔偿本田车车主8万元修理费。

本田车车主姓苏，一家广告公司的小老板。这天夜里，苏老板接到一个陌生的电话。

韩子成下班后回到家里才知道发生车祸事件。

杏妹哭了一夜，成子劝了一夜。

“干点事儿，咋这么难啊……”

8万块钱，等于砍掉她一半的身家。问题还在于她的财产主要体现在流动资金上，把钱抽出来，生意肯定受到很大影响。两口子商量，实在不行就卖冰箱彩电，由他们单独负责赔偿。

第二天，杏妹来到往日充满欢声笑语的车间。宣布完自己的决定，车库里更是死一般沉静。

“这么多钱不能让周经理一个人背。”王凤突然站出来说话了，“大家想一想，净菜公司是经理一个人创下的产业，咱们这些下岗职工都从中受了益，比在原单位挣的还多。没这个乡下妹子有大伙今天吗？车不能卖，流动资产更不能抽，那是咱们的饭碗。我的意思是大家凑一凑，有股份的老员工多拿些，没股份的尽力而为，一定得把这个窟窿堵上！”

下午，8名员工凑了4万元。不足部分归杏妹，这是大伙的一致意见。

杏妹心里热得像一炉火。

司机小李是李琴的弟弟，哭着鼻子告诉杏妹："经理，我没脸在这儿干了。"

"想得美，车你就白撞了？老实儿给我洗菜去。"

小李破涕为笑，说只要不赶他走，干啥他都愿意。

杏妹望着一张张笑脸，动情地说："大伙处得跟一家人似的，心往一处想，劲往一处使，好日子在后头呢，谁都不许走，反正我是豁出去跟你们绑一块儿干到底了。"

在一种高亢的心态下，杏妹和韩子成挺胸抬头去给苏老板送赔偿金。

苏老板的广告公司在容海市中心一幢写字楼里。韩子成夫妇穿过一大间敞开式办公室，来到总经理室的门前。秘书通报之后，头上贴着橡皮膏的胖子迎了出来。

听他们说明来意，胖子笑了："周经理好健忘，你派人送来的赔偿费我已经收到了。"

杏妹以为自己听错了："苏老板太客气了。我们公司是穷点儿，修车费还是要赔的。你点一下，这是8万元。"

胖子急了，说早上来过一个小伙子，亲手交给他8万元现金，自称是湖滨净菜公司的。怕他们不信，胖子还当场拿出尚未存入银行的那笔现款。

"周小姐，玩笑没这么开的，我就是再黑也得尊重交通队的裁决。"胖子最后说。

一肚子纳闷地离开广告公司，两口子坐马路牙子上开始绞尽脑汁猜谜语。

成子第一个猜是小李，被杏妹否了："他家的条件我知道，砸锅卖铁也凑不上8万块。"

一辆同江少杰的坐骑相同的宝马轿车从马路上一闪，杏妹的思绪倏然被点亮。

"我知道是谁了。一定是他。"

"谁？"

杏妹便说了江少杰来过家里的事。"成子，去，把钱退给他，什么也不用说。"

成子却认为不妥，江少杰既然背着他们干，肯定不会认账。

"那你说怎么办？反正他的钱咱一分不能要！"

成子被老婆逼得没法儿，就盯着马路对面的邮局盘算开了。两口子终究是两口子，杏妹一看他的眼神，立刻猜到老公在想什么。

开装修公司的唐老板已是第N次坐在希格尔大酒店常务副经理的办公室，和江少杰继续着马拉松式的谈判。时至今日，他仍摸不清江少杰的尺寸有多大。

“江总，我的报价够低了。现在到处搞竞标，大家已然是微利，我犯不上充大头给别人扛价。没活儿干我得白搭工资，要不工人就跑了。这个工程下来能剩十万八万撑死了……这样吧，我再让一步，前期资金我足额垫付，等验收合格你再给钱。不过呢，土建这一块你得行行好让给我，怎么样，江总？”

彼此都明白，这是一场猫捉老鼠的游戏，看谁先沉不住气。

“我听说江总还没结婚，连个住处都没有。不如我送江总一套三室两厅，地段、小区由你选。如何？”唐老板终于抛出了鱼饵。

江少杰漠然表示他对现金以外的东西不感兴趣，同时暗示标的正是他定下的。

唐老板咬咬牙，在一张便笺上写下一组数字推过去。上面写着：500万。江少杰瞥一眼，仍无动于衷。

“江总，打开天窗说亮话吧，我是个大老粗，也是明白人。但凡我所能做到的，您只管吩咐。”

“你早这么说，何苦被吊到今天呢？”江少杰笑着，在“500”前面填个“1”。

唐老板大吃一惊，差点说出“你穷疯了”。江少杰看破他的心思，紧接着告诉对方标的是6 300万，和唐老板的报价非常接近。但他划到装修公司的账将达到7 300万，发票也要按这个数目开。

唐老板松了一口气，他总算弄清了面前这个高级打工仔的胃口：“明白了。那1 500万，你要现金还是转账？”

江少杰提交给对方一个账号之后，唐老板要求立刻签字。

“还没完呢，急什么。”江少杰说，“我的另一个附加条件是，你得无偿为过世的家母造一座陵墓，材料从酒店工程里出。”

重新讨价还价，以江少杰在开工前首先拿到1 400万元回扣，希格尔大酒店在银行冻结7 500万元存款成交。装修公司在完工后才能拿到这笔钱。

两人正在讨论技术细节，曲三拿着一张汇款单走了进来。

“江总，有您的汇款单。”

“哪来的？”

“本市，湖滨净菜服务公司，8万元呢。”

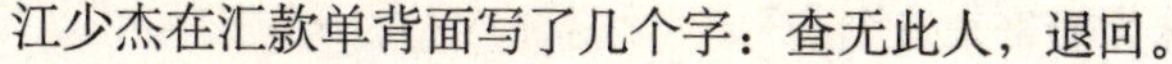

江少杰在汇款单背面写了几个字：查无此人，退回。

黄玫去戒毒所探视过弟弟，匆匆赶回学校给本科生上课。

刚进实验室，她就听见了刘国祯教授的吼声：“我再说一遍，办不到，绝对办不到！你们死了心吧！”

黄玫连忙跑出去，把教授从系主任办公室拉走。

“老师，干吗又发这么大火？”

“简直没有廉耻！为区区200万块钱，良心都不要了。”教授浑身颤抖着说。他告诉黄玫，他们即将完成研发的ISPN，已经发现有不可抗拒的毒副作用。厂家为了急于上马，给系里施压要求研制人把发明的时间提前，这样好方便伪造临床检验报告早日上市。厂家还同时追加了200万元赞助费。系里收了钱，转过头来自然要把压力转嫁给课题带头人刘国祯。

“他们这就要拿去换钱，还美其名曰早日化科研成果为生产力！堕落啊，高等学府里也有人渣……”

黄玫虽不是搞医的，常识还是多少了解一些。一般情况下，非处方药进入市场流通的先决条件之一是要经过多年的临床检验。厂家和系里合伙造假，简直是拿千百万条人命当儿戏。另一方面，作为主要研制者之一，黄玫很清楚ISPN有很多缺陷，即使改变配方中的化学成分比例也难以克服。

“他们这是逼老实人说话。”教授说，“我想好了，这种准毒品性抗癌药并不适合在市场上推广，拿出去等于害人。即使获得专利，我也打算封存，宁肯烂掉也不能挣黑心钱。黄玫，你也是发明人之一，希望你能站在我这边，共同抵制他们。”

黄玫几乎不假思索便答应了。

韩子成从媳妇那里接过被江少杰退回的汇款单，闷闷不乐想了好几天才下决心把江少杰约到海边。

一个骑着行将报废的警用摩托车，一个开着崭新的宝马，单看外观两人就存在着巨大差异。

“成子，为什么非得跑这儿来说？”

“想给你在员工面前留点面子。”韩子成拿着那张汇款单说，“整僵了，我不敢保证会不会失态。你不觉得这么做太过分了？”

江少杰装模作样看一眼汇款单，脸上是一团足以乱真的惊讶：“至于吗？

说真的，我不知道杏妹为何寄来这个。”

韩子成劝江少杰不必做戏，否则他将匿名把这笔钱汇到希望工程账户上，或是干脆撕了它。

在大海的背景下，两兄弟对视着，谁都不肯眨眼。这是他们小时候玩过的一个游戏，谁先眨眼意味着认输。

最终，江少杰点点头，要过了汇款单：“成子，我真的……”

“早跟你说过，别来打扰和我杏妹。我们过着完全不同的生活。”

江少杰勉强一笑，迎着海风以手梳理着头发：“你可能想不到我现在的状况，这点钱不过是九牛一毛。”

这话招来了成子的讽刺：“谁不知道希格尔今天的知名度和你有关，却不见得人人都会羡慕。”

“成子，小时候你一向胆小怕事，挨欺负了、为难遭窄，第一个要找的总是杰哥。”江少杰伤感地说，“这么多年来，我已经习惯了对你的照顾。反过来，我从没指望从你那里得到什么，如果有，也只是亲情、友谊，仅此而已。同样，即使杏妹恨我恨到骨头里，当我有性命之虞，她不也毫不犹豫冲上去了？为什么你们现在要拒绝我呢？难道大家都错了？”

听到后来，成子觉出声音不寸。偷眼看去，江少杰的眼睛湿润了。

成子不由得喉头一阵发紧。他又何尝不珍视兄弟间的友情呢？但一想到诸多事端的变故，特别是想到冬冬，他还是狠狠心说：“大家都不是小孩子了，都有自己的选择。别拿你那一套强加于人。”

江少杰叹息一声：“我保证，不会去打扰你们了……噢，那天我见到你儿子了，挺可爱，叫冬冬是吧？”

成子脸蓦地红了，什么也没说骑上摩托车走了。

江少杰很是诧异。在他的印象中，成子是个不会说谎的人，脸红意味着什么？

他的眼前不由浮现出那个似曾相识的男孩形象。

戒毒所毕竟不同于监狱，这一区别首先体现在探视时间的自由化、探视空间的开放性等方面。

容海市公安局戒毒所的探视室便是一间很大的屋子，不存在铁丝网或隔音玻璃，家属和“患者”可以面对面，谈话更不受监视。当然秩序还是有的，中间一条长桌把探视和被探视者分隔两边，但只是象征性的。

黄玫又来看弟弟了。黄伟被送到戒毒所以来，她每星期都要来一次。没有人要求她这么做，也不是受突然旺盛起来的亲情驱使。在黄玫眼中，弟弟已经成了人群中最弱小的一类，他需要关怀，作为姐姐，她有理由不给弟弟最需要的东西吗？

在等待的时间里，黄玫浏览着墙上张贴的许多戒毒标语，其中有一条她都能背下来：“烟枪一支，未闻炮声震地，打得妻离子散；锡纸半张，不见烟火冲天，烧尽田地房屋。”诸多此类，让人感慨万端。

黄伟在一名警医的陪伴下出现了。戒毒一个多月，他看上去面色红润，胖了，但表情木讷，显得精神不太好。

“你还好吗？看上去气色挺不错。”

黄伟含糊地哼了声，根本不愿意多说话。

“我听大夫说，你现在生理上已经基本摆脱，这很关键，等于为下一步心理戒断打下了基础……小伟，你有什么想法，说给姐姐听听。”

黄伟翻起眼白想了半晌，喃喃道：“你想听实话？”

“当然，怎么想就怎么说。”

黄玫万万想不到，弟弟说的竟是他最想马上抽一口。

他是流着泪说的。

“姐，快想法子把我弄出去，这儿根本不是人待的地方。”黄伟痛哭流涕道，“就是死，也得死在外头。”

黄玫蒙了，正不知如何回答，在她右边一个少妇霍然起立，手指对面的丈夫骂道：“畜生！你还是在这儿关着吧，休想出去再祸害我们娘儿俩！我要是警察，早枪毙你了！”

她怀里的孩子哇哇大哭起来。

黄玫使劲调整着表情，为弟弟擦去眼泪：“小伟，坚持下去，你会成功的。能不能告诉姐姐，当初你是怎么沾上毒品的？你还记得吗……”

黄玫频繁往戒毒所跑，引起江少杰的极大不安。特别是小芹偷偷来电话说，黄玫回家跟兰妮商量，她打算私下调查黄伟吸毒成瘾的原因。江少杰再也睡不安生了，眼睛一闭便是黄玫那张摄人魂魄的面孔。他怕的不是那张脸能把人震住的天姿国色，而是其中的冷气。

重新检查可能的纰漏，他还是不放心，只得把张四毛子找来。

“老四，你该去看看他了，是时候了。”

张四毛子弄清江少杰的用意，吓得半晌说不出话来。

“小红、小眉早走了，累死她也找不到咱们头上吧？”张四毛子结结巴巴说。

“你不了解，黄玫不是她弟弟。”

江少杰很清楚，对他杀了黄敬凯的疑心，在他女儿那里肯定也有。万一她把两件事联系起来呢？张四毛子毕竟是这个圈套的直接操作者，万一黄伟想起这茬儿呢？

“老四，你刚来的时候，可是表过忠心的。何况，这事你也有份儿，响了，你我都脱不掉干系。最简单地说，贩卖海洛因超过50克，就够毙了……我考虑再三，还是由你做到底。”

“江总……”

“你可以不干，”江少杰说，“不过，既然里里外外你都知道了，以后我该怎么对待你呢？”

最后这句话起了作用，当天张四毛子跑了一趟戒毒所。回到酒店，他告诉江少杰，黄伟要他设法送一些白粉进去。黄伟的状态早在江少杰意料之中，他正是要利用这一点。

“时间你看着定，但要保证届时我不在本市。我后天动身回老家。”江少杰说。

打发走四毛子，他给兰妮挂电话，告诉她过几天是母亲下世的周年忌日，他得回去一趟到新修的陵墓前祭奠。兰妮没说什么，只托他在其母的坟前代为烧一把纸钱。

而后，江少杰开始四处联系车辆。他需要43辆小汽车。

张四毛子又一次出现在戒毒所探视室，给黄伟带来了很多食品。

“带来了？”

张四毛子小声说没有。“黄总，吸毒和贩毒可是两码事，往这儿带货，不是让我送死吗？”

黄伟愀然变色，骂道：“是不是等我出去收拾你？”

“您别发火，我们知道您在里面受苦受罪，就想出了个万全之策。”

说着，张四毛子从桌上推过一大袋食品。

“黄总，都是您爱吃的，尝尝您就知道了。”张四毛子点着食品袋说，“凌晨1点，我来接您。”

食品袋通过例行的检查，回头被黄伟拎进了厕所。急不可待地一一解开，黄伟在一个大面包中间找到一盘尼龙绳，在3只弯曲的香肠中间抽出3根带钩的钢筋——把它们束在一起，刚好构成一个抓钩。

站在马桶上，透过卫生间的窗子望向戒毒所高墙上的铁丝网，黄伟即使再笨也明白了万全之策的含义。

晚上8点，43辆大大小小各种牌子的轿车排成一长列静候在希格尔大酒店门前的街道上。这些车，有些是向朋友借的，有些是租的，大多数车辆中只有司机没有乘客。这没关系，江少杰要的是车不是人。

随着一声令下，车队启动了。首车是辆警车，在前面开路。江少杰坐在第二辆车里，是一辆借来的法拉利。车队犹如一条长龙，在夜幕降临的街头构成了一道罕见的风景线。

车队出了市区，经过一夜的高速行驶，在清晨拐下乡间土路，向大岗村进发。吃早饭的时候，车队进入大岗村，村民们不知发生了什么事，纷纷丢下饭碗跑出家门，目瞪口呆地望着浩浩荡荡的车队从跟前经过。在他们的记忆中，这阵势绝对是头一遭。

有人认出了第二辆车中的江少杰，于是奔走相告，老老少少跟着车队后面跑出村子，一直跑到村西的坟茔地。人们这才知道，江少杰回来祭母了。

于金花的墓地在坟茔地边上，却是端端正正的坐北朝南，前面是穿村而出的小河，后面是遍布坟包的坡岗，正所谓“前有照，后有靠”的上佳阴穴。坟地由装修商唐老板找风水先生选定并出资买下修建，墓身通体由黑色大理石建造，四周带汉白玉护栏，墓碑是一块两米高的花岗岩，上书魏体“先妣于金花之墓”，气派华丽，在整个墓地中鹤立鸡群。老人都说，大岗村开天辟地以来，江少杰给他妈修的阴宅排头一号。

乘客们纷纷下车，清一色的黑西服、黑风衣，清一色的不苟言笑。

只有江少杰穿了一身白色素服。在纸人纸马、真丝花圈的簇拥下，他跪在母亲墓前，上香、叩头。

接着，有人在香案前摆上20沓崭新的百元大钞。

20沓，20万，曾经可以挽救她的生命。

现在，一切都太迟了。

江少杰是在一种极端的心情下点燃的打火机。20万元钞票，被撕开束条一一投入火中。

把于金花墓地围得水泄不通的大岗村人瞠目结舌。起初他们还在怀疑，随着有人捡到随风刮走的残币，发出“是真钱”的惊呼，人群大哗。

一阵阵风，将纸灰、残币刮得洋洋洒洒，争抢的村民乱成一团。

烧掉20万元，江少杰长跪不起。他原以为自己会流泪，会哭得死去活来，结果什么也没发生。但他的心却在流血。车队调头返城，江少杰从法拉利的天窗钻出来，对着四面八方的大岗村人高呼：“老少爷们儿，感谢多年来对我们母子的照顾，少杰没齿不忘大家的恩德！”

接着，他拿出一拷克箱现金，一把一把地抛撒出去。看到有那么多人在下面欢呼、争抢、厮打、追撵，江少杰体验到了一种从未有过的快感。

只是当车队经过那间已无人居住，不知归属的茅草房时，他的眼睛模糊了——那儿曾经是自己的家啊！

可他再也不属于这个家，永远不再。

他甚至不能确定今生今世还会不会回到大岗村看一眼。

祭母之旅，整整开销43万。江少杰自忖每一分钱都花得值。43万，43辆车，无人知晓的秘密在于母亲去世的年龄恰是43岁。

从此江少杰觉得从身上卸掉了很多东西，今后可以勇往直前了！

回到容海，他得到的第一个消息是黄伟死了。

戒毒所负责保卫工作的警官给兰妮母女拿来尼龙绳和抓钩，推理了黄伟的逃跑经过。

“我们只能确定是外面有人配合他。”警官说，“这些东西他在戒毒所内不可能得到。”

医生的话更是让兰妮心惊肉跳。他说黄伟现在患有严重的周围神经炎、脑膜炎、脑脓肿和海洛因性肺气肿，如果逃跑的动机是出于觅毒，他很可能由于久疏毒品吸食过量危及生命。

兰妮不肯相信，儿子不是戒得差不多了吗？

黄玫相信，她知道，弟弟逃跑的动机不存在如果，而是肯定出于觅毒。作为一个不能自控、理性丧失殆尽的人，弟弟现在比任何时候都危险。

“是的，戒毒的难度，可能超乎常人想象。”警官苦笑着坦言，“一个人要想避免海洛因这类烈性毒品的毒害，其实办法只有一个，那就是从来没招惹过毒品。快去找你儿子吧，找到了等于救他一命。”

江少杰不在容海，兰妮只能把希望寄托在女儿身上。

黄玫带着母亲找遍弟弟所有能去的地方，打过无数个电话，并在媒体上发寻人启事，重金悬赏。

事过两天，仍无消息，黄伟仿佛在逃出戒毒所后上天入地了。

江少杰回到容海，从老王那里得知兰妮急于见他，只好硬着头皮赶往黄家。

黄玫回学校去了。问过采取的寻人措施，江少杰建议还应该封掉黄伟的银行账户，他身上没有钱，自然会走出来。

“少杰，我全靠你了。”兰妮泪眼婆娑道。

“这是家里事，我能不尽力吗？”

离开黄家，江少杰直接赶往机场，把一些必备的东西交给张四毛子：“出去躲一躲。到南方沿海转一转吧，算是替我考察业务。但没我的话，不准回来。”

儿子失踪的第四天，浑浑噩噩的兰妮忽然想起景阳小区那套房子好像没去查看过，便打电话要江少杰过去看一看。

江少杰一进门就嗅到了一股刺鼻的恶臭。在主人房，他看见黄伟在床角蜷缩成一团，表情似笑非笑，一只手臂上扎着的注射器还没来得及拔下来，死相和江少杰的想象相差无几。他只在门口看了看，然后调整声调分别打电话给兰妮和警方。法医初步检查：瞳孔缩小，极像毒品吸食过量；根据尸斑估计，死亡至少在3天以上。

这样黄玫和江少杰都有了共同的信息：黄伟逃出戒毒所的当天就死了。

这一次，黄玫力主对尸体进行解剖。随即拿到的验尸报告表明，是注射毒品过量，引起中枢神经过度抑制，致使呼吸骤停猝死。胃容物分析和血液化验都证实了这一点。

“他是毫无痛苦地死去的，我敢保证。”法医在收回验尸报告时说。

负责侦查的刑警也表示，现场未发现异常，除了陈旧性痕迹，只有死者的脚印和指纹。

黄玫不相信：“戒毒所的同志说，是有人帮助他逃走的，那会儿我弟弟身上没有钱，他自己不可能搞到大量足以致命的毒品。”

“你怀疑是谋杀？”

“当然。”黄玫不假思索地回答。

刑警耐心地解释，验尸结论是科学准确的，从专业角度看，找不到任何疑点，她的怀疑可能仅仅出于悲伤过度。

黄玫还是不相信，弟弟死亡的背后肯定有一只黑手：这个人帮助小伟逃跑，向他提供毒品……动机是什么？

她首先怀疑到江少杰，马上又否掉了，因为找不到动机和作案时间。

在一个凄风楚楚的秋日，黄伟的骨灰下葬了，被埋在黄敬凯陵墓的后面。

葬礼结束时，江少杰走在送葬队伍的最后。上车前，他回望墓地，看见黄伟的墓前只剩下固执的黄玫，旷野吹来的风呼呼啦啦鼓动着她的衣裙。

第15章

小个子律师刘中浩来到江少杰办公室，把一大堆表格、文件摆在台案上。

“应江总的要求，我拿来了所有相关文件……”

江少杰笑嘻嘻打断他：“不是我，是老板娘。”

“对对，你是受兰女士委托。”刘中浩自嘲地笑着，然后开始回答问题。他告诉江少杰，他所在的会计师事务所业已完成对黄伟身后财产的清核。黄伟的遗产主要体现在所持希格尔大酒店的股份上，占20%。会计师事务所没有对酒店的市值做出新的评估，上次评估是在黄敬凯死后，当时被确认的价值是1.5亿元。据他推算，随着容海近年来的房地产增值，希格尔目前的身价应在2.5亿元左右，如果加上在建的洗浴中心价值，可能还要高一些，黄伟所持的20%股份，至少值5 000万元。

江少杰偷偷咽下一口唾沫，例行公事般地问：“其他呢？”

刘中浩给他看了一些银行单据，计算结果是现金和有价证券所剩不多，不到1 000万元。

“他是吸毒致死，那玩意很费钱。”刘中浩说，“黄伟的个人账户半年来下落不明的现金达到了百万之巨。要是他还活着，再抽上三两年，我敢打赌除了股权他会所剩无几。”

“老板娘关心的是遗产继承问题。我记得凯叔的遗嘱曾对她很不公平。”江少杰说。

刘中浩龇牙笑道，这次不会出现那样的情形。黄伟无妻无儿，身后又没留下遗嘱，根据继承法，兰妮将作为第一顺序继承人首先继承儿子的半数财产，剩下的一半再一分为二，由兰妮和黄玫均分，也即兰妮将得到黄伟财产总数的75%。但据他估计，最终的结果极有可能是黄伟的财产悉数归到兰妮名下。

江少杰感到很奇怪：“为什么会这样？”

小个子律师讲述了当年他代表律师事务所为黄家未亡人分割黄敬凯遗产时，那个念书念傻了的女大学生曾坚决拒绝接受：“黄玫最终被迫接受的原因在于他的父亲在遗嘱特别条款中有一条死规定：各继承人所持股份5年内不得

转让或出售。这一次黄伟没有设定任何附加条件，如果黄大小姐仍甘作天下第一号傻瓜，兰妮全数继承儿子的财产便是顺理成章的事了。”

江少杰恍然大悟，思绪也随之活跃起来：“老刘，要是过了5年期限黄玫仍不改初衷呢？”

刘中浩说结果会如出一辙，兰妮将拥有除齐贵山所持股份以外的全部股权，成为希格尔的绝对主人。

江少杰听傻了。

“江总，你怎么了？”

中午，江少杰留刘中浩吃饭，盛宴款待。

“刘兄，外界一直在传黄敬凯过世以后另有一份秘密遗嘱，有这回事吗？”

三杯酒下肚，刘中浩嘴上便没把门的了。他说有，黄敬凯死的前一天下午封好亲手交给他的。

“什么内容？”江少杰竭力克制着内心的不安，问得颇为随意，“这又没外人，说出来听听嘛。”

刘中浩嘿嘿笑道他要是知道，就不称其为秘密遗嘱了。但他得意地表示可以猜个八九不离十。

“百分之百是你们老板娘给他戴了绿帽子，黄先生抓住了把柄。”小个子律师幸灾乐祸地笑嘻嘻说，“黄先生除了两处房产没留给她一分钱，在遗嘱特别条款中声称：鉴于我的妻子做了令我蒙受耻辱的事情，她无权继承酒店财产。你想啊，对一个男人来说蒙受耻辱，还有比戴绿帽子更厉害的？我敢肯定，当时在场的人都听明白了，只是没人说破而已。”

江少杰擦拭着头上冒出的虚汗，不甘心地追问：“那么，这些是不是都写在秘密遗嘱里了？”

“不知道，”刘中浩说得起劲，开始顾自喝起来，“谁都不知道，除了死去的黄敬凯。而且，永远不会有人知道真相。”

“为什么？”

刘中浩带着惋惜的表情告诉他那份秘密遗嘱早不存在了，因而彻底尘封了一桩丑闻：“我亲手烧了它，当着各继承人的面，因为老板娘最终向两套值钱的房子妥协了，条件是放弃其他财产要求。”

“不存在了？”

刘中浩郑重其事道：“我可以发誓。”

她骗了我。我上当了。

她骗了我落到今天这步田地……

酒杯从江少杰手上滑落，摔得粉碎。

转眼，黄伟死有两个月了。随着时间的流逝，黄家人似乎自我强迫着淡忘了那一幕痛楚的回忆，跟警方也很快断绝了联系。从海岩那里证实了这些，江少杰跟远在南方的张四毛子取得联络，告诉他一切正恢复着往日的平静，四毛子可以选择恰当的时机回容海了。

他急于让张四毛子回来的另一个原因是洗浴中心开业在即，缺人手，江少杰给张四毛子预留一个副经理的位置。

诸事顺遂，只是兰妮拒而不见他。每天打电话过去，小芹都说主人不肯接听，不止是对江少杰，包括任何人。但其中也有让江少杰放心的消息：小芹说，兰妮每天都把自己囚在房里，喝了睡，睡了喝，除此之外什么都不干。

小个子律师在江少杰的催促下，和黄玫经过必要的接触，在江少杰期望的时间内达成了他期望的协议。

“江总，果然不出我所料，黄玫放弃了。真是不可思议，你简直想象不出她的生活有多简朴。这是她的声明文件副本，江总转交给兰女士备忘就可以了。”

送走刘中浩，江少杰一连几天把自己关在房里研究相关文件，直到洗浴中心开业那一天他才想起忘了写发言稿。江少杰的所有正式讲话，都由他亲自操刀。

兰妮托故不出，江少杰以主人的姿态主持了盛大空前的开业典礼。军乐队，充气彩门，嘉宾如云，热闹程度不亚于欢送韩子成那一次。

张四毛子是赶在开业之前回到容海的，还带回来60个天姿国色的江南小姐，据说个个都是按摩、床上功夫了得的职业高手。

“行啊老四，知道为酒店着想了。”江少杰搂着他说，“这回甩开膀子干吧，这一亩三分地，今后就是咱们打天下的码头。跟定我，保你一世荣华富贵。”

洗浴中心开业一周，每天的营业额都在30万元以上，呈递增趋势，而且带动了酒店包房的出租率，效益是餐饮部和旅店部的总和。这意味着江少杰这一锤子又砸正了。

不久后的一天，江少杰来到黄家别墅，为兰妮送来他早已研究透彻的黄伟

遗产文件和洗浴中心财务报告。得知兰妮在睡觉，他叫小芹不要惊动她。

听到房里有动静，小芹才把文件拿上楼：“兰姨，这是江总送来的。”

“他人呢？”

“在楼下客厅里。”

兰妮描眉画鬓刻意打扮一番下楼，江少杰却不见了。

兰妮穿上衣服直奔酒店。自从儿子死，她还一次没来过。

洗浴中心经理老王和副经理张四毛子接待了他们的代位业主。除了男宾部不方便进去，兰妮走遍了洗浴中心的每一个角落。她不得不承认，这是她有生以来见过的最漂亮的澡堂子。特别是当老王介绍说按目前的经营状况，收回投资最多需要两年时间，兰妮愈发坚信7 300万花得值。

这一切当然要归功于江少杰，那个项目策划人。半小时后，兰妮出现在江少杰办公室门口，倚在门上含情脉脉地望着她的小情人。

江少杰正在伏案疾笔，显得很投入而专注。实际上，兰妮下车时就有人给他通风报信了。

抬起头来，脸上是十足意外的表情，语气也显得生硬：“你来了。怎么没事先打个电话？”

“还在生我气？”

“你是主人，奴才岂敢。”

兰妮关上门，扭动腰肢坐在他腿上：“我道歉，真的，这些天心情实在太糟糕了。”

不等他开口，她的唇堵住了江少杰的嘴。狎戏好一会儿之后，兰妮说她在下边转半天了：“看来咱们这一步又走对了。少杰，你真是个天才。”

“能不能换个方式表扬？”江少杰不为所动的样子，“这种话你说得太多了。”

兰妮带着小小的内疚表示，她不再有兴趣代理总经理了，最合适的人选只有他江少杰：“这个位置非你莫属，洗浴中心总经理也由你兼。不过你先别着急，先代理着，过段时间再把这两个字去掉，免得外面说闲话……行吗？”

“听起来很悦耳，你决定了？”

江少杰语气很淡，看似波澜不惊。

兰妮拿出有关儿子的财产继承法律文件：“你刚才离开我家时我在上面签了字，这标志着我是酒店目前唯一的在位股东，做什么再也不需要和谁商量看

别人的脸色了。”

江少杰盯着她的眼睛：“你是指所有的事情？”

兰妮像是没听懂他的话似的：“一会儿开个会，我要宣布这一决定。你怎么……看上去不是很高兴？”

江少杰慢吞吞地说：“你即使让我做了总裁，不还是个打工的？”

兰妮在他面前踱了一圈又一圈，喃喃道：“少杰，你不觉得，这是我能给你的全部了？”

随即，兰妮在临时召开的酒店高层会议上宣布：江少杰代理酒店总经理兼洗浴中心总经理，挣双薪的同时享有洗浴中心10%干股。

当晚，尘封数月之久的希格尔大酒店总经理办公室被打开了。

在格局上，总经理和副总的办公室完全雷同，分里外套间，足有100平方米。不同的是副总办公室业务色彩浓厚，格调冰冷毫无特点，而总经理办公室则装修华丽，生活设施齐全，里间还单独隔出一间卧室。

但总经理办公室是权力的象征。

置身其间，江少杰感慨万千，第一次来这儿被黄敬凯召见时的忐忑历历在目。不错，这里的第一任主人是黄敬凯，其次是黄伟。自己入主用了多长时间？4年？

江少杰坐在大班椅上，喜悦之情溢于言表。曲三送来了全套钥匙，并按江总的吩咐一一打开大班台抽屉，把里面的杂物清理掉。

当啷一声惊动了江少杰。桌上出现一把钢珠手枪。

他记得，黄伟曾用这把枪指着他。

江少杰拿起来，拉开枪栓，随手一勾扳机，“砰”的一声，把他吓了一跳，枪也掉在桌子上。

他没想到它能打响，而且子弹会穿墙而入。

曲三拿起钢珠手枪，颇为内行地摆弄起来：“这是钢珠手枪，德国货，不过近距离也能置人死地。江总，赏给我吧。”

江少杰不客气地一把夺了回去。

不，虽距主人只有一步之遥，总经理毕竟不是主人。想到这儿，江少杰脸上的肌肉松弛了下来。

刘中浩的话忽然一串串冒了出来：黄伟的20%股份值5 000万；结果会如出一辙，兰妮将拥有除齐贵山之外的全部酒店股份；希格尔的身价目前应在2.5亿元左右……

杏妹的新项目差不多等同于走路捡来的。

这天她出去办事，路过附近的湖滨小学校门。正赶上中午放学，孩子们涌出校门，一部分奔向家长的怀抱，一部分则迅速围拢在校门前卖露天烧烤食品、卖盒饭的小商贩周围。杏妹刚好听见一个家长对孩子说，小贩卖的东西不能吃，不卫生，并匆匆忙忙准备带孩子下饭馆。

杏妹拦住那位家长：“大姐，学校没有食堂吗？”家长苦笑着说家不在附近，她得天天忙三火四从单位赶来照顾孩子吃午饭，总得上饭店。小商小贩倒是提供了方便，可他们的东西没准儿，不敢吃。

杏妹灵机一动，进学校摸进了校长室。巧得很，校长正愁眉苦脸用一盒方便面对付自己。“我是湖滨净菜服务公司的，打扰您了。”杏妹递过名片，“我发现你们学校不少学生吃饭有困难，想征得校方的同意，由我们公司包下学生的中午盒饭。”

校长乐了，连声叫好。据他介绍，该校1 000多师生的午间伙食一直是个大问题，校方无力自行解决，又拿校门口那些无照经营、卫生没有保证的小商小贩没办法，学生吃坏肚子、轻度食物中毒时有发生。

“湖滨净菜公司我听说过，服务到家讲信誉……你们怎么，改行做盒饭了？”

杏妹立刻宣称是她们的新项目，她恳请老师们免费试吃一星期，希望校长带头。

双方一拍即合，口头上达成了协议。

回到公司即两间车库，杏妹立即召开全体员工开会，宣布完自己的新项目后要求每个人谈想法。

李琴说这是个一举两得的点子，连大伙的午饭也解决了，咋算咋合适。

也有人怀疑，如果湖滨小学不订她们的饭，花钱上设备又要招兵买马，不得赔吗？

王凤表示岂能在一棵树上吊死，附近公司、机关、学校多得是，只要把好卫生关，不愁没市场。她还强调了湖滨净菜公司的自身优势——她们的蔬菜进价便宜，成本低，这一点谁都比不了。

七嘴八舌，事儿就定下了。她们的好多生意，就是在连说带笑中闹着玩似的做成的。

杏妹说干就干，打发一路人马去工商局办增项手续，一路跑卫生防疫部门，自己去专业商店看炊具。但没想到，一出门撞上了江少杰。

江少杰背身站在那里，脚下有好几个烟蒂，看样子来半天了。

看她们的经理不说话，员工们都感觉出了异常。

杏妹毕竟不是当年那个一进城不知东南西北的乡下小护士了，她迅速绽出笑来，落落大方地走过去：“哟，是江总来了，欢迎欢迎。姐妹们，这位是希格尔大酒店的江总经理，大家鼓鼓掌，欢迎他光临指导！”

说着，她带头拍起手来。江少杰对此毫无准备，如芒在身，显得进退两难。

杏妹看出了他的窘迫，但还是热情邀请他进入车间参观：“这一间是洗摘流水线，那一间是包装、过秤车间。旁边的两个空闲车库我们正打算租下来，准备生产盒饭……小作坊，跟你日进斗金的大酒店比不了。”

硬着头皮跟在后面走一圈，心不在焉地问过几句经营方面的事，江少杰要杏妹跟他到外面说话。

来到车库外面的空地上，杏妹不肯走了：“在这儿说吧，一会儿我还要出去。”

江少杰看着自己的脚尖嘿笑着：“这么些年，其实我一直关注着你们……看到你能有今天，我真的很高兴。”

“谢了。”杏妹侧过脸去，适才的热情一扫而光：“你屈尊跑来，怕不是光为了说这个吧？”

本来，江少杰是想找个地方，面对面地从头说起。话到嘴边，溜出来的却是：“我想……我快结婚了。”

杏妹眉头一动，只说了句恭喜的话。

“那将是一桩……十分丑陋的婚姻，”江少杰吭吭哧哧说，“当年我们分手，是因为有人欺骗了我……”

杏妹怪异地笑了：“别拿我们这些俗人寻开心了。你比猴儿都精，过着荣华富贵、挥金如土的日子，反倒跑这儿诉苦来了，真是可笑。”

江少杰继续辩解他当时被阴谋锁定，误以为她跟着他会有性命之虞，到今天他才知道纯属子虚乌有。

杏妹的一声高叫打断了他的支支吾吾。

“都过去恁长时间了，说这个有啥用！”她的声音里有颤抖，亦有惆怅和悲愤，“告诉你，我现在和成子过得比谁都好，我一点也不后悔，一点不！”

“杏妹，你别误会，我不是另有所图寻求什么结果，只是想告诉你真实的答案。当初，毕竟是我伤害了你……”

杏妹不想听，凛然要求他走开。看他站着不动，她一跺脚，自己回车间去了。

江少杰原以为说出闷在肚子里的话会好受些，没想到反增烦恼。无奈地准备离开时，司机小李开着农夫车回来了，江少杰不经意地看见，冬冬刚好在车上。看到杏妹的孩子，江少杰心里涌动着一种莫名其妙的暖流，上次见到冬冬时他就有过这种体验。

“冬冬，还认识我吗？”

跳出车子的冬冬歪头想一下：“你是江叔叔，去过我们家。”

“冬冬记性真好。”

小李见他们认识，便嘱咐冬冬一句别乱跑就进车间去了。

“冬冬上幼儿园了吧？叔叔抱抱你可以吗？”

孩子说不行：“我妈说过，你是坏人。我不想让坏人抱。”

江少杰尴尬至极。他蹲下来，耐心地对那孩子说：“叔叔不是坏人，是你妈妈误会叔叔了。”

“什么叫误会？”

“就是错怪、冤枉的意思。冬冬几岁了？”

孩子带着骄傲的口吻说三岁半，在上幼儿园中班，小朋友全都怕他，因为他个子最高，力气最大。

“冬冬长得是不小，周岁还是虚岁？”

当孩子说是周岁时，一丝微淡的光亮在江少杰脑海深处闪了一下：“你是几月份生的？”

“不知道，反正是冬天，所以李大爷才给我起名叫冬冬……”

冬天生的，马上就该4周岁了？

没等江少杰往下问，杏妹突然出现了：“冬冬！你胡说什么，你不是夏天生的吗？”

不由分说，她抱起孩子进了车间，还关上了角门。

江少杰何等聪明，面对杏妹的异常，联想到自己对冬冬那种亲切的似曾相识感，他脑子里那个微淡的光点倏然放大为一个明亮刺眼的巨型问号！

第二天，他立刻打发张四毛子去幼儿园偷拍了许多冬冬的照片。照片洗出来，大多是冬冬的头部特写。江少杰把其中的一张同一张发黄的黑白照片放在一起，要求张四毛子做出甄别。

“这不是一个人吗？”张四毛子端详了半晌说。

江少杰收起照片没再说什么。

他在心里的回答是：回答错误，彩色照是韩子成的儿子，黑白照是4岁时的我。

宝马车一路狂奔，停在一处远离市区的海滩上。紧邻沙石路是一道土坡，坡上百花竞妍，后面有一大片由落叶松组成的森林。坡下陡然出现一片黄色的沙滩，再往前是一望无际的大海。森林、山坡、沙滩、大海，色彩的界限很是分明。虽是晚秋时节，万物在太平洋暖流的滋润下仍显得生机盎然。

下了车，江少杰忙着在沙滩上铺好方格台布，把食篮里的丰盛食品一一摆出来。兰妮却茫然回顾，像是在找寻着什么东西。

“为什么是这儿？为什么？”江少杰听见她一遍一遍喃喃自语道。细问缘故才知道，兰妮还是个高中生时她和同学们郊游第一次来过这儿。就在坡上的那片松树林里——当时只有一人高，班长偷偷摸了她的手。那是她的初恋，美好而虚幻。班长后来到远洋货轮上做了海员，20多年来他们再也没有见面。

“这叫心有灵犀，看来今天我选这儿选对了。”江少杰拉着兰妮的手说，“闭上眼睛，像不像又回到从前？”

兰妮果真闭上眼睛，梦呓般道：“真像是回到了情窦初开时，只不过这一次更真实……”

“那就永远别睁开，沉浸在美妙中吧。”江少杰带着迷人的声调说。

不料这句话触动了兰妮的敏感神经，她突然大睁双眼，难以掩饰地流露出惊惧和疑惑。

“你怎么了？”

“啊，没什么，我恐怕是……有些伤感。”

两人手拉手，去当年的小树林如今的参天大树间转了转，然后回到台布上坐下吃着喝着，享受着阳光、沙滩和海风。

“很有情调是吗？”江少杰说，“我以为在这么浪漫、温馨的气氛中你应该说点儿什么。”

“什么？”

“忘了我们有婚约在身？那是你的梦寐以求。如今任何阻力都不复存在，我也早厌倦了偷偷摸摸。”

兰妮身体抖了一下，好似不胜海风的凉意。“当然，我怎么会忘呢。”她使劲咧开嘴做出笑容，“只是我这两年接连丧夫失子，匆忙重披嫁衣怕不妥。

再说，我的心情也不大对……你能理解吗？”

“我知道你心里的苦楚。除了那个冷若冰霜的女儿，你在世界上没什么亲人了。让我来安慰你破碎的心吧。也许时机不对，但你知道我是真诚的。兰妮，我们结婚吧，我会很好地照顾你，保护你永远不致遭受任何打击和伤害。前面是一片坦途，我们将白头偕老，共度余生。”

“少杰，你让我好感动，可是……”

任凭江少杰磨破了嘴皮，兰妮就是不往婚姻上说。

江少杰的脸渐渐阴沉下来，突然站起来说：“你想把我骗到何等地步！”

兰妮大惊：“你说我骗你，这从何说起呀？”

江少杰便一字一板讲到了那份早就不存在的秘密遗嘱：“蒙蔽了我3年！现在，是不是你玩够了我，又想把我一脚踢开！”

兰妮当即痛哭流涕，一再乞求原谅，当初她是出于太喜欢他、害怕失去他才出此下策，并没有故意坑人的念头在里面；至于婚姻，她现在实在打不起精神考虑。“当然只是现在，也许用不了多久我们可以重新讨论，我发誓。少杰，原谅我这个伤痕累累的女人吧……”

海风不知不觉大了起来，把兰妮的悲声送出很远很远。

经过深思熟虑，江少杰决定从根儿上查起。

他首先来到容海市人民医院，找到4年前为韩子成做手术的主刀大夫。当时，对成子的病情他认真做过猜测，却无从证实——医生和成子本人始终守口如瓶。

坐在老医生对面，江少杰谎称韩子成积劳成疾旧伤复发，正在北京治疗。希格尔大酒店本着负责到底的原则，再次承诺负担全部费用。“只是北京方面要看以前的病历，我来就是专为此事。方便的话麻烦您找一找，我好给他们传真过去。”

老医生哪知其中有诈，双方又见过面，便热情地翻起文件柜，还一边念叨着：“可惜，那么好个小伙子却当不成爸爸了……他结婚了吗？”

顺利骗到韩子成的病历，江少杰以为还不足为凭，于是按计划来到冬冬所在的幼儿园。

幼儿园正是户外活动时间，所有的孩子都在院子里叽叽喳喳小鸟一般嬉闹、做游戏、玩大型玩具。

江少杰躲过幼儿园阿姨的注意，在铁栅栏外找到了冬冬。

冬冬一见着他，蹦蹦跳跳跑过来："江叔叔，又是你呀？"

江少杰问他想不想去动物园，冬冬说想，只是爸爸妈妈老没时间，不带他去。

"叔叔有时间，我带你去好不好？"江少杰拉住冬冬的手，暗自使劲往外拉。

不料冬冬的喜悦只维持了几秒钟，便开始挣出自己的小手："不，我妈说你是坏人，我不跟坏人走。"

江少杰不敢用强，摸遍全身，只在胸前摸到了那枚木制护身符。

"冬冬，这可是你妈妈送给我的。你瞧好不好看？"

"真的吗？快让我玩玩……"

"不，你得出来拿，来呀……"

江少杰晃动着木制小人，一点一点引着冬冬钻出铁栅栏。当孩子完全钻出来，江少杰一把抓住他塞进停在附近的宝马X5，直奔容海医科大学。

等幼儿园阿姨发现，宝马X5跑得只剩下一个车影。

李所长来到值班室，韩子成正在给一个他刚抓到的小偷做笔录。李所长若无其事地让另一名警员接替韩子成，把他拉到派出所外面。

"成子，你能不能向我保证，不管发生了天大的事也不着急莽撞？"

看顶头上司严峻的表情，韩子成知道一定有要紧事："所长，你放心，我保证。"

李所长这才把冬冬失踪的消息告诉他，并亲自驾车和成子赶往幼儿园。

警车一路鸣笛到了幼儿园，杏妹已经在那儿了。办公室挤了很多人，有幼儿园领导，有净菜公司的员工，被围在中央的是那失职的幼儿园阿姨，一直在哭。

还是李所长有经验，他劝走所有的人，只留下韩子成夫妇。经过他的耐心启发、循循善诱，那位年轻的阿姨终于回忆起了拉走冬冬的大轿车："灰色的，挺大的那种，车牌号和人根本没看清……"

听到这儿，韩子成脱口而出："我知道是谁了。"

"死人，你说啊！"杏妹发疯似的摇撼着丈夫的肩膀，"是谁，快说！"

"是他，肯定是他。"猜到劫持者的成子并无喜色，"他刚当上总经理，新换的车子，是灰色宝马……"

没用他说出名字，大家也已经知道答案了，于是纷纷出门上车，风驰电掣

杀向希格尔大酒店。

江少杰新招聘的硕士女秘书温文尔雅地告诉一大群不速之客，总经理不在，去哪儿了不知道。这一下惹急了韩子成，他违背刚向李所长许下的诺言，一脚踹开总经理室内间的橡木门——里面果真无人。

“江少杰手机号码是多少？”

“对不起，我不能说。”女秘书战战兢兢道，“江总指示过，没有他的允许……”

“警察。”李所长板着脸出示了警证，“江少杰涉嫌绑架儿童，你必须无条件配合。”

女秘书屈服了，当面拨打江少杰的手机号，但信号显示机主未开机。

韩子成夫妇、李所长面面相觑，他们都明白发生了什么事：江少杰可能已经知道孩子的身世。

“李所长，我忽然觉得，如果劫走冬冬的是江少杰，反倒不会有事，起码孩子是安全的。”韩子成首先冷静了下来，“他没有理由伤害冬冬，有的只会是一些麻烦……我们等等看吧。”

听他这么一说，屋子里一时静了下来。

没过几分钟，杏妹就坐不住了：“死人，你就在这儿等吧，我去找！”

“这么大城市你到哪儿去找……”

杏妹瞬间像是失去了理智：“那是我儿子，我儿子！”

结果，杏妹和她的员工找了一整天，走遍容海大街小巷一无所获。李所长随后向110报警中心报了警，同样没有下文。

晚上亲朋好友齐聚韩家。杏妹已经哭得上气不接下气，只恨自己千不该万不该，让孩子知道他出生在冬天。江少杰的精明她领教得最深，眼珠一转就能算出来……

“杏妹，你看这么多人在这儿，你就别哭了。所有的漏洞早堵上了，他纵有天大的本事也认不去……”

韩子成知道如此劝慰不会有效，又不能不劝。其实他心里最没底——冬冬和杰哥小时候长得太像了，纸里不可能包住火。他也没想把这事捂一辈子，曾劝过杏妹在孩子长大后让他了解身世，只是没想到江少杰等不及了。

晚上7点钟，李所长再次来到韩家，仍没带来任何消息。

“成子，事发已近10个小时，看来并不像我们想象的那么简单。请求分局协助搜索吧，不能被动等下去了。”李所长说。

韩子成很矛盾。他十分清楚，分局上下干警一听说是家属失踪，大家都能格外卖力，那会给同事们带来很多麻烦，警察的日常工作够辛苦了。另一方面，孩子是他和杏妹之间最重要的一个结，这个结如果消失了，不存在了，两个人的关系、婚姻会走向何处？

李所长知道他为难，顾自开始联络各方。他首先打电话通知本所干警："严密监控希格尔大酒店，一旦发现嫌疑人江少杰，立即刑事拘捕……"

没等说完，李所长立即宣布命令取消，因为他刚刚看见江少杰抱着冬冬走进洒满灯光的韩家小院。

冬冬在他怀里睡着了，脖子上挂着一支玩具冲锋枪。

人们欢呼着涌出屋子。杏妹更是一马当先，尖叫着抢过儿子："妈的心肝，吓死我了……冬冬，你醒醒，你醒醒啊……姓江的，你把我儿子咋的了？啊！"

江少杰淡然道冬冬只是玩得太累睡着了。接着他若无其事地告诉成子，邀他方便的时候到酒店去一趟。

韩子成涨红了脸说和他无话可讲。江少杰浅笑辄止："你知道所为何事，我相信你会来。除非你不想知道我掌握了什么。"

说罢他正要往院外走，被李所长一把抓住手腕。

"哪儿去？你还是先跟我走一趟吧。"

"在这儿我就能说清楚，"江少杰笑道："除了带孩子玩一天，我什么也没干。或许你会说，我江少杰无权这么做。李所长，我想你应该是，也肯定是少数了解真相的人之一，从当年您代表警方在两次手术单上签字时起。手术效果嘛，4年前您就清楚。"

李所长瞠目结舌，不自禁地松开手。

江少杰扬长而去了，剩下的家人和李所长大眼瞪小眼，谁都不知说什么好。局外人更是一头雾水，他们只知道孩子总算平安回来了。

等人们散尽，两口子查遍儿子全身，最后在冬冬耳垂上发现一道浅浅的划痕。

"糟了，他给冬冬取过血样。"成子说，"明天你马上把孩子送到乡下，一天也不能等。我去见江少杰，看他怎么说。"

韩子成和杏妹都想不到，事情比他们预料的要糟得多。

第16章

韩子成在李所长的陪同下，如约来到江少杰的办公室。

“成子，记住一定要搂住火，有理讲理。实在掰不开镊子出来叫我，我就等在外边。”进门之前，李所长再次嘱咐道。

韩子成点点头，做过两次深呼吸镇定地走进希格尔老总办公室里间。上一次他来这儿，是和江少杰一起，为解救受侮辱的杏妹，面对的是少老板黄伟，这一次却是自己当年的好兄弟。韩子成深深体验到了命运的诡谲。

为什么会是这个样子？

江少杰端坐大班台后面，为迎接成子的到来，他是做了精心准备的：成子的病历；前天他带着冬冬去容海医科大学附属医院DNA技术分析室做的亲子鉴定报告。后一份材料证明冬冬的DNA和他的完全吻合，冬冬有99%的可能是他的亲生骨肉。

两个人对视着，一个正襟危坐，一个故作镇定，至少是在秘书小姐为他们端上茶盏之间谁都没眨一下眼。

那是游戏规则，属于他们两个人的秘密。

“成子，今天请你来，要说什么咱们心里都有数。”江少杰先开口了，“打开天窗说亮话恐怕会伤了和气，谁让咱们是兄弟？我可不想顾此失彼，尽管结果肯定对一方不利。所以，我想给原本严肃的话题增加一点趣味性，变变方式，权当做几道逻辑练习题，答对为赢。我设定的逻辑方式是假言判断。同意吗？”

韩子成哼了一声，心说你太啰唆了。

江少杰的第一个假设是如果4年前杏妹没有听他的忠告去做引产，如果足月生产前杏妹未出任何可以造成流产的意外，那么这个孩子一定活在世上对吗？他要求成子做出明确回答。

一张诊断书首先作为成子的答案摆在大班台上。上面的日期显示在4年前，杏妹做过人工流产。

江少杰瞄了一眼，表示回答勉强及格：“尽管你无论如何也解释不清，你

们两口子为何会把一张普普通通的人工流产诊断完好地保存这么久？”

接着，他列出了第二题：如果成子4年前负伤留下了难以治愈的严重后遗症，确切地说是失去了生育能力，那么冬冬的生父会是谁？

“对不起，我无意触及你的自尊。倘若事实如此，纯属巧合而已。”江少杰补充说。

又一张医院诊断和冬冬的出生证明、户口簿摆在江少杰面前。“医院证明我只是因伤生育能力低下，但功能并没有完全丧失。冬冬的有关出生材料全在这儿，他是3年半以前的5月份出生，跟你虚构的那个孩子根本不搭边儿。”韩子成说，“这就是说，冬冬是我和杏妹的骨血，跟别人没任何关系！”

江少杰不紧不慢道你是个警察，在不违反原则的前提下搞点出生证、户口簿上的小把戏易如反掌。“病历嘛，我这儿也有一份，是两次为你主刀的那位老医生亲手交给我的。他证明你几乎不存在生育能力了。看来我们俩有人出千，你露马脚了，兄弟。”

韩子成愣愣地看着他推过来的病历复印件，几乎没有勇气把它翻开。但他很快从随身皮包里拿出另一份材料：“几乎不等于没有。你看好了，这是冬冬出生时我带他去做的亲子鉴定，它可以最终证实我和孩子的血缘关系。”

“还有别的吗？都拿出来吧。”江少杰面带不屑的表情说，“韩子成啊韩子成，你什么时候能变得聪明些呢？平白无故做哪门子亲子鉴定？这下你画蛇添足了。”

“当时怕抱错孩子，这种事情不是没有过。”

江少杰带着嘲笑的口吻说，3年前你的工资每月只有800元，而做一次亲子鉴定的费用在3 000元以上。舍得半年的工资开销如此昂贵的一笔无聊费用，绝不是你韩子成的一贯风格。“好了，就算你真舍得花了那笔钱，为了更精确些，我能否邀请你们父子再做一次Y染色体DNA分析呢？这次我出钱。”

韩子成到底被激怒了，拍案而起：“无理取闹，你没这个权利！江少杰，我警告你，当年你以被人欺骗的借口甩了杏妹我管不着，可你现在三番五次骚扰我们，还企图拿我儿子做文章，就别怪我不客气了！”

喊声惊动了一直等在外面的李所长，他出现在门口。

江少杰做出一个请他回避的手势。

“你跑题了，弄不好会满盘皆输。”待门重新关上，江少杰说。

韩子成拿出上擂台的架势，让江少杰有什么招法只管使出来。

江少杰沉默良久，动作迟缓地推过一份文件，嗓音暗哑道：“如果这份

傍

DNA亲子鉴定是真的，你怎么想？”

韩子成在一瞥当中，看见鉴定报告封皮上被鉴定人一栏里写着江少杰3个字。他头上开始冒汗了，眼睑下垂，顿时失去了与之对视的勇气。然而当韩子成鬼使神差把手伸向那份报告时，他无意间发现江少杰似乎更紧张，不那么神气活现了。

“不，这不是真的……”江少杰两眼失神，像是魇住了在说梦话，并惊恐地抢在韩子成之前抓回报告。

“当然不是真的。”韩子成一边纳闷一边镇定下来，“真的是我这份。”

江少杰抓起自己的头发，喃喃自语着：“为什么会是这样？为什么……我不希望啊，我只是控制不住想证实它的欲望！”

韩子成从桌子上探过身体：“你伤害着别人，也在伤害着自己。”

“不对！”江少杰突然从椅子上弹起来，大吼大叫着，“你知道我这心里是什么滋味吗？我的儿子，遭受着和我一样的命运，从出生就不知道亲爹是谁，你看到了吗？她骗了我，人人都在骗我！”

韩子成说没人骗你，而是你不愿意，也承担不起责任。

“说吧，你要多少？我可以出50万买回我的儿子，甚至更多，为了儿子我会不惜一切代价！开价啊……”

一记耳光重重扇在江少杰脸上。

“你，你敢打我？”

“坐下！”

江少杰不坐，结果给泼了一脸茶水。

韩子成冷笑着：“你的假设完了，我的还没说呢。”

“你已经输了！我才是赢家……”江少杰声嘶力竭地喊道。

“那你为什么不笑呢？笑一个我看看，笑啊！”韩子成走过去，有力的双手把江少杰躁动的身体强摁在椅子上，“听着，假如杏妹生下了那个孩子，姑且它还活着，你能改变他们母子被无情抛弃的事实吗？”

江少杰挣扎着，无论如何他不能容忍儿子远离生父没有亲情，没有父亲的苦楚他尝够了。

“胡扯，你这么说话等于丧良心。”韩子成嗓门高起来，“不错，你生而无父，江叔过早去世，江婶辛辛苦苦把你养大成人，你蒙受的亲情少吗？一点不少！可遗弃你的生父给了你什么？直到今天不还摸不着他的影儿！当初江婶留下遗书，我们也曾帮你找过他，你希望得到的并不是他的亲情，因为你缺

的不是这个……假定冬冬是你的骨肉，你想过他的需要和愿望吗？我可以告诉你，他一生的成长会有很多需要，唯独不需要你这个所谓的父亲！”

韩子成承认他和杏妹的经济状况远不如江少杰，大概一生只能过普通人的日子。但他们能保证让孩子过上温饱生活，靠问心无愧的血汗钱，更重要的是他们能身体力行地塑造孩子健康、乐观的生活态度，为人正直，永远不搞歪门邪道。“而你，除了大把大把的钞票能给他什么，你想把他塑造成什么人？”

面对这一连串的诘问，江少杰心里发慌。在培养孩子的问题上，他不得不承认自己几乎想都没想过。但嘴上不能服输：“少给我上政治课。讲人生看社会你差远了。是我的孩子就应该不同凡响，他得过上高贵的生活……”

“像你一样不同凡响？”韩子成嘴角上衔着讥诮，“你现在是什么人，在干着何等高贵的勾当，想必你自己最清楚。是不是让你想象中的儿子走同样的路？”

韩子成要求他用良心回答。江少杰答不出。得理不饶人的韩子成继续着自己的假设：如果那孩子是江少杰的孽种，即便他使出种种手段抢去孩子，他是否忍心眼看他们母子生离死别，冬冬从此失去母爱生活在狼一样的生父身边？他是否喂养得起足够的亲情，代替得了神圣的母爱？你江少杰拥有一个真正父亲起码的责任感吗？

一发发轰然炸响的炮弹，打得江少杰双手掩面，一言不发。

“我有。”韩子成说，“即使对簿公堂也敢叫这号。拍拍胸脯子，你叫出来试试！”

江少杰知道，自己拍不响，也叫不出来。

“收起你变态的虚荣心吧，冬冬是我儿子。我的！”

和李所长离开酒店，李所长问其结果，得到的回答是赢了。这是一次前所未有的胜利，以往，韩子成和江少杰在辩论问题上从未占过上风。

然而韩子成非常清楚，事情可能不会就此了结，江少杰什么都掌握。

韩子成走后，江少杰把自己关在办公室里闷了一天。下班的时候，秘书进来为他清理内务，发现巨大的人造水晶烟灰缸里有许多纸灰。

当然，她猜不出总经理烧掉了什么。让她纳闷的是台案上多出了一样东西：一只精致的红木镜框，里面镶嵌着一个小男孩的彩色照片。

张四毛子亲自驾车，拉着江少杰转遍大半个容海。在区区百万人口的市区，除去居民区内的大众化浴池，几个月内跟在希格尔酒店后面已经冒出了近

60家高档洗浴中心、浴都。仿效者之多，速度之快，令江少杰瞠目。希格尔洗浴中心开先河的优势就这么顷刻瓦解了，门票从168元一降再降一直掉到20元，也只能维持个半饱。最初设想的两年收回投资眼看泡汤了，至少要延长两年。

望着车窗外一家又一家新开业的洗浴城，江少杰气得直骂。

张四毛子介绍，据他了解，还有二十几家忙着改建上洗浴、按摩项目，加上已经营业的60家，其中有三分之一规模、设施会超过希格尔。

顺嘴问他有什么好点子，张四毛子笑道："捞偏门最肥，不外黄赌毒。这黄的早已遍地开花，不足为奇。贩毒是死罪，容海也没多大市场。剩下一个赌字，咱们敢出这个头吗？"

江少杰陷入了沉思。这时兰妮来电话了，让他晚上去家里。

江少杰用她给的钥匙开的门。

兰妮穿了件薄纱连衣裙在等他，那件能隐约窥见内衣的衣服极具诱惑性。

"把门扣上，小芹回家了，今天就咱们俩。"

"看我带来了什么？"江少杰拿出的是一瓶洋酒。

兰妮却说最近不怎么喝了。两个人手拉手坐在沙发上，既无激情也不冷淡。很长时间了，江少杰感觉不到她手心的湿润。

"你决定了？"

江少杰扳过她的身子，耐心等待着。这一刻他从未期待过，但现在必须期待。

"但不是你和我。"兰妮盯着他的眼睛说，"我想结束我们的关系，让你做我的女婿。你见过小玫，从世俗角度看，你们两个都很优秀，般配极了。"

江少杰打了个冷战，因为他在兰妮脸上看到了叠印上面的黄玫冷冰冰的面孔。这是真的吗？他迅速思索着。不，不可能，讲不出理由她会这么做……

兰妮还在喋喋不休大肆赞扬女儿的容貌，有学识有地位又有钱，江少杰突然手上用力把她掐疼了。

连他自己都能感觉到，手指甲抠进了她的肉里。

"我不稀罕！"他咆哮起来，使劲摇动着兰妮的身体，"你玩够了我，又想要我，我真是瞎了眼睛白白付出真情！4年了，我拿生命做赌注全身心投入，换来的就是这个吗？无耻的荡妇！"

骂够了，他决然放开她，疾步走向大门。

"少杰！"

江少杰手抓门柄上站住了，浑身还在发抖。兰妮扑过去，双手环住他的腰，脸贴在他的脊背上，喃喃着：“冤家。你不知道我有多喜欢你。没有你，我该怎么活呀！”

江少杰暗暗地长出一口气，好险！掩饰着内心的庆幸，他捧起兰妮的脸。这是一张动过美容手术，每天都要花费几个小时修饰的漂亮脸蛋，不知底细的人会以为它属于一个35岁的少妇，看上去和自己反差不是很大。不坏，更重要的是这张脸背后是亿万万的财富……江少杰小心吻着手上的脸，直至吻得兰妮骨酥体软。

“是时候了。”江少杰说，以他一贯的富有磁性的嗓音告诉她，他正需要一种稳定的刻骨铭心的感受，靠有形的东西来结构，“合法结合以外的一切都不重要了。这么多年来，我一直是个漂泊者，整个灵魂都在流浪，让它进入最后的港湾吧。”

他含情脉脉的眼睛在一点点融化着兰妮。

“你不后悔吗？”

江少杰立刻说出了以他母亲的名义他不后悔。而母亲在江少杰心目中的位置，兰妮一清二楚。

“其实现在这样也不坏吧。”兰妮仍在犹豫着，“有一天某一方厌倦了——这种情况应该出现在你身上——拍拍屁股就可以走人，不致造成责任、义务上的负担。这难道不是你一向的想法吗？”

江少杰说他的感情已经生根发芽了。通常可能哪一桩婚姻都未必能安全到地老天荒，他只在乎今天，在乎今天的彼此。

兰妮的身体开始发烫了。她克制着欲望的冲动话锋一转，回到他的原则问题上，这牵涉到江少杰不同凡响的自尊心。在她看来，到目前为止他的经济状况并没有质量上的改观——他终究是个打工仔，最多可以冠上“金领”二字。

“如果你肯在婚约中永远不提财产要求，我明天就向全世界宣布做你的新娘。”

江少杰不以为然，声称人们仍会坚信他是为钱娶了黄敬凯的遗孀。

“那么，剩下的办法只有一个了。”兰妮说，“唯有接受我的馈赠，私下里把你打扮成一个够尺寸的富豪，让人看上去还算门当户对。”

“我早说过，那样我会受不了。”江少杰烦躁地说。

兰妮无奈地表示那就没辙了，只好维持现状：“看来老妻少夫跨越阶级的体面婚姻不止在外人眼里，在我们之间都难以成立。”

江少杰愁眉苦脸翻了半天白眼，忽然嘟囔到也许有一个变通的办法，她可以考虑把所持的20%股权卖给他，这样婚姻的双方就变成了年轻的酒店股东对希格尔的代位业主，怎么说都过得去。

连声称奇之余，兰妮又提出了新问题：钱够吗？

“差多了。我只能先给你500万，剩下的分4年付清。”江少杰说，“你想象得出，倘若这几年做点手脚，我口袋里就不会只有靠工资、花红攒下的区区几百万块钱。忠心耿耿这一点我敢自夸。”

“这么简单吗？”

江少杰悉心解释，操作上并不复杂。他们可以签一个君子协议，他在名义上拥有20%希格尔股权并承诺如期付清余款，否则兰妮有权在4年后无条件收回；此后希格尔每上新项目，他都将占10%的干股，风险共担，共荣同衰，他的利益和命运从此将更加紧密地同酒店，确切地说是同她联系在一起，这等于为婚姻打下牢固的物质基础。交易将由专业律师主持，还要公证。

“不过，当着律师的面，我只能给你一张空头支票，私下里我付500万元现金，余款打欠条。面子问题解决了，彼此心安，你还愁什么呢？”

兰妮听得头痛欲裂，她的智商从没允许她接纳过如此复杂的程序。江少杰看出她犯糊涂了，说他先拟一个文本，让她过目一遍再走法律程序。

“大约需要多少钱？”

“你不是有黄敬凯的遗嘱副本吗？”江少杰说，“上面有当时对希格尔总值的评估，是1.5亿万，20%在3 000万元左右。就定这个数吧，算你给我个优惠价。”

这一天，江少杰破天荒没有留下来过夜，温存一番便离开了黄家。

望着满天星斗，他感觉到自己即将拥有整个世界了。

经过一夜苦思冥想，江少杰草拟了一份合同文本，在第一时间呈现到兰妮眼前。

这一次兰妮终于弄懂了。

“现在就签字吗？”

江少杰说按程序还得过律师那一关。他已经约了刘中浩。

兰妮还给他合同草案时，没来由地突然冒出了一句：“鬼东西，可不许骗我呀。”

江少杰当场就要撕毁合同。兰妮知道自己惹了祸，使出浑身解数才使他消了气。

小个子律师不愧是行家里手，一眼看出了文本的症结所在。但他还是打哈哈夸赞了一番江少杰法律文件写得精确、规范，委托人要都有这两把刷子，容海得有半数执业律师饿死。

“说说但是吧，”江少杰说，“看得出你有疑问，你有责任帮我搞得尽善尽美。”

刘中浩见他不客气地将了军，只好硬着头皮直接点题。按他的说法，有两个细节需要讨论。第一个问题牵涉到交易以外的因素：黄敬凯4年前在遗嘱中有过明确规定，酒店股份5年内各继承人不得转让、出售，如有必要5年后家族成员和股东拥有优先购买权。各继承人接受了遗产，就必须履行义务。时间不允许，江少杰的购买身份也得不到确认，他既非家族成员又不是股东。江少杰对此的解释是根据黄敬凯的遗嘱，兰妮是被排除在受益者之外的，受到了不公正待遇，所以不应受此约束；兰妮准备转让的20%希格尔股份是她从儿子那里继承来的，已经发生过一次股权转换，因而同样不受遗嘱的制约。

“这未免太牵强了，”刘中浩尴尬地说，“其他股东和家族成员若是发难，我的饭碗就砸了。作为律师，我有责任维护委托人的意愿，请江总理解。”

“违法吗？”

小个子律师的回答是不违法，但牵扯到其他股东利益，必须全体同意这桩交易，即使兰妮代表女儿行使一票否决权也起不了作用。

江少杰马上意识到可能会卡在齐贵山那里，他是唯一的潜在反对者。

“是的，必须有齐贵山的签名同意。”刘中浩说，“这样尽管很勉强，起码没有后患。”

他的第二个问题是价格。希格尔目前的身价至少值2.5亿元，20%即5 000万元。江少杰只出价3 000万元，意味着这不是一个公平交易。“对不起，我首先是黄氏家族的委托律师，这一点必须弄清楚。”

江少杰狡黠地解释道这是他和兰妮另一桩交易的一部分，她知道20%的价值，系自愿接受这个价格。

“我会向你证明这一点的。”江少杰说。

刘中浩一肚子困惑地表示除此两点，再无其他。江少杰则和他打赌：不出3天便会搞掂。

第二天下午，宝马X5出现在容海第一监狱。江少杰等在外面，兰妮一个

人进去的。

两个小时后，兰妮喜气洋洋走出重兵把守的监狱铁门。她拿到了齐贵山的签名。

“少杰，他同意了！”

回程车上，兰妮告诉江少杰，那个老流氓翻来覆去问她准备把股份卖给谁，为什么要卖。她的回答是实在活不下去了，生活所迫，不变现就得卖屁股去了，还虚构了买主的姓名。

“最后你怎么说动他的？”

“按你说的，我告诉齐贵山，你有权否决，条件是必须按同样的价格买下20%。他已经是纸老虎了，根本拿不出那么多钱……”

宝马X5回城后直接来到容海师大。这一次更快，黄玫在弄清母亲的来意后，想都没想就签下自己的名字。

一切都在按江少杰的预料运行着，结果丝毫不出所料。

签约地点选在黄家别墅大客厅，这同样是江少杰处心积虑的安排。

兰妮首先在一式三份的股权转让文件上签字。轮到江少杰，他刻意当着刘中浩的面一手落笔，一手看似随意地放在兰妮的大腿上。

小个子律师看傻眼了。

“刘大律师，该你了。”

被江少杰一连叫过好几声刘中浩才回过神来。然而在落笔的一刹那，他又想起了另一个问题。

“兰女士，请原谅我的啰唆，我不清楚江总是否向您阐述过，您所转让的20%希格尔股份，市值应在……”

“老刘，”江少杰突然打断他，同时抓住兰妮的手，“你还不知道吧？我和兰妮要结婚了。”

刘中浩几乎跌落眼镜：“你们……结婚？我……我没听错吧？”

江少杰转向兰妮：“你来告诉他吧。”

被巨大幸福感包裹得透不过气的兰妮脸上红霞飞腾，痴痴笑了半天也说不出话，最后只是羞赧地点了点头。

“是真的，”江少杰的目光又回到不知所措的律师身上，“到时候，我还想请刘大律师做伴郎呢，那将是一个你从没见过的盛大婚礼！瞧，这样一来本交易便完全属于家庭私事，不过是走走形式。老刘，别愣着了，履行你的职责

吧。”

刘中浩在一种活见鬼的心境中慌慌张张签了字，把适才的问题忘到九霄云外了。

“你大概需要这个存档备案吧？”刘中浩走到门口时，江少杰递过被他遗落的支票复印件。

“是的，是的。”律师抹着头上的汗水，“哦，恭喜你们。”

江少杰的最后忠告是要求刘中浩暂时为他们保密。

送走律师，江少杰和兰妮约定翌日去登记，婚礼稍后再定。

兰妮觉得自己是世界上最幸福的人了，这一感觉至少持续到了老友王凤英的出现。她是实在按捺不住内心的巨大喜悦，违背对江少杰许下的保密诺言，给王凤英打的电话。

王凤英从麻将桌上被兰妮叫到美容院，因而显得有点不高兴。

“瞧你，什么大不了的事忙三火四把我找来？”

兰妮喜不自禁把即将登记结婚的事小声讲给了她。

王凤英大吃一惊。兰妮和江少杰之间的事，她一半靠听，一半靠猜，早知道他们是那种关系。在她看来，这种关系的存在无可厚非，她本身就是身体力行者。只是她没想到，兰妮会走得这么远。

“老天，你吃错药了？他就是蹿上天，还不是靠你爬上去的？你怎么可以下嫁一个小自己20岁的打工仔？”

兰妮的解释是江少杰虽然出身寒微，却极富才干，黄家的产业全赖他支撑。而且今非昔比，江少杰已经跻身老板行列。更重要的是，结婚符合她的根本愿望。

“你是走火入魔了。兰妮，听我说，这种人玩玩可以，当情人养起来也不算过分，谈婚论嫁就怕是掉进窟窿了——千万别信什么甜言蜜语的爱情，眼见这小子奔你家底儿来的，打死我都敢这么说……”

兰妮说王凤英在想当然，一直是她在追求江少杰并要求成婚。“现在我们谁都离不开谁了，结婚是必然结果。”

王凤英本着为姐妹负责的态度依然苦口婆心，从年龄差距谈到经济差距，从头脑发热讲到离婚后果。看她说得如此卖力，兰妮反而在心里嘀咕起来：你是不是在嫉妒呀？

“兰妮，索性我都告诉你吧，咱们圈子里的人自从摸着你和小白脸的影子，私下里都说老黄和小伟的死跟他有关，甚至有人瞎猜就是你们两个合伙下

的手。你自己为什么不想一想，你接连丧夫失子，再让这个浑身都是魅力的家伙登堂入室，最终会是什么结果？”

“这……真有人这么认为？”

“咱们多少年交情了，我还能骗你不成？兰妮，旁观者清，我怕你吃大亏啊。”

兰妮自是不信：“让他们说去吧，我就知道准有人嫉妒得眼蓝。”

王凤英失望已极，分手时劝她：信不着别人，总不该怀疑自己的女儿吧？她要兰妮最好就婚事跟黄玫商量商量。

心下不悦回到家里，一个等待她多时的人终使兰妮相信，王凤英的忠告可能是对的。

律师事务所主任一直在等刘中浩。这位法官出身的资深律师深知，这一行是吃开口饭的，做的无本生意，因而执业者的诚信、稳健可靠便显得极为重要。按照习惯，对下属承接的每一笔委托他都要过目。

刘中浩受托办理希格尔酒店部分股权转让，事先跟主任打过招呼。大概是牵涉数额巨大，主任尤为关注。

结果，其中的破绽给资深律师一把捞了出来。

“如果委托人不了解这一点，这就是不折不扣的欺诈交易。”主任用责怪的语气说，“你为什么不当面向她说清楚？”

小个子律师嗫嚅道当时他似乎感觉到了买主在阻止他那么做，怪只怪他给两人准备结婚的消息闹糊涂了。

主任说这桩婚姻固然可疑，那不关我们的事，但牵涉到交易律师事务所却脱不开干系。“现在补救还来得及，否则你将背上渎职的罪名。”

于是，惊慌失措的刘中浩开始给兰妮打电话，佣人小芹说主人不在。由于兰妮没带手机，一时联系不上，刘中浩坐不住，干脆跑到黄家别墅去等。兰妮做完美容回家时，他已经在惶恐中度过好几个钟头。

顾不得礼节，刘中浩开门见山讲给兰妮20%希格尔股份的市值能值多少。

“5 000万？你是说20%值5 000万？”兰妮一脸的疑惑显示，事先她并不知情。

“江总在此之前对我只说你能给他优惠价。”

“他早知道这个？”

“非常清楚，商量合同草案时我亲口告诉他的。”刘中浩这时意识到果真出错了，满脸都是汗，“对不起，完全是出于我的疏忽。如果您想抛开个人因素推翻交易，我会立刻做出积极努力。当然，如果您认可，那完全是另外一回事了……”

兰妮呆呆坐在沙发上，两眼空洞久久说不出话。

刘中浩离开时，在他的强烈要求下，兰妮在一份知情声明上签了字。但交易是否推倒重来，兰妮未置可否。

兰妮最担心的事发生了：江少杰果然在骗她，这桩堂而皇之掩盖在高度自尊下的交易便是铁证——轻而易举骗走她2 000万元。

这是个绝顶聪明的人，如果他开口要、甘心被包养，无论如何也得不到这么多。所以他才把自己装扮得极富尊严、很有性格，让她放松警惕毫无防备……天啊，他是不是根本没爱过我，一开始就有目的地利用我？从借钱开始，到大堂经理、总经理，而且胃口越来越大，到现在肯定还不算完……

一转身，兰妮骇然已极：江少杰不知何时站在面前。

“你……你来干什么？”兰妮瞠目结舌，几乎是下意识地问道。

“我们不是说好出去吃晚饭吗？”江少杰诧异道，“出什么事了？你脸色很难看……”

“别碰我！”兰妮突然喊道，“你走，走！”

江少杰脸黑了下来：“兰妮，说好明天我们就要去登记了，莫非时至今日你还在玩弄我的感情？”

“江少杰，你别再表演了，玩弄别人感情的正是你！”她边说边退，转身跑上楼梯，“我刚刚证实，你早知道20%值多少。首付500万，分期付款，拒绝赠予……全是谎言！我总算看清了，你是个骗子，用心险恶贪得无厌的大骗子！”

“一定是有人对你进行了别有用心的蛊惑。时至今日你还不相信我吗？”

兰妮漂亮的面孔因愤怒而扭曲着：“我强迫自己相信的时候够多了，你说的每句话都在撒谎，根本经不起推敲，我……我真是蠢到家了！”

在江少杰赶上来之前，她跑上楼梯冲进卧室锁上房门。

“兰妮，开开门，听我说……这里面一定有什么误会，听我解释……”

“滚！滚！”

江少杰把小芹叫到楼梯口，这才知道刘中浩刚刚来过，她已然知情。

重新回到卧房门前，江少杰耳朵贴在门板上听见，兰妮在打电话。他立刻打手势让小芹监听——在佣人房里，有一部不为外人所知的串联分机，是在郝

嫂被小芹取代后秘密安装的。

稍后，小芹忐忑地告诉他，兰妮是给黄玫打电话，但没找到人。兰妮让黄玫同宿舍的教师转告，她明早8点去师大，和女儿有要事相商。

江少杰一边不懈地叫着门，一边紧张地思索着。

对黄家，他不怕任何人，唯独对那位大小姐惧让三分。不止是出于她眼睛里能把人镇住的冷艳，也在于她的深不可测，江少杰怕的是黄玫被她母亲拉进来——黄玫曾试图在弟弟身上做文章，虽然不了了之，倘若这一次欺诈翻盘，她肯定会重拾旧线头，顺线捋到头，会是什么结果？

黄玫冰美的面孔在江少杰脑海里愈来愈清晰，挥之不去。

届时的损失，恐怕不止是已经到手的2 000万。

江少杰在黄家别墅一直待到半夜，始终弄不开兰妮的房门。

最后他悄悄地走了，带着一个悄悄的决心。

8点钟是学生上课的时间，化学系教学楼门前人流络绎，大家都很匆忙。黄玫本来有课，但母亲打来电话说有要事，她只好请假等在约定的教学楼门前。

黄玫不知道母亲的要事是什么内容，她只希望是签字一类的简单事项，三两分钟即可了结。对母亲、对家庭的心情，黄玫正恢复着一如既往的漠然。

甬路上总算盼来了一辆出租车，下车的果然是母亲。黄玫迎上几步，看见母亲头发散乱，好像脸也没洗，神情也有些慌张，不禁有几分诧异：妈一向很注重穿着打扮，今天怎么回事？

“小玫！小玫……”

“妈。”

母女的手刚拉在一起，黄玫的余光蓦然看见，拐下甬路的一辆旧切诺基吉普车脱缰烈马一般向她们冲来！她本能地跳向一边，顺势想把母亲拉倒。兰妮却愣着，不知发生了什么事。随着黄玫的惊叫，兰妮被撞飞起来，像一片树叶落在草坪上。而吉普车一秒钟都没停，划个弧线重上甬路高速逃跑了。

吉普车撞上母亲的一瞬间，黄玫似乎看到了开车人的脸———张狰狞的戴着墨镜的面孔。

但这一记忆很快被草坪上血人似的母亲抹掉了。

江少杰在被窝里被老王叫醒。自从登上总经理宝座，他大多数时候就住在

套间办公室里隔出的那间小卧室。通常，9点钟也到了起床时间。

“江总，不好了，老板娘出车祸了。”老王面无血色语无伦次道。

江少杰一轱辘爬起来：“人怎么样？”

回答是生死不明，正在医院抢救。

当江少杰率领希格尔大酒店主要经理人员赶到容海医大附属医院，兰妮还没有出手术室。大家自然而然地围在黄玫周围，却没人敢问究竟，因为黄家大小姐看上去像个傻子。

断断续续，东一丝西一缕，人们开始描绘出了事情发生的轮廓：一大早老板娘去师大见女儿，被一辆看似失控的北京切诺基吉普车撞飞，要不是大小姐闪得快，母女俩将一同罹难。

据说那辆吉普车没牌子。

手术长达6个小时。兰妮被送进特护病房时，大家看见她头上缠满纱布，只有口鼻在外，上面还插了很多管子。据医生介绍，患者内脏系统完好无损，但脑伤极其严重，至于严重到什么程度，只能观察24小时才能做出结论。

对这些笼统的说法江少杰最为不满。让老王等人安顿好黄玫，他直接找到医生办公室。

“惨遭不幸的是我们代理董事长。”江少杰向主刀医生呈上自己名片，“不止是我个人关注，一家大酒店的老板出了这种事会影响到方方面面，请您直言不讳介绍一下病情可以吗？”

医生疲倦地说可以，这没什么可保密的。创伤集中在脑部，枕骨开放性粉碎性骨折，延髓、脑桥、间脑受到压迫，保护脑神经的脑脊液有所溢出。脑髓看上去完好，实际上已成了一锅浆子。

“康复的可能性有多大？”江少杰指着一大堆别在灯箱上的CT片子问。

“微乎其微。”医生说，“到目前为止，还无法对神经受损情况做出判断，从深度昏迷症状来看，最好的结果不外乎植物生存状态，就是俗话说的植物人，前提是迷走神经还管用。植物人通常能活几个月，几年甚至十几年。个别也有康复的，极少。”

江少杰悄悄松了口气。来到兰妮的病房，他从门玻璃上意外地看到两名警察在里面。江少杰没进去，从门缝里偷听着他们的谈话。

“根据现场目击者描述，我们怀疑这不是一起普通的车祸，可能是蓄意谋杀。”

“谋杀？”

“你能提供有价值的线索吗？”

“不，我什么都不知道，平时我很少回家。”

“事发时黄小姐正在现场，你都看到了什么？”

“发生车祸的瞬间，我好像看见了司机的脸……”

江少杰脑袋里轰的一声。

“请详细描述他的面部特征，这很重要。”

沉默良久，“改天行吗？我现在脑子很乱，什么都想不起来……”

目送警察离开，江少杰这才蹩进病房，沉痛地面对着僵尸一般的兰妮。

“令堂对我恩重如山，像凯叔在世时一样关照我。”江少杰叹息着，“没想到出了这种事……黄小姐，要我做什么只管吩咐。”

黄玫只是摇着头，根本没有与他对话的意思。

江少杰枯站一会儿，说些安慰的话便退出了。

一丝微笑刚挂在嘴边上就凝固了——小个子律师刘中浩正迎面走来。

“刘律师，”江少杰只愣了一秒钟，若无其事地迎上去，“我必须提醒你，我和兰妮的婚约一直处于保密状态，除了你还没人知道，因为家庭阻力很大。现在出了意外，她女儿悲痛欲绝，你可不要火上浇油，还是少说为妙。等她康复了，我会亲自向黄小姐解释。”

小个子律师在江少杰高大身躯的比照下被迫点了点头。

第17章

警察每天都到医大附属医院找黄玫。

这一次他们带来十几张模拟画像让她辨认。黄玫非常清楚自己在事发当时看见了吉普车司机狰狞的面孔，可是实在想不起来了。十几张画像，她觉着每张都像，又全都不像。

“请您好好回忆，究竟哪儿不像，我们好进一步修改。”

黄玫无奈地表示实在说不出哪儿不像：“当时只是短暂的一瞬间……也许再见到他我能认出来。”

另一名警察透露了一条消息：在容海北郊的山沟里发现了一辆被盗吉普车，已经烧毁，没留下任何痕迹。警方怀疑正是撞上兰妮的那辆北京切诺基吉普，因而谋杀的可能性似乎在增大。

那辆吉普车的被盗时间刚好是在事发前夜。黄玫凭直觉认定，这不会是巧合。

送警察出门时，黄玫看见一脸铁青的刘国祯教授站在门外。

“果然在这儿。”教授以他特有的大嗓门说，“至少你该和我请假，别忘了你岗位在实验室而不是乔装成护士助人为乐。3天的课都是别人替你上的。”

教授显然是误会了，他所得到的消息是一个中年妇女在化学系教学楼前被车撞了，自己的年轻女助手护送伤者去了医院，从此音信杳无。

黄玫也不争辩，等教授指责够了，才指着病榻上那个无声无息的中年妇女说，那是她的生身母亲。

“你母亲？你……你不是孤儿吗？”

黄玫坐在没有知觉的母亲旁边，低低地向教授讲述了自己的身世、远离家庭的原因和家中一连串的血光之灾。她讲得很平静，没有感情色彩，像是在说一些不相干的人。

“现在轮到母亲了。警察暗示，可能是谋杀。”

教授的第一感觉是刚刚看过一部情节片。“那你是不是也很危险啊？”

“不知道。”黄玫摇着头说，“我只能猜想，这一切可能跟财富有关。这么多年了，心里的结解不开，我讨厌回去，家里的事一无所知……老师，你都看见了，这种情况下我实在无法安心工作，我想请长假，直到母亲康复。怨恨再深，她毕竟是我的生身之母啊。”

教授看见他的女弟子眼睛湿润了。他表示完全理解，工作可以放下，只是担心她的安全。

黄玫苦笑：“不会吧？我始终远离金钱，并不妨碍谁，对我下手没有任何意义。”

教授一直在医院陪到又一拨儿探视者的到来。她们是兰妮的牌搭子徐美云、王凤英、钟娜。章玲有一部戏在外地开工，来不了，让人捎来一叠慰问金。

几个富婆级人物眼泪汪汪欷歔一番之后，其中一个忽然扯动起黄玫的衣襟：“小玫，跟我来。”

两个相跟着来到走廊。黄玫跟她不熟，只知道她叫王凤英。

“王姨……”

“那个江少杰常来吗？”

黄玫说他每天都来坐一下。

“知道他和你妈的事吗？”

忍着呕吐感听王凤英说了一大通，黄玫万分不可思议：这怎么可能呢？一个不到30岁的小伙子，跟年近半百的小老太太。

更让她不可理喻的是这桩天方夜谭发生在母亲身上。

“小玫，我和你妈最要好，出事前一天她亲口说的准备登记结婚。当时我费尽牛劲才劝住……实话跟你说吧，你爸活着时他们就好上了。我早看出来，那家伙是为了钱才搭上你妈的，是你妈一手把他从个小服务生提拉成总经理。外面一直风传你爸和小伟的死与姓江的有关。我琢磨，一定是你妈见势不妙改主意回绝了他，江少杰狗急跳墙下的毒手……天啊，到现在你还蒙在鼓里，赶快报警吧，说不定下一个就轮到你了！”

黄玫还是不敢相信，尽管对方说得有鼻子有眼。

那么，母亲到学校来和自己商量什么要事呢？

通报婚事？黄玫立刻否定了。以母女间的关系和母亲的一贯为人，她没必要征求女儿的意见。

是她发现了什么？

晚上，江少杰准时出现在病房。一连数日，他总是在夜深人静的时刻独自前来，每次都带一束鲜花。

例行的问候之后，江少杰站在兰妮的病床边，默默注视她熟睡一般的面容。许是无所事事，他曾伸手试图去调整输液瓶的输液速度。这本是个有心无意的动作，却引起了黄玫的惊叫："住手！"

护士和江少杰都一头雾水地望着她。

"怎么了？"江少杰问。

黄玫立刻意识到自己的失态，很快镇定下来："我心里烦，请你走吧。"

江少杰刚走出病房，便听到身后房门上锁的声音。

他不禁有些得意：如此胆小，称得上对手吗？

问题是，她被什么吓住了？

酒店的人是忽然发现张四毛子不见了的。起初大家都没太留意，直到每周的管理例会上张四毛子的顶头上司老王把他的失踪作为一个问题提出来。

"四毛子三四天不照面，往他家打电话也没抓着影儿，手机关机。江总知道他去哪了吧？"

江少杰像是刚刚想起来似的告诉与会者，张四毛子被开除了，理由是旅店部一名服务员几次告他图谋不轨想强奸她。该服务员扬言酒店若是再不管她就报警，她家有亲戚在执法部门工作。

"我怕事情闹大，打发他走人了。"江少杰轻描淡写道，"空出的位置要尽快补上，不能影响工作。各位，董事长惨遭不幸实属意外，希望大家坚守岗位，团结合作共渡难关，做好生意才是稳定的最大保障……"

张四毛子是什么货色大家清楚，对他欲行强奸这等丑事没人感到奇怪，赶走了反而心里觉得踏实不少。于是，过了不久，酒店上下便把他忘在脑后了。

李所长为一桩小案子来到湖滨净菜公司。看到她们新买的保温车，李所长赞不绝口。

"呵，更上一层楼了。我说周杏妹同志，以后得叫你大老板了吧？"

杏妹却是一脸愁苦，连说生意难做，现在不少下岗职工都瞄上这一块，市场变小了。目前，容海市已出现5家净菜公司，她的三驾马车也拆帮了——王凤单拉出去另起炉灶，昔日的伙伴成了竞争对手。

李所长闻听大喜："好事好事，这说明你带动一批人创建了新行业，客观

上解决了一些人的再就业，也是对国家对社会有所贡献嘛。”

杏妹说：“您还笑呢，蛋糕就这么大，竞争激烈，谁不想多吃一口？”

“市场经济，在所难免，最终受益的还是消费者。要生存，就要做到人无我有，人有我优，在求新求变上下工夫……哎，你这是干啥？我不过是顺嘴瞎咧咧，你还当真了。”

看见杏妹要把他说的记下来，李所长不敢说了。

说了半天闲话，李所长才想起来意：“曙光路小学那起食物中毒案，你们最后咋调解的？”

杏妹说赔偿了全部医药费，求爷爷告奶奶才取得校方的谅解。事情的起因是一个过去在曙光路小学校门口卖盒饭的妇女认为湖滨净菜公司抢了她的生意，偷着在湖滨净菜公司的盒饭里下了巴豆粉，结果造成数人腹泻，不仅被退单，还上了报纸。杏妹她们依靠自己的力量抓获了栽赃者。

“怎么没来派出所报案？起码拘她15天。”

杏妹反说那人可怜：工厂黄了，男人跑了，自己领孩子过，又没什么手艺。

李琴过来插了一句：“我们周经理呀，还大发慈悲当了一把救世主，把人家招进公司了。看见没有，那个短头发的就是。可能干了，一天到晚跟赎罪似的……”

李所长不由得对杏妹刮目相看了：“你做得对。以你的人格魅力，湖滨净菜公司这面旗倒不了！”

转眼间，兰妮住院治疗已经超过3个月，一直长睡不醒。

医生告诉黄玫，3个月刚好是通常界定植物人的基本期限——有生命节律，是典型的植物生存状态，继续治疗的意义已不复存在。

“一点希望没有了？”黄玫绝望地问道。

“极小，除非奇迹发生。”医生说，“全世界的植物人患者康复率仅千分之几。带你母亲出院吧，据说你们家条件很好，可以多雇几名专业护理人员。照顾得好，存活十年八年没问题。”

黄玫不知道自己是怎样走出医生办公室的。这一结果她想到过，却没想到自己该如何面对。

在护士的帮助下抬着担架上车时，母亲的主治医抱着一摞病历撵了出来。

“黄小姐，请等一下。这是我搜集的一些植物人患者康复的病历，其中有

几例采用的是感情刺激方法获得了成功。你不妨借鉴一下。”

黄玫闻所未闻，要求得到解释。

医生说其实那是一种最笨拙最原始的方法，就是不停地长年对昏睡的患者讲话，由亲人来说。医生还说，这需要巨大的勇气和毅力，非常人所能做到。

我会做到的。黄玫对自己说。

把母亲接回家里，黄玫开始尝试医生教的方法。尽管没有外人在场，她还是觉得难以启齿。以往和母亲为数不多的几次独处，总是母亲问什么她答什么，绝少由她主动开口。

现在她却别无选择。

几经努力给自己打气，黄玫终于开启了不见血色的嘴唇。

“妈，我是小玫，你的亲生女儿。过去，我们交流得太少，那都怪我心胸狭隘，怨气太重。现在爸爸、弟弟都走了，我是你唯一的亲人了。妈，为什么咱们家出了这么多的事？为什么有人对你下毒手？我该怎么办啊……妈，我相信你会醒过来，告诉女儿一切……妈，你要是听得见，就睁开眼看看我，妈……”

黄玫就这么拉着母亲的手不停地说了一夜，也哭了一夜。在记忆中，她第一次跟母亲说了这么多话，也是第一次对母亲流泪。

伯父伯母去世后，她觉得自己成了孤儿。然而她从未像今天这样害怕过孤独——如果母亲不在了，她才是真正到了孤苦无助的地步。

冥冥中她告诫自己，一定要把母亲拉回来，拉回这唯一的至亲。

半梦半醒中，天亮了，敲门声让黄玫恍然记起除了她和母亲之外的世界的存在。她推开门，看见小芹站在门外。

“兰姨的换洗衣服。”小芹声若蚊蚋。

“啊，你放在衣橱里吧。”

小芹却不肯进来，低着头站在门口。黄玫只好从她手上接过衣服：“你怎么不进来？”

“我怕……”

“怕什么？”

小芹不肯说，咬着下嘴唇走了。

在以后的日子里，小芹也从不肯进兰妮的房间，直至离开黄家。

李所长把一份卷宗交给了韩子成。是分局刑警队转来的协查案子，被害对

象是兰妮。分局侦查几个月没有结果，交给辖区派出所通常是查不下去挂起来的信号。之所以让韩子成做协查联系人，不外是希格尔大酒店在他的责任区，人头熟，被害人又是他的老东家。

韩子成翻开卷宗，发现无动机无线索，有的只是一大堆疑点。但他仍很兴奋，从警四五年了，成子还没主办过一件够分量的刑事大案。另一方面，希格尔这几年传说不断，老板家天灾人祸接二连三，说不定可以借这趟浑水摸出一条大鱼呢。

让成子乐于接手的还有一个原因，那就是他的好兄弟江少杰。很长时间了，成子对他越来越陌生，双方距离越来越大。起因当然不在成子这边，他想利用这个机会弄弄清楚。

所以他首先把江少杰作为第一个访问对象。

在总经理室外间，韩子成听见女秘书在给江少杰读简报。

“央行在31个月内连续6次降息，如此密度和力度是建国以来罕见的。居民存款反而从3万亿元增升至5.3万亿元，意味着高层运用降息启动和刺激消费以失败告终，老百姓仍不肯轻易打开腰包。宏观经济学家指出，目前我国最终消费里，居民消费占81%左右……”

凡此种种，韩子成觉得江少杰正在成为一个有深度的生意人。但他实在不感兴趣，又不知道什么时候结束，便贸然推门进去了。

江少杰屏退女秘书，开门见山地说：“我没猜错的话，你是为兰妮车祸一事来的吧？”

韩子成一愣，他是怎么知道的？

“容海这一亩三分地，对我来说不存在秘密。”江少杰颇有几分炫耀地说，“你已经是我接待的第六拨儿警方人士了。很遗憾，我所能提供的帮助极为有限，我宁肯相信那是一个醉鬼干的。作为一个外行，我眼拙看不出任何谋杀的迹象。平时老板娘很少过来，接触的人也不多，能够和她构成利益威胁的几乎没有。这就是我知道的一切。至于从别人那儿，恐怕你不会了解到比这更多的东西。好在这儿的人都熟，你可以随便去问。”

没想到见面就被来个烧鸡大窝脖儿，韩子成悻悻然转身就走。出门后他才想起，恍惚江少杰桌上一个小镜框里镶着冬冬的照片。

接下来韩子成选择了去黄家。这栋价值千万的独立建筑物他是第一次进来，因而产生了强烈的第一印象——窒息。放眼望去，堪称辽阔的大客厅虽然装修样式和风格过时了，大理石地面、楠木护墙板、枝形镀金大吊灯和满堂红木家具都是真材实料，让人很容易联想到豪华或穷奢极欲这类词组。

黄玫接到小芹的通报款款走下楼梯。

“你好，黄小姐。我们见过面。”握手的时候，韩子成觉得握的是一块冰，“我叫韩子成，几年以前是希格尔的员工，那时候你去过酒店。”

黄玫恍然记起：“噢，当年和劫匪搏斗当上警察的保安就是你吧？”

韩子成以笑作答，简洁说明了来意。

“分局转来的材料我都看过了，好像黄小姐对家里的事所知不多。”

“几乎一无所知。”黄玫说，“很多年了，我一直独立生活，经济上、感情上和家里联系很少。今天看来这像是个错误，以致发生了这么多天灾人祸却帮不上忙，我同样需要了解……”

应韩子成要求，黄玫把客人让到楼上母亲的卧室。

床上的兰妮很安详，像是在熟睡。这一觉她已经睡了4个月。

“没有康复迹象吗？”韩子成轻轻问道。

黄玫仿佛没听见，眼睛瞪得老大，答非所问说：“当时车是直接冲过来的，我看见了他的脸……谋杀，我觉得你们的判断是对的！”

韩子成立刻拿出笔记本：“请详细说说，你还想起什么？”

给他这一问，黄玫的思绪忽然卡壳了，一切又消失了，刚才晶亮的目光也随之黯淡。韩子成知道，没有一个人目睹了亲人惨遭横祸还能保持清醒。

送走韩子成，护理员向黄玫要尿不湿。黄玫不知东西在哪，便喊小芹。喊了几声没回音，始知小芹可能去买菜了，黄玫只好到佣人房里去找。

佣人房在底层厨房和卫生间之间，由于没有窗户里面很黑。黄玫打开灯，很快找到了要找的东西。正准备关灯离开时，门口桌上的小笔记本吸引住了她的眼睛。

确切地说，是翻开那一页上有她的名字才引起黄玫的注意。在那一页上，歪歪扭扭的字体记着上午韩子成到来的时间、谈话内容。往前翻，则是黄玫与外界接触的记录，主要是电话内容。再往前，黄玫看到的是母亲的日常活动记载。

起初黄玫只是好奇，一个小保姆在监视主人一家的活动？接着是疑惑，她该不是受人指派吧？

把笔记本从头翻看一遍，有很多是关于电话通话内容的。小芹是怎么听到每一次通话的？带着疑问，黄玫开始翻找，很快在抽屉里找到一部壁挂式简易

电话机。稍作试验便清楚了，这部分机和别墅内的其他几部分机串联在一起。再检查线路，黄玫发现该分机安装得十分隐蔽，在佣人房外面根本发现不了。

黄玫愤怒了。

还没来得及和小芹对证，黄玫被江少杰的电话请到了他办公室。

寒暄过后，江少杰恭恭敬敬把2008年度财务报表呈现在黄玫面前，告诉她审核财务报表是董事长的应尽职责，签了字才能报给工商、税务部门。“说到底，令堂是代位行事，现在长睡不醒，当然要由你这个真正的业主例行公事。”

勉强翻过几页，黄玫一行也没看懂，只得要求江少杰做通俗性介绍。江少杰侃侃而谈，如数家珍一般罗列出一系列数字：2008年希格尔大酒店总营业额1.35亿元，刨出各种费用、开支，纯利润2 600万元，略好于上年，但比预期效益差得多，原因在于企事业单位大幅削减公款吃喝，个人消费急剧萎缩，热钱都堆积在楼市、车市、股市上面等等。

在他滔滔不绝的时候，黄玫发现江少杰的名字赫然列在享有分红权的股东名单上。看到她眼中的疑问，江少杰主动介绍了他从兰妮手中买下20%股份的前后经过，说得十分简洁。

“我早就听人说，你很能干。”

“过奖。”江少杰说，“首先是凯叔一手栽培的结果，他老人家对我来说简直有再生之德。令堂待我更是有过之而无不及。”接着，他话锋一转，开始大吐苦水。先是自称出身寒微，乡村教师，素养不高，管理如此规模一家酒店实在是拿鸭子上架。而后大肆恭维黄玫的清高和学识，恳求她为500多员工负责，亲政酒店，以董事长身份兼任总经理。至于他本人，会鼎力辅佐，退而求其次。

黄玫的回答并不意外：“我要是不愿意呢？”

“那么，请接受我的辞呈。”江少杰吞吞吐吐道，“总经理聘期已到，再做下去，我怕辜负主要股东的期望。我这么做也是为自己的20%负责。”

黄玫浅笑辄止，一针见血指出他在玩以退为进的小把戏：“如果江总经理推荐不出一个让人信服的继任者，为什么我不会像父母亲那样信任你呢？既然你很能干。你非要辞职，也该等我母亲清醒时再说，由她来决定。”

“你相信她会康复？”

“岂止相信。”黄玫一字一板说，“我有足够的耐心。”

说着，她爽快地在财务报表上签下自己的名字。

“拿出来吧，还有你的聘任合同，我不信你没准备好。”

江少杰很狼狈地呈上事先打印好的聘任合同。

这是他们的第一次正面交锋。他对黄玫的评价是这是个很厉害的角色，太过犀利。她对江少杰的印象则是他能把人算计到骨头里，母亲那种智商只配被这种人玩弄于股掌之上。

回到家中，看见佣人房里亮着灯，黄玫外衣都没脱直接闯进去。

正在惶急翻找东西的小芹愣住了，因为大小姐眼中凛人的冷色。

“你在找什么？”

“没，没找什么，我收拾收拾东西……”

“是这个吗？”黄玫举着那个小笔记本，“你在监视我。谁让你干的？”

小芹扑通跪下，小脸登时抽搐得五官移了位。“大姐，我再不也敢了，饶了我吧……家里穷，需要钱，我实在没法子……”

“是谁？”黄玫声音高起来。

“我……实在不敢说啊……”

黄玫拉开抽屉，拿出里面藏着的壁挂式电话：“要我叫警察来吗？”

这一招果然有效，小芹吓哭了，在泪水中交代她本是希格尔新招的一名服务员，郝嫂被辞退的时候江少杰把她派到黄家，并答应给双倍工资，条件是必须如实汇报黄家人的一举一动。起初的监视对象是兰妮和黄伟，现在是黄玫。小芹还交代兰妮出事的前一天江少杰来过，两个人吵翻了；而兰妮要去师大见女儿的电话小芹也偷听到了，是她告诉的江少杰。

果然是他！

第二天一早，黄玫做的第一件事是辞退小芹，告诉她必须马上回家去，否则会有生命危险。把吓破了胆的乡下少女送上火车，黄玫驱车赶往湖滨派出所找韩子成——他们上次见面有过约定，有情况及时沟通。

“小韩同志，我刚刚发现了一些疑点。”

“噢，快坐下说。”

黄玫从手袋里拿出小芹的笔记本：“是关于江少杰。”

韩子成张开嘴巴，久久不能合拢：“他和你母亲的案子有关？”

黄玫立刻从他的表情上看出端倪，问：“你认识江少杰？”

嘿笑中，韩子成老实承认，他熟悉江少杰的一切。他们来自一个村，从小到大始终在一起，一起上学，一起进城打工，曾经是亲密无间的最好朋友，只

差没讲到还共同爱上一个女人。然而没等说完他便后悔了，因为韩子成看见黄玫正把笔记本放回手袋。

“啊，我是随便乱猜，并没有什么真凭实据。”她站起来说。

韩子成慌忙劝她别误会，他和江少杰熟归熟，早在几年前彼此就选择了不同的生活，要她有话只管说。但黄玫已心生芥蒂，客气一番走了。

望着远去的出租车，韩子成又悔又难过。悔自不必说，难过是为江少杰：他干了什么？

大门终于敲响了。黄玫打开门，出现在眼前的是身披雪花的刘国祯教授。

“老师，我以为您不来了呢。”

连黄玫都听出来，自己声音里有一点撒娇的味道。不多，一点点。

“你们家可真阔气，我还从没见过这么气派的私家客厅。”

黄玫立刻纠正，这是她父母的家，不是她的。教授从里怀拿出一个大信封。在电话里，她已经知道那是什么——斯坦福大学的通知书，著名化学家马里奥教授将成为黄玫的导师，该校还提供4年的全额奖学金。

“他们终于接纳我了……”她把信封抱在胸前舍不得打开，仿佛一经开启幸福感便会打折扣似的。对黄玫而言，还有比和教授共同分享这一时刻更让人兴奋的事吗？在年初，她正是听从了教授的教诲，通过托福考试后向斯坦福大学发出的求学申请。

“快开学了，抓紧办签证吧。”教授说，“马里奥实验室是世界上最挑剔的，能够成为他的学生本身就是莫大荣誉。黄玫，你果然没让我失望。”

两名护工蹑手蹑脚下楼破坏了黄玫的所有兴致，把她飘向大洋彼岸的思绪一把拉了回来。

“老师，我恐怕……一时走不开。”黄玫低低地说。

教授说：“你并非医生，待在病人身边也是于事无补啊。”

黄玫黯然摇头。她以为欠家里太多了，这时候离开母亲，她一生都不会安宁。“况且，谋害母亲的凶手还没抓到……”

“那更不是你能做到的事情了，应该交由警方处理。”

“我已经有所发现……”黄玫盯着茶几上的小笔记本喃喃道，“仅仅是怀疑，不足以把他推上审判台。我要亲自调查这件事，直到水落石出。”

“凭你？”

黄玫深深点了点头："我已经认识到，仅靠警方的力量不足以解决问题。我怀疑，父亲的死就意味着谋杀开始发生了。全家死的死，残的残，作为他们的亲人我怎么可以一走了之？老师，我不想做一个无情无义的人。"

刘国祯从她的话里听出了一种决心。以他对这位女弟子的了解，她说得到就能做得到。

黄玫邀请教授上楼，向老师介绍了自己日夜不断的感情刺激疗法。

"有效果吗？"

黄玫望着长眠的母亲，轻轻道："只要有一线希望，我就不会放弃。"

分手时，教授承认多年的相处中，他一直没太留意黄玫的感情世界，以为她是个从内心到外表冷透了的人，今天始知她的感情竟如此细腻、澎湃，"只是，太可惜了，我指的是你的前程。"

"不，我并没想放弃。"黄玫说，"美国的大学给留学生入学的准备时间通常是一年。对我来说，用一年时间解决这里的问题足够了。"

一桶凉水泼到由电炉加热的石头上，桑拿浴房里顿时水汽弥漫，一切都变得朦胧起来。

海岩眼里的江少杰在水汽中更模糊了。凭他的直觉，兰妮母子一死一伤，肯定是江少杰操刀主使。然而根据他在警方内部掌握的情况，这个蹦精蹦灵浑身长满心眼儿的前乡村教师甚至没有被列为侦查对象。

"你这么关心老板娘的案子，怕是心里有鬼吧？"

江少杰懒洋洋反问，如果他是主使，能得到什么？关注不过是尽一个打工仔的本分。海岩见问不出破绽，告诉他交派出所协查通常是上头办不下去的信号，最终大都不了了之挂起来。

"海所，你都看见了，酒店半死不活，连给你的提成都捉襟见肘。长此以往，大家只能喝西北风了。"

海岩耐心等待着下文。自从每月从江少杰那里笑纳上万元"信息费"，他的这份耐心便在不知不觉中养成了。

"我想亲自去一趟澳门。有空的话一起去吧，费用我包了。是去找我们合作的新项目，眼前这些都过时了。"

海岩一激灵坐了起来："设赌开局我可管不了你！"

江少杰哼着，黄的都玩过，赌有何不能碰？他自称暗地搞过调查，现在的有钱人都得意这一口儿，某省沿海几个城市的地下赌场早就热火朝天了。

“少扯，你这是往窟窿门里推我。”

“还是绑一块儿发财，别这个那个的。想翻脸，等大家都成了富豪再说吧。”江少杰顾自说道。他知道对海岩不需要说服最终也会顺从的，因为海岩的把柄在他手上，无需担心。

安顿好酒店那一摊子，江少杰捧着一束鲜花去黄家别墅拜访。自从兰妮出院，他只来过一两次。

“找谁？”

江少杰抬眼望去，只见一个高出自己半头，足有一米九的女金刚一堵墙似的推了过来。

“你是谁？”

“是问你找谁！”墙继续推进，夹带瓮声瓮气的低音一直把江少杰逼下台阶。

黄玫适时出现了。她向江少杰介绍女金刚是刚刚聘请的司机兼保镖，一名退役不久的省女子柔道冠军，无差别级那种。

“保镖？”江少杰觑着寸步不离黄玫左右的女保镖，“黄小姐觉得不安全？”

黄玫一脸严肃地反诘：在不到4年时间里家人都出了事，难道她没有足够的资格胆小吗？

“现在是法制社会，大可不必剑拔弩张吧？”江少杰打着哈哈，一边偷偷四处张望寻找小芹的所在。他已经很长时间没接到她电话了。

“江总在找什么？”黄玫盯着他问。

“啊……不，我来是看看你母亲，顺便向黄小姐辞行，去南方考察一下那里的餐饮业动态，取取经。”

“江总的事业心真叫人感动，酒店有你这样的人支撑我就放心了。”

江少杰说，他不在期间由老王代理总经理，黄玫有事可以找他。最后他要求上楼去看看兰妮。

黄玫拒绝了：“我母亲正在接受一种新的疗法，医生不允许外人到场。江总那么关心家母，过几个月吧，估计那时她已经睁开眼了。”

江少杰听得心惊肉跳，逃也似的离开黄家。

女保镖的出现让他确信，小芹已经被赶走了。这一来，他等于失去了一双眼睛。

兰妮真能康复吗？江少杰反复分析，认为一个植物人即使苏醒了，也不可能恢复常人心智。

回到酒店，江少杰私下召见曲三，要他在老王代理总经理期间密切注视此人的一举一动和黄家别墅的动静。

“再下点工夫打听打听她们家那个小保姆哪去了。别太张扬。”江少杰最后说。

第二天，江少杰在飞机上见到海岩时，不由得笑了。他没猜错，海岩会顺从的。

王凤英又一次来黄家探望。

“小玫，只怕夜长梦多，那家伙狗急跳墙对你也下手啊。”

黄玫说案情虽然重大，报警总得有真凭实据。

“你妈亲口跟我说的，还能有假不成？”

“那并不能证明江少杰是幕后主使。”黄玫说，“如果从我父亲的死开始发生的这些横祸不是孤立的，他一定做得很周密……问题是从哪里着手。”

王凤英忽然提到，兰妮出事前她刚刚把江少杰变成酒店股东，“这也是你妈亲口讲的。这里面有没有猫腻呢？”

黄玫眼前一亮，立刻往律师事务所打电话联系上刘中浩。

小个子律师忐忑不安地向黄家大小姐叙述了那单交易的全过程。

“结果我的担心被证实了：你母亲并不清楚20%股份实际价值是多少。换句话说，江总欺骗了她。”

“那是什么时候？”

“你母亲发生车祸的头一天。”刘中浩说，“正是由于那场车祸，我才记得特别清楚。”

黄玫将律师带来的合同副本仔细读一遍，向刘中浩提出一连串的问题：假如她母亲因车祸死了，假如她无法提出质疑，结果会怎样？都谁拥有这份合同？谁在管理江少杰的私人账户？

刘中浩对第一个问题的回答是股份转让将是合法有效的，任何人都无权干预交易。

第二个问题的答案是合同一式三份，交易双方和律师事务所各执一份。

第三个问题没有答案。但因此衍生的问题他们想到了：江少杰一个打工仔，哪来那么多钱做这么大一笔交易？黄玫要求刘中浩帮助她查清江少杰的经济来源。或许是出于对那桩错误交易的愧疚，小个子律师爽快地答应了。

不到两天，刘中浩兴冲冲带来了好消息。他在一个银行工作的朋友帮助下，查清了江少杰当他面付给兰妮的那张支票。江少杰的银行账户上显示，支票开具当日上面只有很小一笔钱，3 000万元根本不存在，而且兰妮的账户上也从没划进过相同的数目。

“这里面大有文章，看来江少杰不止在价格上耍了手腕。”刘中浩继续道，“要么你母亲不知道这是一张空头支票，这种可能性很小，因为早晚会露馅；要么他们在付款方式上另有协议。我怀疑，骗中还有骗局。”

黄玫消化了半天才弄清来龙去脉，这类东西虽不及化学公式复杂，毕竟她从没接触过。“现在怎么办？”

刘中浩建议她找到兰妮那份合同和相关文件。

翻遍书房和家中的所有桌子均无结果，最后大家的目光锁定在兰妮卧室的一只保险柜上。钥匙没费多少周折找到了，可是打不开，没有密码。知道密码的人躺在床上。

黄玫下令：找锁匠来。

锁匠也没辙，最后是电焊工用焊枪切开了保险柜。

那份合同果然在里面，同在的还有兰妮和江少杰的私下协议及一个500万元的银行存折。

文件夹被小心翼翼传到黄玫手上。

“果然不出所料。”刘中浩在黄玫耳边说，“他们私下商定了分期付款方式，江少杰只付出500万元现金。可一旦他们结婚，若不做婚前财产公证，秘密协议只能是废纸一张。还有，要是车祸一类事件发生在令堂拥有酒店绝大多数股份之后，任何人都能猜到财产将落到谁的手里。这说明你母亲完全被操纵了，阴谋确凿。起诉吧，我包你打赢这场经济官司。”

算经济账岂不太便宜了。黄玫对自己说。她的目光透过窗户穿越黑夜，凝注在遥远的一个点上。

第18章

澳门与美国的拉斯维加斯、摩洛哥的蒙地卡罗并称为全球三大赌城，号称“赌业三霸头”。在澳门，9个赌场每年的总收入近200亿港元，每年涌入的800万各地游客，大都为赌而来。除了赌场的各种玩意儿，彩票、赛狗、赛马也是博彩业的亮点，可谓结构多元化，方式贯中西，种类繁多，五花八门，应有尽有。更重要的是澳门回归以后，作为保持“生活方式”不变的显著象征，博彩业仍长期合法地存在下去。这就是江少杰亲临此地的原因。

刚过境江少杰和海岩就直奔葡京大赌场——澳门最具规模的综合性娱乐场所。在这座鸟笼子似的充满玄机的建筑物大门口，贴着这样4句忠告：“赌博无不胜，轻注好怡情；闲钱来玩耍，保持娱乐性。”看得江少杰忍俊不禁，告诉海岩这是又当婊子又立牌坊。赌场占地两层，每层有一个能容纳数百人的大堂，周遭与众多小厅对接。放眼望去，赌台如战车列阵，赌客云集，好一派生意兴隆景象。江少杰和海岩看得眼花缭乱，满世界是百家乐、二十一点、轮盘、牌九、番摊、二十五门等中西式赌台。在骰宝的铃声中，幸运之神灯灭灯亮，转眼间大把大把的筹码被庄家收进付出，有人顷刻间暴富，有人倾家荡产。

江少杰在一张轮盘赌台前驻足良久。代表赌场坐庄的是个年轻的服务小姐，她手持一根细长的圆木棍，用来把赌客下注的塑料筹码归拢——或是押在“大”一边，或是押“小”一边，方式极为简单明了。到停止下注时刻，服务小姐用手中的棍子用力一拨，轮盘便飞快旋转起来。随着这一旋转，所有的参赌客人眼睛大睁，嘴巴翕张，无不全神贯注于转成花一样的轮盘。渐渐地，轮盘慢了下来，指针一忽儿划过“大”，一忽儿划过“小”，这是最揪心的时刻。当指针懒洋洋晃晃悠悠找到最后的落脚点，赌客们几乎同时发出叹息或欢呼声，因为他们要么输，要么赢，不会有第三种情况。江少杰注意到，无论玩多少局，服务小姐始终面带笑容，从容不迫地挥动着那根细长的命运之棍，收进或是付出。江少杰明白，那微笑绝非仅代表礼仪层面，更在于她才是永远的赢家。这难道不是开局放赌的秘密吗？

但在葡京找不到想要的东西，江少杰便来到另一家小一些的赌场，从大堂到小贵宾厅，从一张赌台到另一张赌台，一手没伸，只是看。几个小时后，两名保安彬彬有礼将他带到赌场办公室。

“先生，我们一直在注意你。”赌场经理操着半生不熟的普通话说，在他背后有上百台监视器组成的一面墙，“看得出，你不是来赌钱的。你在找什么？”

江少杰自称是内地商人，来“东方蒙地卡罗”寻求合作的。接下来他谈到了澳门回归以后马照跑、钱照赌，两地文化娱乐必将产生深厚的相互影响，他想先走一步。江少杰故意说得很慢，为的是让对方能听懂。赌场经理大感兴趣，离开座位来到客人面前。

“江先生真乃有识之士，有先见之明。不过据我所知，虽然博彩业在澳门是合法商业贸易，内地却没有一处开此禁例，你希望的合作从何谈起呢？”

江少杰坦言只想引进赌具、赌法，经营上他自有办法。赌场经理表示愿意做设备购置代理，只是担心无法运到东北，赌具是禁止出口内地的。

“何不让我们寻求一个变通的方式呢？”江少杰胸有成竹道，“譬如，拆散件以电子游戏机的名义报关。”

赌场的经理笑了，当即与客人达成口头意向，并约定第二天商谈细节。

黄玫在最短的时间内迅速组成了一个小班子，她和女保镖、刘中浩和他介绍来的会计师老张。在江少杰离开容海的第三天，这个小班子乘着从江少杰手里索回的宝马X5突然出现在希格尔。

那天，黄玫一改平素装束，长发高高盘起，穿了一套质地精良的职业女性裙装，在身后高大威风女保镖的衬托下显得格外高贵、优雅。员工们看呆了，有人说她有乃母风范，有人戏称是仙女下凡。只是没有人知道她要干什么。

一干人马不苟言笑直奔总经理办公室，黄玫当场宣布从即日起作为董事长她要在这儿办公。

“江总回来怎么办？”江少杰的女秘书战战兢兢地问。

“我无权这么做吗？”黄玫只冷冷回了这一句，随即下令将江少杰的东西搬到隔壁的副总办公室。

大家这才明白，大小姐回来亲政了。因为谁都摸不准她的脾性，一时间个个噤若寒蝉。

首先被调往董事长办公室的是近5年全体员工的工资账，财务经理亲自送来了光盘。

光盘立刻被插入手提电脑。

“从什么时候开始计算？”老张问。

黄玫问刘中浩：“他几时当上副总拿高薪的？”

小个子律师回忆说江少杰4年前做副总，1年前做总经理兼洗浴中心的总经理。

老张便在电脑上调出4年前的工资账目，一笔一笔逐年逐月计算江少杰在希格尔的全部收入。几个小时后，打印机输出了清单。

清单上显示，江少杰任副总经理3年，年薪200万，1年总经理，双份年薪500万，加在一起约1 100万元；洗浴中心他享有10%的管理股，营运一年分红也不过200多万。按着这些合法收入，江少杰在过去的4年内根本凑不够购买希格尔20%股权所需的名为3 000万实为5 000万元的资金。以刘中浩的观点，这个数字从侧面也在证实着江少杰的欺诈行为。

“也许我们该查查他经手的所有账目。”黄玫看着那张清单说。

老张乐了，人人都知道这位老会计师是个中高手。黄玫许诺，她会拿出问题账金额的5%作为付给张会计师的酬劳。

那场彼此心照不宣的争吵之后，见江少杰不再有动静，韩子成两口子把从大岗村接回来的冬冬又送进了幼儿园。这一次他们没敢大意，按户口簿上的出生年月日把冬冬从大一班降到大二班，以防不测。

或许是随根儿吧，冬冬自小不像城里的一般孩子，这不吃那不吃，父母撵着喂。这孩子嘴壮，从不挑食，给啥吃啥，因而长得就比同龄孩子壮实，个子也高。在幼儿园又降了一级，大二班的孩子堆儿里便显不着别个了。本来就鹤立鸡群，加上在乡下窝了半年受尽二舅家小哥哥欺负，冬冬回到孩子群中撒欢儿的同时傲气霸气渐渐露出苗头，玩什么都想说了算。用冬冬自己的话说，谁让咱胳膊粗力气大来着。

偏偏大二班有个老爸当官的孩子叫龙宝，娇生惯养，性情乖戾，凡事要尖儿，还特别喜欢欺负人。一个槽子拴不住俩叫驴，冬冬和龙宝的冲突便在所难免，三天两头你打我我骂你的。在出事头一天，龙宝偷一个女孩的蜡笔，还死不认账，被冬冬毫不客气地揭发检举了。龙宝被迫交出赃物出了丑，因而怀恨在心。

这天，老师领着孩子们在幼儿园院里做完广播体操，宣布自由活动。上百

名孩子炸营似的四散开来，纷纷奔向园内新建的室外大型玩具，有荡船、秋千、跷跷板、滑梯……这么多好玩的，孩子们都本能地想做第一个享受者。

冬冬跑得快，率先爬上玩具中最高的滑梯。正当他准备带着胜利者的喜悦第一个滑下去时，龙宝从另一部梯子也上到顶端。两人吵了起来，互不相让都想做第一人。结果还是冬冬凭借气力占据了滑梯口。正准备下滑时，气急败坏的龙宝乘冬冬没坐稳，飞起一脚把冬冬踹翻下去。冬冬飞出滑槽头朝下跌向地面，颈部被划开一个大口子，鲜血冒着泡往外流。

幼儿园阿姨赶紧把摔晕的冬冬送往医院。等杏妹和韩子成闻讯赶来的时候，冬冬还休克着。

“大夫，我儿子咋样？有没有危险啊？”杏妹带着泪音问。

医生说没什么大不了，是失血过多引起昏迷，让他们两口子做好为儿子输血的准备。

可是当护士拿着化验单大呼小叫回到急诊室时，大家都愣住了：冬冬是Rh阴性B型血。护士的大惊小怪是有道理的，Rh阴性血型十分罕见，几十万人当中才有一例。

“慌什么，有他父母在呢。”医生首先反应过来，“喂，你们俩，谁和孩子的血型相同？”

韩子成连忙伸出胳膊，声称自己是O型血，万能输血者，遭到医生的训斥：Rh血型和任何一种血型都不相容，会起排斥反应要孩子命。接着自然问到杏妹，她蒙头蒙脑说不知道自己的血型，便被要求去化验。韩子成拦住了她和护士。

“不用了。”成子说，“我想起来了，当年高考体检时，杰哥验出的就是这种血型。”

警车连闯几个红灯来到希格尔酒店，李所长和韩子成在酒店员工诧异的目光中狂奔而入。他们顾不上坐电梯，直接从楼梯跑上7楼冲进总经理办公室。

坐在外间的仍是那个硕士女秘书。

“江少杰在哪儿？”

“江总不在，去南方考察了。”

韩子成不信，在他的逼迫下，女秘书胆怯地接通了江少杰的手机，然后将听筒交给气势汹汹的来人。当听到江少杰说他竟在境外，韩子成悲愤地喊了起来：“为什么早不出门晚不出门偏偏这时候出门？”

“成子你冷静冷静，到底出了什么事？”江少杰在电话里说。

“我冷静个屁！冬冬出事了，需要输血……这下你冷静了吧！”喊完这一句，韩子成摔上电话，整个人瘫了下来。

和孩子共处5年，最初的陌生、距离感早就不翼而飞了。特别是和江少杰那次针锋相对之后，韩子成对冬冬完全视如已出，把冬冬从对杏妹的感情那里剥离出来，当成亲生骨肉。而今，这个生命危在旦夕，他怎能不感到万箭穿心！

李所长回头打通杏妹的手机，得知医院已和各大血库联系过了，都没有合适血型，对这边的情况李所长没敢照实说，敷衍几句便收了线。

“马上去电台、电视台求助吧。”李所长拉起泪流满面的韩子成说，“容海几百万人口，总能找出几个Rh吧。”

刚把韩子成扶起来，从总经理办公室里间走出的黄玫拦住他们的去路。其实她早听到外面吵吵嚷嚷的，本不打算出来，听女保镖说有两个警察找江少杰才起了好奇心。

“小韩，李所长，发生什么事？”

“他不在，孩子就没救了……”韩子成精神恍惚道，泪水仍止不住地流着。

“谁的孩子没救了？”

李所长出于礼貌，三言两语把冬冬的事说了一遍。

“那你们找江少杰干吗？”黄玫继续问。

李所长急着带韩子成走，随便回了一句：“据说他是Rh阴性B型血，和孩子的血型相同。”

踉踉跄跄拉着韩子成刚出酒店，穿戴整齐的黄玫撵了出来。

“上我的车吧。”黄玫以她一贯的平静声调说，“我也是Rh阴性B型血。”

400毫升血输入冬冬的身体。或许是血液还带着黄玫体温的缘故，冬冬如同一只冻伤的小鸟，被这及时送到的温暖重新唤醒生命意识，缓缓睁开了眼睛。

每个人都长出一口气，每个人都觉着不可思议：太巧了，如果没遇上黄玫，孩子的那双可爱的大眼睛将永远看不到亲人了。这是概率极低的一个奇迹！

杏妹不顾一切抱起冬冬，扑通跪倒在黄玫的诊床前。她哽咽着，头在床沿上磕得咣咣直响。

“快起来。”脸色惨白的黄玫在女保镖搀扶下坐起来，摇着冬冬的小手，“这是阿姨应该做的，冬冬长大了是不是也会这么做？”

冬冬打起精神，吃力地说：“向黄阿姨学习，长大了我也给你输血。”

大家都笑了，每个人都在自己的笑声中品尝到了一种甘甜如饴的滋味。

送黄玫上车的时候，韩子成用力握着黄玫冰凉的手：“黄小姐，是你给了冬冬第二条命，我们会记住一辈子的。”

“碰巧我和孩子有缘吧。”黄玫说。她还提到由于遗传的原因，家里人除了母亲都是Rh阴性B型血，“可惜，只剩我一个了，否则血源会很充足……哦，需要继续输血还可以找我。”

韩子成表示，等儿子痊愈，他会带着老婆孩子专程去府上致谢。黄玫笑道谢就免了，欢迎他们全家去做客。

“她一定是上天派来的救命仙姑。”杏妹望着远去的车影喃喃着。韩子成则连夸黄大小姐学问高、觉悟高。

“我琢磨，不知拿啥谢人家好。要是黄小姐答应，干脆让冬冬认她做干妈吧。”杏妹建议道。

韩子成说她乱弹琴，黄玫还没结婚，让人家一个大姑娘认干儿子像话吗？两口子感叹孩子福大命大，碰上好人了。

江少杰日夜兼程赶回容海的时候，冬冬还在医院留院观察。他的到来其实并无多大意义，在旅途上江少杰通过电话已然得知孩子脱离危险了。在澳门有两个消息接踵而至，一个是冬冬受伤急需输血，一个是黄玫突然入主酒店。无论哪一个，都足以促使他火速赶回。江少杰是花高价买一张澳门直飞北京最早航班的机票，没出机场又转乘北京至容海的飞机，几乎一秒钟都未耽搁。

即使如此，在澳门上飞机的时候他还认为冬冬难逃此劫，江少杰当时的心情坏到了极点。

江少杰能在最短的时间内赶到，既出乎韩子成的意料，想想又在情理之中，只是此时此刻，双双都感到了一种难以回避的尴尬。

“一个比你有钱的人救了冬冬。”韩子成讥讽道。

“告诉我是谁，我要重金酬谢他。”

“算了吧。”韩子成说，“你大概早都忘了，世界上还有金钱买不来的东西。”

江少杰叹息之余，带着哀求的口吻要求看看孩子。杏妹和韩子成面面相觑，默认了。他们来到病房，看见冬冬睡着，手臂上还插着输液管。江少杰忘乎所以地叫起孩子的名字，甚至想去摸冬冬的小脸，被韩子成的一声劲咳逼了回去。

冬冬被惊醒了。他茫然地看了江少杰一眼，不安的目光连忙转向父母。

“冬冬，还认识我吗？”江少杰凑近孩子的脸，声调柔和得让人吃惊。

“妈，让江叔叔走开。”冬冬倏然抓住母亲的手，“我不要看见坏人，妈……”

江少杰脸上的表情凝固了，无声地喟叹着转身离开病房。韩子成跟着，保持距离把他送出住院部大楼。

“我会随叫随到。”江少杰哑着嗓音说，“就算孩子和我无关，毕竟是你和杏妹的儿子。”

听他如是说，韩子成悬到嗓子眼的心放回了肚里，最担心的事没发生。等孩子长大了，我会告诉他一些事，那是他的权利。韩子成对自己说。

他们不约而同在住院部门口的台阶上坐下来。

“杰哥，现在还好吗？”

江少杰惊奇地抬起头：成子有多久没这么叫过他了？他在小小的惊奇中回答说马马虎虎，自称眼下的生活很简单，除了钱一无所有。

“你有多少？100万？1 000万？张口闭口总离不开钱，除了这个我们不能说点别的？”

“这种口气可不是兄弟式的。”江少杰说，“以前人们不屑谈钱，因为大家一样都是穷光蛋。如今不同了，一个经济生活成为主流的时代，每个人的生存质量、成就、地位都在被货币量化着，金钱代表着最坚挺、最简单明了的价值观。接着他口若悬河谈到了贫富悬殊的现实。人在本质上离不开动物性，现在谁都在发挥本能占有财物。在这点上，有权者用权，无权者而又愿意铤而走险者使用非常手段而已。中国已经树立了一种富人样板：只有心黑胆大或是敢于使用非常手段的人才能富起来。这是时代造就的机遇。顺时代潮流而动吧，兄弟，据我所知，一个片警再不济每年也能搂个三万五万的……”

“你在侮辱我！”韩子成怒不可遏地打断江少杰，既震惊又痛心。震惊于他的渊博和偏执，痛心的是只经过区区6年，江少杰已经成了一只面目全非的金钱怪物。

而且，韩子成在他的滔滔不绝中嗅到了危险的气息。

“当年，我们可是连梦都做不起，我他妈被迫树立了另一种理想，在老妈尸骨未寒的时候！”江少杰继续道，“今天，我已经差不多实现了它，连你我也敢说会在暗中羡慕我。”

韩子成尽量心平气和地说：“羡慕你？我记得杰哥说过，不相信挥金如土狂嫖滥赌那类有钱人的财富是靠勤劳双手光明正大挣来的。按你的说法，你现在成了其中一分子，那么你的钱怎么来的？干净吗？我不能证实你走得多远，但并非对你狼一样的所作所为没有耳闻——你的钱越多，怕是陷得越深！睁开眼吧，杰哥，别把噩梦当理想！”

“你政治课还要讲多久？”江少杰不耐烦地开始看表了。

“觉着话不投机，你走吧。”韩子成泄气地说，“我只希望，睡不着时你能想想兄弟的话。”

江少杰走进自己昔日的办公室，脸上是一团充分的惊讶与茫然，给人一种刚刚知情的印象。

“黄小姐，我回来了。”江少杰说，“听说你改主意了，要亲自管理酒店？”

黄玫屏退刘中浩和张会计师，端坐在大班椅上：“我原以为江总会晚些时候回来。一时冲动而已，算不上正式介入。我只是忽然意识到，自己竟是亿万财产的合法拥有者。想想过去甘于清贫的做法真是太傻了，我不想成为人群中的另类。既然学业平平，既然有这个条件，何不谋求做一个商海弄潮人呢？好像我的年龄没你大吧？看样子还来得及。”

江少杰委婉问到查账的事，黄玫的解释是刘中浩和张会计师系她聘请的财务顾问，她需要长期学习，把江少杰也玩笑式地列为候补老师：“江总大可不必紧张，这和我对你的信任无关。一切权力，包括人事、财务、管理仍全权掌握在你的手上。我将遵守规则，不会破坏酒店所有人和管理人之间的平衡。有一点过分的地方或许是不该占用这间办公室，我只想偶尔过来时能有一把体面的椅子坐坐。你介意吗？”

“无所谓，我用过去的办公室好了。”江少杰说，“黄小姐有时间的话，我想汇报一下南方之行的收获。”

黄玫立刻拒绝了，想做什么立哪类项目江少杰享有绝对决策权。

“我需要的只是按照自己的方式了解，并非干涉。”她最后说。

海岩迟于江少杰回到容海。在单独滞留的两天内，他把江少杰借他的一张银行卡上的外币输得一干二净。同时还带给江少杰另一个坏消息：国务院《娱乐场所管理条例》（草案）已在内部下达，该《条例》一经颁布，等于从法律上宣布各种营业性陪侍活动违禁，取缔是必然结果。通常的做法是先清理整顿，说服教育，然后是加大力度取缔打击。这下，三陪小姐现象再也不能模棱两可地存在了。

“好啊，钱路堵死，赌场看来非开不可了。”江少杰说。

海岩认为这无异于找死，和江少杰在一处荒凉的海滩上吵了起来。为避人耳目，他们近来在容海的接触总是选在荒僻无人的地方。虽不担心江少杰催讨输掉的外币，作为内部人员，海岩深知国家禁赌的一贯政策和打击力度，风险比找一帮小姐坐台钻法律空子大得多，出了事不掉脑袋也得坐穿牢底。

“我走的步步都是险棋。”江少杰说，“自古以来的硬道理是没有风险的丰厚回报根本不存在。国内我们又不是头一家，还没听说谁给砍了头。眼下我还有这个权力，等黄玫羽翼丰满统管酒店，恐怕过了这个村没这个店了。”

他信誓旦旦向海岩保证，最多干两年，这将是他们最后的合作。

“不行！我有老婆孩子，有党籍……”

江少杰大笑：“难道你这大所长比我这小白丁的命值钱？自己回头瞧瞧吧，你的所作所为有多少跟一个地道的共产党员挨得上？话说回来，现在那些玩大的，哪个不是权柄在握、兜揣党票，又有几个掌权者敢叫出号来自个儿屁股干净？平民百姓杀个人、放把火、强奸劫道也就轰动顶天了……得，咱别吵了，这一注我下定了，赌档非开不可。你帮也得帮，不帮也得帮！”

不由分说，他拿出了酒店顶楼的平面图。按照江少杰的设想，2 000多平方米的顶层将一分为二，外侧的部分公开营业，打着“希格尔娱乐有限公司”的招牌上成人电子游戏机、司诺克台球，实行会员制，求质不求量；内侧将秘密建成容海第一家现代化的地下赌场。主要玩法，正是他和海岩在澳门亲眼所见。赌具完全进口，江少杰已经向代理商交付订金。

“通往顶楼天台的出口是最后一道门。”江少杰指着另一张草图说，“经过天台，那上面将开一道门进入赌场。一旦有动静，客人有足够的时间穿过天台回到外侧的游戏室，销毁证据、藏匿钱款可以同时进行。

看过草图，海岩不得不承认江少杰的设计十分精妙、无懈可击。

“可你找不到足够多的客人。”

江少杰说赌场也将实行秘密会员制，每一个成员都要经过严格的资格审查，首要条件当然是有钱，能玩得起。其主要来源，便是那些曾在希格尔大酒店包房、洗浴中心有过不轨行为的公、私企业大款和政府官员们。江少杰得意地宣称，他早已用针式摄像机拍下了这些人寻欢作乐的丑态，不愁他们不肯乖乖坐到赌台上，还不包括自愿上钩者。

海岩大吃一惊：江少杰在洗浴包房偷拍，我不也在其中吗？

海岩无话可说，更不敢发作。他刚刚明白，自己早就掉进了江少杰的陷阱。

"两年。"江少杰认真地竖起两根手指，"这期间如果你不合作，你的上级、家人会有根有据地替我出手，后果你可以随意猜想。想玩花活你掂量好，我早不是当年那个被前来敲诈的不轨警察吓得屁滚尿流的前台小经理了。"

在咸咸的海风中海岩打个冷战。是自己先伸手的，怨不得别人。我太小瞧他了……海岩想。"那么，你想什么时候开始？"他嗫嚅道。

江少杰轻描淡写道等过了黄玫那一关："借地生财勾当，人家终归是大老板嘛。"

韩子成事先给黄玫打过电话约好时间，全家到黄家别墅登门致谢来了。3口人绞尽脑汁，送给黄玫的礼物是冬冬花一整天画的一幅蜡笔画。

"告诉阿姨，你画的是谁呀？"黄玫指着镶在一只精致相框里的蜡笔画。

冬冬腼腆地说是黄阿姨。

"阿姨的头有这么大吗？"

"好人应该是大脑袋。"冬冬认真地说。

黄玫笑了，连夸冬冬人小是非观强。

"黄阿姨家真大，比我们幼儿园还大呢。"

"冬冬！咱们不是要看看黄姥姥吗？"杏妹一把抓住准备四处流窜的儿子提示着。

黄玫莞尔一笑，带他们来到母亲的卧室。

肃穆的瞩望中，大家心情都很沉重。冬冬忽然冒出一句："阿姨，你妈妈睡了好几天吗？"

回答是半年多了。

"为什么你妈妈总不醒呢？"

"她受了伤，被坏人用车撞的。"

"是江叔叔那样的坏人吗？"冬冬皱起眉头说，"我认识他。"

杏妹连忙去捂儿子的嘴巴："冬冬，不许乱讲话。"

冬冬理直气壮道："谁乱讲话，你说的江叔叔是坏人，我只认识这一个坏人嘛。"

黄玫大感兴趣："哪个江叔叔？"

杏妹一时不知如何回答。在老公的暗示下，她连忙把孩子抱出病人的房间。

"童言无忌，冬冬的话是有所指吧？"黄玫一面为毫无知觉的母亲按摩手臂，一面笑着问韩子成。

韩子成思忖着，婉转地说道："黄小姐可能感到奇怪，为什么冬冬血型特殊，而我和孩子他妈又没有相应的遗传因素，为什么孩子需要输血却要去找别人……"

黄玫立刻要求他打住，说对别人的隐私毫无兴趣。其实，类似的问题她不止一次问过自己。

"我为冬冬输血，可不是为了什么，"黄玫说，"对别的孩子我也会那么做。"

"这我相信。"韩子成说，"你大概已经猜到了，我只是孩子法律上的父亲。至于他的生父是谁，我无权披露，是一段孽缘的结果。出于感情我和杏妹结合了，也就无怨无悔担起了养育孩子的责任。黄小姐出于无私的爱，给了冬冬第二次生命。都是出于爱，便是咱们的共同点。在此基础上，我们应该建立一种信任感，这也是我有限透露真相的原因所在。黄小姐，我期待着你的信任。"

黄玫还是有些懵懂，不知道他想说什么。韩子成只得坦言："我想黄小姐可能私下掌握了某些证据，而你的怀疑目标又和我关系密切。你可以要求我回避，但不应该怀疑执法机关，他们要比你一个人的力量大得多。大家应该携手合作才是。"

黄玫恍然大悟，嗔怪他说话尽绕弯子。她暗示的确有所发现，只是分量不够。她和韩子成约定，一旦成熟了会去找他。

"这样也好，当事人本来就有举证的义务。"韩子成欣慰地说，"但你要特别小心。"

送走韩子成一家，黄玫重新回到楼上为母亲按摩。此刻，她已经发现，一个为保护国家财产奋不顾身的英雄，一个出于爱为别人养育儿子的警察，怎么说都值得信赖。

同时，另一个模糊的发现也令她惊诧不已。

“妈，我是不是刚刚救了仇人的儿子？”

厚厚的一沓项目计划书、可行性报告摆在黄玫面前，让她不由生出几分赞叹：论工作效率，这家伙果然很能干，回来没几天便搞定了项目策划。江少杰坐在她对面，喋喋不休地一直讲了半个多小时，意在说服她相信注册希格尔娱乐有限公司将使酒店的经营更加综合化、集团化，还包含着化解把鸡蛋装进一只篮子里的风险。黄玫暗自承认，江少杰口才出众，思辨力超群，对此她不止一次领教过了。

“先上成人电子游戏、高档台球室，把旅店部顶楼长期没什么效益的空间利用起来，以观后效。”江少杰继续阐释投资只集中在设备上，简单装修则花费无几，预计两年即可赚回来。

“我说过的，江总完全可以自行决断，用不着这么客气。”

“动钱的事嘛，还是按规矩办。”江少杰温文尔雅道，“黄小姐不签字，日后我担当不起呀。”

黄玫纤指挥动，在项目报告上写下自己的名字。

江少杰刚出去，女保镖从人事部拿来了一大摞员工档案。

“是全部吗？”

女保镖说连旧档案都拿来了。

翻一遍在职员工档案，没有任何发现。但在回家后无意翻阅离职清退人员档案时，张四毛子的照片和履历引起了黄玫的注意。

张四毛子被辞退的日期，正是母亲兰妮“出车祸”那几天。

档案上的照片很小，不够清晰。黄玫连夜跑到学校，用扫描仪将照片放大，然后为照片上的人“戴”上帽子和墨镜——黄玫因惊骇被埋藏在脑海深处的记忆点亮了：车祸发生瞬间她看到的那张狰狞面孔，刚好与照片重叠！

这一次，黄玫毫不犹豫给韩子成打了电话。

湖滨派出所在接到黄玫报警电话几分钟后包围了管区内这栋居民楼。

经过紧急询问，得知张四毛子有半年多没露面了，谁都不知道去向。为慎重起见，李所长还是请居委会主任上去叫门。张老头刚一露头，警察们蜂拥而入。

阳台、厕所、床下、壁橱一通搜查之后，李所长、海岩、韩子成等人聚在

张家的小客厅里，中间是浑身筛糠的张四毛子父亲。

“你儿子在哪？”

老张头惶恐地答道四毛子久不在家，音信杳无：“他是不是……又犯事儿了？”

“你儿子牵涉到一桩谋杀案。”海岩说，“有消息立刻向派出所报告，否则你们家属就是知情不举，听见没有！”

“听见了，听见了……”

大队人马撤退的时候，韩子成走在最后。刚才搜查，他看到小卧室里有一个形容枯槁、瑟缩成一团的老太太，那是张四毛子的母亲，脑血栓，半身不遂躺床上多年了。

“家里还有什么人？”韩子成问老张头。

老张头打着咳声说还有一子二女，都在外地工作，家里只剩老两口。本指望老儿子给他们养老送终，可这个孽子从来不务正业，非赌即嫖，打架斗殴更是家常便饭。“唉，我们俩老实巴交一辈子，倒养了这么个畜生！”

韩子成犹豫着，把一张警民联系卡塞到老人手里：“老爷子，有困难可以随时传我。”看到对方半信半疑的样子，他又补充道，“没关系，虽说家有嫌疑人，我不会另眼看待你们。”

离开张家，韩子成连夜前往希格尔进一步调查。作为知情者，洗浴中心经理老王讲述了张四毛子被聘为保安队长、当上洗浴中心副经理的时间和经过。

“老四是半年前忽然没影儿的。”老王说，“江总的解释是他对一名服务员图谋不轨被开除了。说实话，这有点牵强，凭老四是江总的左膀右臂，江总无论如何也能关照他摆平，那次却一反常态。成子，四毛子是不是摊事了？”

韩子成没有回答老王的问题，只要求他对警方的调查保密。

第二天，韩子成给黄玫打电话，向她通报了前夜的抓捕和调查情况，对江少杰和张四毛子的密切关系也没做任何保留。

“我们已经向分局申请在网上发通缉令。”

“小韩，你说背后的主使会不会是他？”沉默半晌，黄玫在电话里突然问道。

韩子成知道她指的“他”是谁，但不知如何回答。

黄玫和韩子成沟通的同时，海岩紧急约见江少杰。

“张四毛子行凶时黄玫在现场见过他，已经把他认出来了。”海岩气急败

坏地说，“通缉令即将发出。”

江少杰置若罔闻，出神地望着前面一大群追逐、争食的海鸥。正是退潮时分，海滩上会留下小虾小蟹小鱼，成为鸥鸟们的果腹之物。为这口吃的，它们会互相攻击一争胜负而宁肯暂时舍弃食物。

“趁他还没落网，你还是赶快收山走人吧。你捞得够多了。”

“假如是我和老四干的，假如我会露马脚，你这只绳上的蚂蚱又能得到什么？想借此机会要我住手是吧？”

海岩说他不怕威胁，索贿受贿大不了脱掉制服，和杀人犯不可同日而语。

江少杰捡起一块石头，用力掷向海水里。

“瞧，张四毛子就像这块石头，你能从大海里找到它吗？中国有13亿人，我敢说其中躲藏着无数罪犯，警察能侥幸抓到几个？”

“收起你的幻想吧！”海岩大吼，“这个国家专政力量比你想象得大得多！就算埋得深，他是惯犯，狗改不了吃屎，早晚惹事冒出头来。眼下，你先把那个狗屁赌场给我停建。”

“已经开工了，咱们是合伙人，下马总得有个商量啊。没等开张你这把保护伞就要收起来，太不吉利了吧。”江少杰笑眯眯道。

“没什么可商量的。你是在刀尖上跳舞，想死甭拉着别人。”

江少杰又捡起一块石头，掂在手上：“在适当的时候，我会考虑让这块石头永远沉在水底。找不到四毛子，姓黄的累吐血也怀疑不到我头上。开弓没有回头箭，这是最后一搏了。何不让我们豪赌一把，共同背起钱袋全身而退，OK？”

说罢奋力一掷，石头穿过鸥群消失了，在水面上连朵涟漪也没留下。

第19章

表面上，黄玫和江少杰各忙各的互不相干。一个隔三差五来到酒店，和几个顾问头衔人物关在总经理室里翻翻账目、查查历年收益，安静得出奇。一个操持着日常管理工作，顶楼的改建、装潢也在紧锣密鼓进行。看似各自在和时间赛跑，背地里却都在注视对方的动静。

两个人就像是在玩太极，不疾不徐，不躁不火，在耐心中窥测对方虚实。

连绵不断的有关顶楼秘密施工的消息还是让黄玫不安起来。搞一个成人电子游戏厅，有什么见不得人的？她有意无意打听过，得到的一致回答是没有江总的允许，任何人不准进入施工现场。

刘中浩介绍，早年的跑马机、扑克机、大三七游戏机都沾染过赌博工具的嫌疑，因而已被明令取缔了。他玩笑似的猜想：江少杰莫不是要开赌场吧？

带着这份疑惑，黄玫突然乘电梯出现在顶楼。

"黄老板，您怎么来了？"现场监工曲三慌忙迎住她的去路，"这里还在施工，又脏又乱，下脚的地方都没有……"

黄玫先是听他讲，用眼睛盯着曲三，直到把他盯得心慌意乱没词儿了，才盛气凌人道："我没有随便走走的权利吗？"

"哪儿的话，您是在自家酒店。我是怕您磕了碰了，有啥闪失。"

脸上笑嘻嘻，曲三硬是不让她往里走。

黄玫虎下脸："我只说一遍，请你让开。"

话音不重，曲三却深知分量，这一次他闪开了，只小声嘀咕着："江总有话，不让人随便上来，万一他怪罪，我可担待不起……"

黄玫不理他，顾自往里走。站在一间空屋子门口望进去，里面原来的客房全部打通了，工人们在裱贴新墙布。曲三介绍，这将是一间司诺克台球室。来到另一间，曲三说是主游戏厅。黄玫继续往前走，在走廊中间出现了一道墙，将顶楼一分为二。

黄玫目光转向曲三，他不敢与之对视，顾左右而言他："您还是回去吧，工人们干活很危险……"

"我记得顶楼没这么小吧？"黄玫说，"隔开是什么意思？"

"是……做仓库吧，江总设计的。"

"没有门怎么过去？"

曲三冒汗了，正不知如何作答，满面春风的江少杰飘然而至。

"黄董今天这么有兴致上来走走。有问题吗？"

黄玫用手指轻弹着那面墙。

"噢，是经营上的一点特殊需要。"江少杰微笑着解释说，成人游戏项目，或多或少带有赌博意味。客人都是有钱主儿，难免赌赌运气，从心理上讲，多一面墙客人会多一点安全感，"现今容海地面上这类场所已有多家，大都为满足客人搞点噱头，黄董可以访听访听。不过请放心，咱们并不是坐庄开赌档，怎么玩只是客人之间的事，过火了管理人员会劝阻的。果真设赌开局出了事，大顶楼的他们往哪跑？谁也不会那么傻来自投罗网。"

一席话说得黄大小姐脸上开了晴。她点着头："我遵守诺言，不干涉经营，只是有点好奇。能够合理合法赚钱，何乐不为呢？我记得江总是个打擦边球的高手，好好干吧。"

问到设备，江少杰称马上到位，力争7月1号开业。希格尔娱乐有限公司的法人仍将是黄玫。

"如果本法人到处乱走妨碍了别人的心情，我保证这是最后一次上来。"黄玫说。

电梯门关上后，江少杰长出一口气。

"江总没看出来吗？只要能赚钱，她照样装聋作哑。"曲三在他耳边说。

她果真是那样的人吗？江少杰想。这绝不是她的一贯风格。黄玫摇身一变，一定另有原因。

韩子成的按揭房手续办下来了，一家人都很高兴。地点在滨海小区，虽说是在城边上，远离市中心，却是三气新楼，两室一厅。

唯有杏妹没表现出十足的兴奋。她知道，按自己的实力，在市中心买一套四室两厅的商品房也绰绰有余，可是她的钱大都压在生产上，关系到几十号人的饭碗。她的小公司刚刚和郊区一个村达成意向，由湖滨净菜服务公司出钱，村里出地，建一个净菜包装车间，准备以盒装净菜进军全容海的各大超市。这需要一大笔钱。在她的意念中，享受远没到时候。但想到一家3口在李所长岳父家一住就是五六年，李所长那里过意不去，长此以往也真是屈了老公和儿

子，便咬咬牙下决心拿出30万元交了房子首付。

“明天去看看房子吧。我原打算买跃层房子让你们爷俩享受呢。可惜钱抽不出来，先将就住吧。余钱用在装修上，再买套像样的家具。”

看到老婆的成绩，韩子成亦是感慨万千：“当初咱们稀里糊涂进城，只为能站住脚。没想到混得还不赖，更没想到这个家是靠你傻干傻干地支撑着……杏妹，你跟我受苦了。”

杏妹白他一眼，提醒韩子成手机响了。

“我是民警韩子成……什么……大爷，你先别着急，我马上到。”

韩子成穿上衣服就往外面走。丈夫的这种举动，杏妹已经习惯了。

“出去呀？”

韩子成说他的责任区内有人病了。

他骑着摩托车赶到地方，才记起这是张四毛子家。进到屋里，韩子成看见老张头跪在床前，他怀里的老伴口吐白沫直翻白眼，浑身还怕冷似的哆嗦着。

“我老伴怕是不行了。”老张头带着泪音说，“瞅着像老病犯了。”

“给120打过电话没？”

“打了，还没到。”

神志不清的老太太恍惚意识到有人来了，愈发起劲地呻吟起来。看她痛苦的样子，韩子成果断地背起病人，一直背到大马路上截住出租车。到了医院，除去回答过医生对患者病史的询问，已经蒙了的老张头只能眼看着韩子成脚前脚后打理一切。

值班医生根据老太太得过脑血栓一直偏瘫和并发症状分析，怀疑是局部脑梗塞，但确诊要看CT检查结果，要求家属办理住院手续。

韩子成问始终跟在屁股后面的老张头：“带钱了吗？大娘需要住院。”

老张头忙不迭地从怀里掏出一个手绢包，里三层外三层地打开，里面是2 000元。韩子成告诉他，老太太是重患，住院押金需5 000元。听到这儿，老张头犹如挨了一闷棍。

“大爷，你说话，家里有没有哇？”

老张头哭丧着脸说，家里的钱全在这儿了。老伴没劳保，多年来打针吃药全靠他那点退休金，一个月只有600多块钱，“交不上钱，这不得等死吗……”

说着说着，老人哭上了。伤心绝望的哭声吸引着很多人朝他们看，看得韩子成既难为情又心乱如麻。5 000块钱说多不多说少不少，可这大半夜的上哪弄去？

“大爷，您别哭，我来想办法。”

韩子成回到急诊室，把自己的工作证押给值班医生，要求先给患者检查，押金他马上找人送来。

“你是患者家属？”

韩子成含糊地答道差不多。值班医生将信将疑答应了，立刻将老张太太推往CT室。回过头来，韩子成给家里打电话，让杏妹立刻送钱到医院。他知道，老婆每天带回家的营业款总是成千上万的。

“你啰嗦什么，救人要紧……快点，我在大门口等你。”

半个小时后，杏妹坐出租车赶到医院，把5 000块钱交给丈夫，“记住啊，以后打电话别跟我连喊带叫的，像我多没人味似的。警察了不起啊？就你境界高？”

成子嘿笑着：“我不是着急嘛。哎呀，儿子呢？”

杏妹说在车里睡着了，嗔怪地瞪他一眼走了。

等韩子成办好住院手续，老张太太已在病房打上吊瓶，安详地睡着了。值班医生说，果真是脑梗塞，幸亏来得及时，晚了就会引发脑出血。韩子成放下心来，悄悄把老张头拉到一边。

“大爷，这是住院押金收据，您收好。这钱您有了还，没有以后再说。照顾好老伴是真格的，别为这点小事着急上火。”

老张头一把拉住他，哆哆嗦嗦跪了下来。病房里的人都被这一举动吸引过来了，七嘴八舌地问究竟。待老张头哽咽着细说原委，韩子成更走不脱了。

“哎哟喂，闹了半天你们不是一家的？”值班医生差点跌落眼镜，“没想到还真有这么一位像样的。说实话，我对你们警察可是一向印象不佳，有些人简直就是职业流氓。”

一片赞誉夸得韩子成很不好意思。他笑着说，那只是个别现象，现在警风警纪都在好转。人帮人，应该是很正常的事。

值班医生竖起大拇指：“佩服！看得出，你不是光练嘴那一伙的。”

黄玫突然一个星期没在酒店露面。本来黄玫和她的顾问们出出进进很是让江少杰闹心，冷不丁不露面反倒让他心里没了底。找借口往黄家别墅打电话打探虚实，接电话的总是那几个护工，她根本不在家。这让江少杰一再犯起嘀咕：她在干吗？

知道黄玫行踪的只有黄玫自己和她的女保镖。按照计划，她首先拜访了戒

毒所，正式拿到了弟弟黄伟吸毒、治疗、逃跑直至身亡的全部资料。接着她去监狱探视仍在服刑的齐贵山。尽管不明意图，齐贵山还是把他所知道、猜测到的一切和盘托出了。黄玫认为，齐叔提供的情况堪称最重要的收获，它清晰地描绘出了江少杰在希格尔和对黄家的所作所为的轨迹。为验证齐叔的某些猜测，黄玫甚至找到了独居乡下的郝嫂，说服她讲出了她曾经听到、看到的一幕幕丑陋情境。

至此，黄玫眼前呈现出了一个毫发毕现的江少杰，他是唯一的目标。

然而没有一件足以击倒对手的证据。

一个星期以来，受一种甘甜如饴的快乐感驱使，韩子成每天都抽空到医院看望张四毛子老娘。这种快乐感对韩子成而言并不陌生，自从在责任区分发警民联系卡以来，他屡屡都能感受到，那是一种施予、奉献、无私帮助别人时才会有的自我陶醉，已经不知不觉成为韩子成从警工作的一个精神支柱。

听说老太太脱离了危险期，韩子成特意拉上杏妹来探望。

“大爷，这是我媳妇。”

老张头拉住杏妹的手又一次激动起来：“好人，你们都是好人啊……”

杏妹给一屋子人看红了脸，不好意思地递过保温饭盒：“我熬了鸡汤，不知大娘能不能喝。”

老张头不顾他们阻拦，执意唤醒昏睡着的老伴：“老伴，你醒醒，看谁来了……他们是你的救命恩人啊，没小韩两口子，你早到阴曹地府见阎王了……”

一双浑浊的眼睛睁开，在老伴的指引下，老太太枯黄的脸上绽出了笑纹，嘴里还激动地呜噜着，分辨不清在说些什么。

“这是小韩媳妇，专门给你熬了鸡汤。”

那双老眼里渐渐蒙上一层云翳，随即潸然泪下。病房里的其他人看到老太太流泪，莫不为之动容。

“大娘，您别太激动，安心养病。”杏妹抚摸着老太太青筋暴露、布满老年斑的手，柔声细语道，“有事儿大家都会伸手的。”

韩子成两口子走后，病患和陪护们纷纷感叹起来。

“老哥，你算碰上好人了，小伙子比你儿子都亲啊……”

“可不，你老伴有病，儿女都没靠前，人家倒天天来嘘寒问暖……”

老张头心弦被触动，脸上愈发挂不住了。他突然起身，蹒跚着在住院大楼

外面撵上韩子成夫妇。

“韩同志……这不认不识的，我这心里……作为罪犯家属，你一点不歧视……”

韩子成笑道：“有犯罪嫌疑的是你儿子，又不是二老。在我眼里，责任区内的老百姓谁都一样，你们都是我应该照顾的亲人。”

“我看出来，你并不是冲我们家老四才这样的，这更叫我愧得慌。我谢不起你呀韩同志，只有帮助你们逮住那个畜生。”

说着，老张头从贴身怀里摸出一封信来。据他说，这封信是四毛子几个月前写回家里的，怕警察搜去他一直贴身藏着，“我想开了，这个孽障到哪都得祸害人，不如早一天去蹲大狱。去抓他吧，全当我没养过他。”

韩子成乐晕了，这真是踏破铁鞋无觅处，得来全不费工夫。他连声谢都忘了说，抓过信飞快赶回派出所。

张四毛子的信在李所长的桌上被小心展开。大意是他惹了事，只好去南方避风头，并在那里开了一家小酒店。信尾问候了母亲的身体，多少有些愧疚的口吻，最后嘱咐家人读后把信烧掉。信不长，歪歪斜斜的字体只占半页，没有地址。

韩子成拿着信封研究半天，忽然想起看邮戳。于是他们找出放大镜，辨认起盖在邮票上那枚模糊不清的邮戳来。不久，两人异口同声认定，信是发自广西北海。他们还分析，如果张四毛子真在那里开着饭馆，肯定一时半会儿挪不了窝。

李所长马上给分局打电话汇报了他们的新发现。分局领导明确表示，将请求当地警方协助抓捕网上通缉犯张四毛子，重点范围当然限定在当地餐饮业从业人员。

放下电话，李所长和韩子成同时发现副所长海岩不知何时站在门口。

“哦，这么说张四毛子有下落了？”海岩颇感兴趣地问道。

江少杰的手机几分钟后便响了起来。电话里是那个熟悉的声音。听对方讲完，他拿出另一部轻易不用的手机拨通一个号码，作出详细的布置之后，最后给张四毛子打电话。

“老四，是我。很久没联络了，挺好吧……告诉你个好消息，案子结了，结论是汽车肇事……对，费了不少周折，这下没事了，你可以回家了……不

忙，先把那边的小酒店兑出去，收拾利索了我再派人去接你，让他告诉你回来该怎么说……先别声张……好，保持联系。”

收了线，江少杰从这部不常用的电话中抠出手机卡，用剪刀仔细剪碎。这个手机卡是他盗用一名员工的身份证买的，没人知道它的号码。

一点痕迹不能留下。他一边剪一边告诫着自己。

做完这些，江少杰点上一支烟，两脚习惯性地架上大班台。

北海市慈光路有一家门面不大的小酒店“东北炖菜馆”，营业面积只够摆4张桌加两个小包房。业主是沈阳人，叫王滨，一年前兑下的这间半死不活的小饭馆。接手后王滨心思并不在改善经营上，变着法把他雇的几个小姑娘挨个搂上床，遇上不愿意的也不强求，而且出手大方。除此之外王滨似乎别无所好，而且特别不愿接触人。

这天，王滨正在小包房的沙发上和他新招的一个湘妹子狎戏，店里忽然来了一个戴着墨镜、胸大肌突出的年轻人。打听到老板的所在，来人直接进了小包房。

“你是王滨吗？”来人操东北口音。

王滨愣愣地点过头后，来人接着说：“我是江总派来接你的。”

湘妹子红着脸给衣服系上扣子出去站吧台了。5分钟后，这湘妹子看见来人独自出了包房，老板也没出来送。让她纳闷的是，那个戴墨镜的家伙临出门还把“出兑”的牌子给翻了过来。而包房里又静得出奇，湘妹子便带着小小的纳闷走进去，接着拼足力气发出了她有生以来最响亮的尖叫。

王滨的喉管被很整齐很专业地割开了。当地警方稍后查明了他的真实身份——容海市公安局督捕逃犯张四毛子。

滨海小区的新居交上钱后钥匙拿到了，一家3口满怀新奇与欣喜小心翼翼摸进刚刚属于他们的家。两室一厅，卧室一南一北，是毛坯房，虽不及样板房那样光彩照人，有家的感觉毕竟是甜蜜的。

韩子成立刻划分领地，大卧室归他和老婆，小房间给儿子。冬冬坚决反对，他要和妈妈睡，而且理由非常地道：我是小孩，一个人害怕，你是大人，干吗还要妈妈陪？不害羞！韩子成只好揉着笑疼的肚皮向小皇帝妥协。接着他情绪高涨地开始和儿子丈量各种尺寸，盘算买哪些家具。

杏妹颇不以为然，说铺上地板就可以了，用不着大折腾。她心里有数，这里只是一个过渡的“家”，不会住很久的。她理想的“家”比这要大，要宽敞，因为她有实力建构那样一个“家”。只不过杏妹不愿说出来，她认为还不到时候。

“好，好，你看着办吧。”接过一个电话后，韩子成像是忽然没了兴致，情绪低落。

“你好像不高兴了。谁来的电话？”

韩子成说他经手的一个案子，嫌疑人被杀，线索断了。

“你知道也罢，好有个思想准备。我怀疑，这件事跟他有关。”

“谁？”

“他。”

杏妹两手抓在一起，用力绞着，这是她紧张时的特有动作。通常，他们用“他”来指代一个人，彼此都晓得是在说谁。

“他……是凶手？”

“没有证据。”韩子成小声说，“不过有迹象表明，他和一连串恶性事件关系重大。”

“能枪毙吗？”

“如果证据确凿，起码会判重刑。”

韩子成知道杏妹心里不好受，便把她一直绞个不停的两手分开，握在自己厚厚的热掌之中。杏妹无力地依在丈夫怀里。

冬冬不干了，气急败坏地指着搂在一起的父母：“你们俩又搞什么鬼？”

韩子成随后给黄玫打电话，简明地向她通报了坏消息。

“这是不是说，对手的势力已经很大很大……”黄玫在电话里的声音很小，但韩子成听出了其中的颤音。

“如果他是主谋，可以这么肯定。”韩子成说。

开业是不声不响进行的。这天夜里，江少杰力邀合作伙伴海岩到场。他们乘电梯升上顶楼，按规定，保安员立刻用对讲机联络，领着他们登上天台的步行楼梯。天台的铁门自动从外面打开了，那里出现另一名保安员。验过两人的会员卡之后——这是另一条死规定，认卡不认人——保安员才准许他们进入铁门。

走在天台上，入目的是满天星斗和万家灯火。

“看见了吧，海所，我忽然发现，星星和灯光的颜色差不多和金子一

样。”

海岩有自己的问题。为阻止江少杰，他使出了浑身解数也没得逞。对形成的局面，他只能无奈地接受，或者干掉江少杰彻底摆脱挟制。

“你的老板一点不知道？”

江少杰告诉他，黄玫得到了充分的暗示，正在把自己教化成商人的她已经做出绝不干涉的承诺，“商人嘛，本质上都是唯利是图。”

他们走到天台另一端，保安员开启另一道门，一束明亮的灯光射了出来。江少杰指着这个隐藏在厨房通风口旁边的秘密入口说，万一大门口有动静，客人们将经由这个出口，穿过天台铁门下到酒店顶层以下的各个房间充当合法消费者，等警察冲上来这里会一个人影都不见。

从窄窄的铁楼梯下到里面，江少杰和海岩便来到了一个小规模赌场的大厅。这里占据着酒店顶层的整整一半，边上有三个包房和一个工作间。烟气腾腾的大厅中央是一张大型骰宝赌台，一个在美国受过培训的年轻人玩杂耍似的摇动着骰罐，牵动着周围赌徒们发红的眼睛。靠墙有一排吃角子老虎机，哗然作响的硬币碰撞声不绝于耳。工作间外面的吧台前有人正用大捆的现钞换筹码，吧台上居然还有一部刷卡机。一间包房的门半开半掩，隐约可见里面亦是赌戏正酣。里里外外，少说有200多人。

海岩看呆了，恍然置身澳门赌场。望着他吃惊的表情，江少杰在大笑中拍响了巴掌。

“大家静一静，静一静。”江少杰站到一把椅子上，“今天是希格尔娱乐有限公司开张的日子，出于众所周知的原因庆典那套花哨玩意儿就不搞了。来的都是朋友，看得起我江少杰，大家玩好是真格的。可能有人心存顾忌，怕万一响了或有人砸场子，现在我就为你们解开这个扣儿。”他把海岩拉到椅子前，居高临下拍着这个没穿制服的警察肩膀，“这位朋友可能有人认识，有人不认识，他姓什名谁并不重要，重要的是他来自大家最担心的那个管制部门，而且权倾一方，这个小场子正是我们合作的结晶。所以各位尽管把心放到肚子里，这里固若金汤。”

有人吹口哨，有人鼓掌。唯有海岩的脸阴沉着。

最后，江少杰鼓吹说去澳门太远，号召赌徒们以后只管来希格尔尽兴。

是夜，海岩和江少杰在工作间一直待到曲终人散。

“看见了吧？今天客人总共兑换了960万筹码，我们抽5%，可得48万元。”江少杰说着递给海岩一张牡丹卡，“你拿3%，将近15 000块。钱在卡

上，随时可以提出现金。”

海岩是用双手接过牡丹卡的。

“满意吗？这就是你作为保护伞的价值体现。可实际上你干了什么？”

海岩忽然问道是不是每天都有这么多，得到回答是只多不少，大头还在日后。海岩立刻掰手指计算，每天按1万算，全年就是300多万啊！

“我小姨子没工作，让她来站吧台吧。”

江少杰明白海岩的意思，怕他打埋伏虚报账目，“可以。不过照规矩她得常年住在这儿不准出去，断绝一切外界联系，直到赌档黄摊儿。”

海岩恶狠狠道，就是把老婆锁在这儿他也愿意。

张会计师和刘中浩一大早叩开了黄家别墅大门。他们是来报喜的。

“初露端倪。”张会计师拍着自己的大皮包说，乐得嘴都合不上了。他拿到的材料显示，希格尔洗浴中心项目是江少杰一手操办的，当时的总投资是7 300万元。张会计师利用装潢公司唐老板一笔数目较大的偷税账迫使其屈服了。唐老板最后面对张会计师拿来的当年装修材料价格表，不得不承认该工程实际标的为6 900万，其余的1 400万元进了江少杰的腰包。张会计师还拿到了1 400万元分期分批进入江少杰私人账户的银行对账单复印件，每一笔的数目、时间都清清楚楚。这就是说，江少杰通过不法手段侵吞酒店巨额财产又一次被抓住了尾巴。

“仅此一项，少说判他十几年。”刘中浩喜滋滋道。

黄玫却只要求他们继续查，以不致打草惊蛇为限。小个子律师怕夜长梦多，建议黄玫向法院申请冻结江少杰的账户，以防其听到风声转移财产。

“不，我要的不止是这些。”

当律师忍不住问道黄大小姐是不是有更高的目标，她笑而不答。

为探听到江少杰是否受到惊动的虚实，当天上午黄玫来到酒店，找个借口来到他的办公室。江少杰误会了，以为黄玫是来打听顶楼的营业情况，便把台账拿给了她。

黄玫很吃惊，她看到8楼每天的净利都在10万元以上。

“不相信是吗？”

“就顶楼巴掌大那块地方？”

江少杰洋洋自得地宣称，化腐朽为神奇是他的拿手戏。

“我终于弄明白了酒店得以持续发展的最大原因。”黄玫说，“难怪我的

父母亲会那么器重你，看来人才是最宝贵的财富绝非戏言。”

“黄董不是在讽刺我吧？”

“No，我说的是心里话。真不敢想象，没有你的聪明才智策动这部商业机器，希格尔会是什么样子。坦率地说，我不太知道该怎样表达自己的感激之情，加薪、奖励，这些是不是太小儿科了？”

江少杰糊涂了，一面虚与委蛇，一面猜测着她的意图。

黄玫建议，他们应该专门找出时间来讨论一下总经理权柄中的含金量，或是合理提高任职者所持干股的比例。

江少杰简直晕菜了：“开玩笑？”

“江总看我像一个有幽默感的人吗？”

这一句问得他有些狼狈，该怎么回答？看上去黄玫似乎并不期待他的评价。她自称这些想法不算新鲜，极大调动高管人员积极性莫过于使他们部分地成为企业的拥有者，从老牌公司丰田到现代高科技巨人微软都在这么干。她要把信心建立在参与者共同拥有上，一起发财，好钱不是一个人能赚到的。一席话说得江少杰心花怒发，甚至开始有点相信，这个黄毛丫头看来真的变了，在往商贾之道上悟。

“想不到黄董这么开通。老板有这样的远见卓识，何惧商海汹涌、恶浪滔天？希格尔必将成为不沉的泰坦尼克号。”

黄玫交还台账，破例握住江少杰的手：“路还长呢，我们慢慢走。”

剩下江少杰一个人，他又把黄玫的话咀嚼了一遍。之后，他给顶楼的保安打电话，重申自己的命令：不管任何理由，都不准放黄玫上去。

希格尔大酒店顶楼开设地下赌场的消息不胫而走，风声虽不大，很快传到了管片民警韩子成耳朵里。他向酒店工作人员打听过，得到的回答一概是几间台球室和电子游戏厅，也曾试图上去察看，均被白天不营业大门打不开等堂而皇之理由婉拒了。但无论如何，韩子成都不相信江少杰胆子会那么大。同时他还想到，业主是黄玫，她总不会纵容江少杰胡来吧？

一个举报电话改变了韩子成的看法。打电话的人不肯透露姓名，自称是被逼无奈成为希格尔娱乐有限公司会员的，一个月来连输带被抽红已经扔在那儿上百万元，再赌下去他的公司只好关门破产。他还详细向韩子成描述了赌场位置、规模和玩法等等。韩子成问为什么把报警电话打给他，那人说无意中得到过他的警民联系卡，并说一个担当着市人大代表这样社会职务、口碑良好的民

警是值得信任的。

韩子成怕其中有诈，思虑再三没敢声张，选择了秘密侦查。一连几夜他都发现，打烊后的希格尔大酒店门前都停放着很多进口车，而每到凌晨两三点钟便有一大群派头十足的家伙出来上车走掉。从这一现象推断，韩子成认为那个匿名电话所言不虚。于是在最短的时间内，一份侦查报告拟成了。

“所长，突击检查吧。”韩子成郑重建议道，“必要的话，可以请分局联合行动。”

李所长把韩子成的侦查报告看了一遍，竟当着他的面用打火机点燃了。

“李所长！”眼见自己几天来的心血瞬间化为乌有，韩子成既惊奇又生气。

李所长把韩子成带到派出所外面没人的地方，这才问他：在某种程度上，希格尔是容海市最大的黑窝，警方几次动手均告失败，为什么？

韩子成明白，所长的话是有所指的。他们曾在私下里把怀疑的焦点锁定在个别人身上。

“鉴于以往的教训，这次我们绝不可以轻举妄动。”李所长继续道。他告诉韩子成，其实分局刑警队早就开始秘密侦查了，待时机成熟会有大动作，“这个案子你就不要插手了，等着唱配角吧。”

韩子成一怔：是不是因为和江少杰、黄玫的特殊关系让我回避呀？李所长看破他的心思，笑了：“傻小子，尽往窄处想。”

接着李所长暗示他，最近湖滨派出所领导班子可能会调整，分局党委对韩子成的考察已经结束，初步打算是让他走上领导岗位，具体位置不详。他让韩子成做好准备，迎接分局领导对新提拔干部的任前例行谈话。

韩子成汗都下来了：“我……我能行吗？”

“行与不行不是我说了算的。估计月底前就会宣布，很可能与清查希格尔同步进行，因为，那时候有人会被拿下。”

即将挑上重任的韩子成迅速把兴奋点转移到工作上，黄赌毒，希格尔大酒店差不多样样齐全，对它的行动为什么要拖延呢？李所长的解释是不要轻易惊动江少杰，此人身上抖落不清的东西太多了。

“韩子成，跟我说心里话，你们是儿时的好朋友，中间还夹着杏妹和冬冬，有很深的恩恩怨怨。到时候有顾虑可以申请回避，我理解。”

韩子成郑重表示，愿意接受组织上的考验。

回到办公室，刚好黄玫打来电话，她要来派出所。

“不必不必，还是我和韩子成到你那儿去。”李所长当着海岩的面对听筒说。

驱车赶到黄家别墅，黄玫交给他们的是整理成文字的调查材料，足足花费了她半年心血。李所长一时来不及看，只问她有没有打草惊蛇。

“我始终很小心，相信已经稳住了他。”黄玫说，“问题比想象得要严重得多，谋杀很可能从我父亲身上就开始了。”

韩子成和李所长挤坐在一起，把黄玫的私家调查逐字逐句读了一遍，直到夜幕降临。黄玫始终陪在一旁观察两名警察的一颦一笑，期冀从中猜到更多的肯定信息。

“我的结论是不是很可笑？”留给他们充分的讨论时间后，黄玫忍不住问道。

李所长认为黄玫在低估自己的智慧。他介绍说分局刑警队两个专案组和黄玫的调查方向是一致的：矛头都在指向江少杰，他身上的疑点越来越重，特别是经济犯罪事实清楚，证据确凿，立案不存在任何障碍。但谈到刑事犯罪，李所长坦言警方和黄玫都没有抓到谋杀的证据；在她的调查材料上，有关证人证言只提供了线索和各自的怀疑，关键人物非死即残。仅凭这些起诉江少杰刑事犯罪，检察院肯定认为证据不足。

“但并不是说现有的材料作废没用了，还有进一步挖掘的余地。”韩子成说。

黄玫有些失望：有一点她是清楚的，如果由警方出面，她的证人们会顾忌重重，他们未必能得到比这更多的东西。而调查是唯一途径吗？不能主动做点什么？

李所长终究是个老警察，他看出了黄玫的想法不会局限于文字上，便用多少带有抛砖引玉的口吻说道：“犯罪是确定无疑的，他不会逍遥法外，执法机构不能容忍，你更不能容忍。”

给两名警察盯着，黄玫不好意思地笑道，虽然想了很久，她还是担心自己的想法过于幼稚。那需要精心策划，还要加上警方配合。

“快说说看。如果能出奇制胜，何乐不为？”

“我要演一出捉放曹，把江少杰逼上绝路。”黄玫说，“当然，要你们出师也是有名的，第一步先搞掉希格尔顶楼的赌场。”

韩子成和李所长面面相觑：原来她早知道！

黄玫笑称她每天去酒店就是在琢磨江少杰的一切，“不过，处理的时候你们可得对我这个业主网开一面，我这也算是主动投案吧。”

第20章

代号“猎狼行动”的警方联合行动定在凌晨1点。住在希格尔旅店部的一伙外地年轻客人，突然在这一时刻摇身一变成了内穿防弹背心，外着迷彩服、手持微型冲锋枪的武装特警。他们冲上8楼，制服了那里几名保安员，牢牢封锁住天台铁门，确保赌场里的人一个也逃不脱。与此同时，十几辆只闪警灯未闻笛声的警车和数十名干警将希格尔大酒店围得铁桶一般。一架消防云梯直升天台，一队武装警察攀上天台将赌场里的上百名赌徒抓了个老老实实，打开天台铁门后把这一大串有头有脸的人物押到外面。围观的人们看到，其中有政府官员，有私营老板，国企大亨也不在少数，个别面孔平头百姓只配在电视新闻中仰视。

搂草打兔子，一伙在底层洗浴中心给逮了现行的半裸不良浴客和三陪小姐随后被押解出来。

江少杰是在他的办公室落网的，当时他正拼命拨叫海岩的电话，直到被戴上手铐也没叫通。江少杰十分不解：如此大规模的行动，湖滨派出所的海指导员怎么会一点风声都没听到？

更让他感到沮丧的是，手铐是好兄弟韩子成亲自给他戴上的。

“成子！”被推出门之前，江少杰死死抓住好兄弟的衣襟。

韩子成没有表情地盯着他的眼睛，掰开他的手指头。

进了公安局拘留所，江少杰始知希格尔遭到突然袭击的原因——在一间羁押室的窗口，他看见海岩的面孔，后者制服上的警衔和徽章都不见了。

“江少杰！你把老子毁了！”海岩双手抓住门窗上的铁栏杆破口大骂，“×你妈！我做鬼都饶不了你……”

让这个小丑叫去吧。江少杰心里憋不住乐，毕竟是把一个自以为是的国家公职人员拉进来陪绑。好在他心里有数，那几件“大事”海岩毫不知情。

第二天，黄玫和她的小顾问班子若无其事来酒店上班了。整幢大楼已被查封，唯有总经理室让人费解地没上封条。给中层以上管理人员简单开个会宣布放假之后，黄玫一头扎进办公室里间。

“最坏的结果是什么，对他而言？”黄玫问。

律师刘中浩引经据典为她讲解：巨额罚款不可避免；违反社会治安条例虽负有刑事责任，但至多是拘留30天，因为江少杰不是酒店法人，只承担部分责任。

张会计师提供的数据表明，罚款数额再大，也不能使江少杰破产，他搂得太多了。在列出的江少杰财产清单上，他拥有20%希格尔股份，同时拥有洗浴中心10%干股；根据对他掌握实权以来的经手账目和对赌场两个月营业额的估算，保守估计江少杰总共贪污及非法所得应在3 000万元左右。就是说，加上合法所得江少杰手里应该有不少于这个数目的现金，也许秘密购置赌场设备会用掉一些。综合计算，他的总资产约7 000万元。

现在，摆在黄玫面前有两条路。一条是拿出现有证据，以贪污、欺诈、不法经营罪名把江少杰告上法庭，既能挽回经济损失，又能使之戴罪入监。但仅是谋财罪，害命之仇就此了结。另一条是按既定计划继续与江少杰周旋，直至报仇雪耻。

黄玫几乎毫不犹豫选择了后者，她正在做的，本身就是沿这条路线艰难跋涉着。

奔驰560驶至容海师范大学校门口停下，黄玫让女保镖兼司机留在那里，自己一个人走进校园。像从前一样，她不想张扬自己的出身，否则会有一种羞耻感。

教授正在等她。教授本来有堂研究生的课，因为黄玫打来了电话推到下午。若在以往，打死刘国祯也不会这么做。但这次不同，不同在何处教授也说不清，反正他莫名其妙把课串了。

师生见面，也没什么问候，只是相互凝视了半分钟。

“什么事？”

“老师，您还记得咱们实验室去年取得的那项抗癌药的专利吗？”

刘国祯当然记得，为阻止这一有重大缺陷的药品流到不法厂商手中，他和同为发明人的黄玫一道与系领导进行了一场近乎惨烈的抗争，最终他们赢了，ISPN封存，教授也付出了代价——博士生导师资格被剥夺。

“我想以个人名义拥有它。”

教授大吃一惊，陌生地盯着自己的女弟子。ISPN研制到一定阶段，他们发现无论怎样改变各成分比例，衍生物的强烈副作用都降不下来，毒性接近罂粟碱，所做的少数几例临床试验效果均不理想，对患者充其量起到类似杜冷丁

的缓解作用，批量生产等于制造合法毒品。给ISPN戴上抗癌新药的光环，就像有人说吗啡能治恶性肿瘤一样可笑。

“你，你再说一遍！”教授站了起来，抖着手指向黄玫。

黄玫知道，教授手指发抖是他亮出特有的大嗓门并将发火的前兆，慌忙把门关上。

“老师，我买ISPN绝非出于商业目的。如果您怀疑这一点，可以向警方求证。”

警方？教授固执地摇着脑袋，他不相信，因为ISPN像海洛因一样厉害。黄玫耐心解释说，专利买到手之后，她会马上申请注销，并在仅仅作为一种凭证式使用后作为科研资料捐回实验室。这些条件可以在购买的同时公证。

“你拿什么做保证？”

“我的人格。”黄玫轻轻道，“您说过，我是您最好的学生。我不敢辜负老师。”

教授直视她的眼睛，似乎要从中辨出真伪。黄玫便一眼不眨，任由老师审视。

“等一切结束，我还会给您一个惊喜。这同样是条件的一部分。”她说。

江少杰快疯了。被关进拘留所近一个月以来，警察只提审过两次，问的又都是些鸡毛蒜皮与赌场犯案不相干的小事，颇有几分闲极无聊拿这个昔日威风凛凛的总经理打哈哈开涮的意味。他不知道警方掌握了多少，因而也就无法预料前面等待自己的是什么。而每天做着各种猜测，对他无疑是一种痛苦的折磨，甚至盼着有人来提审，是死是活，总得有个结果呀！江少杰这才体会到，为何有的囹圄中人宣判前坐卧不安抓心挠肝，拿到判决书哪怕是死刑通知反倒能躺下呼呼睡大觉。

每天还要忍受海岩歇斯底里的臭骂。虽然他们两人的单独羁押室并不挨着，那绝望而悲愤的骂声却能清晰地通过长长的走廊传过来。海岩骂得很花花，从祖宗三代骂到江少杰给兰妮当面首，听得满走廊一片叫好。或许是因为监管人员大都认识海岩的缘故，他们装聋作哑睁一只眼闭一只眼，有时还欣赏得津津有味。

忽然有一天，江少杰所在的羁押室在不该开锁的时刻被打开了。

“起来跟我走，有人保你出去。”进来的警察对神情木讷的江少杰说。

他将信将疑跟在后面。在经过海岩的拘室时，江少杰又一次听到他恶毒的

诅咒："姓江的，你他妈不得好死……"

来到拘留所办公室，江少杰意外地看到黄玫坐在那里。大家相对无言，默然办理完相关手续离开了拘留所。在车上，律师刘中浩小声告诉江少杰，是黄小姐东奔西走，好不容易才使检察院放弃起诉。

"去收拾一下，然后到我办公室。"在车上，黄玫只对他说了这么一句。

希格尔已经重新开业，江少杰就在自家澡堂子里洗了淋浴，换身衣服，然后毕恭毕敬站到黄玫面前。在洗澡的时候，他对这场不可避免的会面揣摩了各种可能。

"江总，我保你出来可没那么便宜。你得还我钱。"黄玫开场就不客气地说道。这是江少杰万万没想到的。"这是公安局开具的证明，洗浴中心和顶楼因不法经营没收了你所占的份额，是我用现金顶的账。顶楼开办赌场人赃俱获，是你擅作主张，负有完全责任，我这个法人因此蒙受不白之冤，也被罚了一笔钱。这些加在一起有3 000万，算你欠我的。"

江少杰拿起她抛过来的清单，除去她刚刚提到的，还标明了地下赌场报给财务的账目是伪造的。根据警方的统计，赌场秘密开业两个月，总赌金高达7亿元，江少杰个人按2.5%抽红，总计约1 700万。黄玫要求他把这笔不洁收入一并交还酒店。

"鉴于你私下购买赌具可能有所破费，这后一笔账我们就打个对折吧，算850万。"黄玫说，"如果你同意，请在这份股权转让书上签字——今后你将不再拥有希格尔任何股份。"

江少杰把那份清单和合同文本看了一遍又一遍，慢吞吞道："我要是不签呢？"

黄玫立刻反诘："那么就请回答，我的要求过分吗？哪儿不合理？赌场开业是在我毫不知情的情况下运营的，所有的责任当然要由你承担。至于你手中20%股权的估价，参照的是你一年前从我母亲那儿买入的价格，你们当时的合同就在这儿。不想放弃股权你只有一个选择，偿还不低于3 850万元的现金。"

江少杰无以反驳，她说的字字句句都在理。黄玫接着暗示他，签字还是划算的，如果江少杰刻意赖账，她能保他出来，也能把他送回去。

"欠债还钱，天经地义。这里不存在恶意，回去好好想想吧。"

这个黄毛丫头有那么大能量吗？一想到她竟能使被查封的酒店半个月后解禁，并让自己逃脱罪责回到自由天地，江少杰感到了黄玫的深不可测。

"你说，黄玫搞这一手，是不是冲我来的？"回到自己办公室，江少杰问

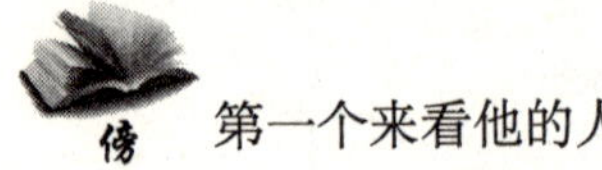

第一个来看他的人。

曲三支支吾吾道不好说。在他眼里，这年头人人都冲钱使劲，黄大小姐放弃美国留学钻出象牙塔并不奇怪。

“谁告发的呢……”

“如果是她，那可太傻了。”曲三故作聪明道，“明摆着，她这次也栽进去上千万。再说，赌场的事她确实一直蒙在鼓里呀。”

江少杰不得不承认，表面上看的确如此。背景是什么，如果有背景？

他随手打开抽屉，那把钢珠手枪还在。江少杰取下弹仓，看见上有黄油的子弹颗颗闪亮。

下午，黄玫在一楼大堂召开全体员工大会。她在会上宣布了两件事：不久的将来，她将买下齐贵山手上的15%股份，从而全资拥有希格尔大酒店，届时董事会将不复存在；由于江少杰不法经营给酒店造成巨大损失，负有不可推卸的责任，即日降为副总，薪金随之减少。

会后，黄玫继续向江少杰施压：要想保住副总的位子，唯有接受她的条件。

“请原谅，我只留给你一天时间。”

接着黄玫和身穿囚服白发苍苍的齐贵山第三次面对面坐在一起了。与以往不同的是，这次她带来了律师。刘中浩不厌其烦地为老囚徒讲解了他的权利和相关法律。他和黄玫一唱一和，甚至动用了齐贵山不过是强取豪夺的15%希格尔股份这类刺激性语言，何况价格又不低——2 000万元现金，终于迫使其就范。

“丫头，你收回全部股份，不会是仅仅满足于做希格尔的唯一主人吧？”签下自己的名字，齐贵山忽然问道。

黄玫说她将整体出售。

“那是你爸爸一生的心血啊……”

“不。”黄玫对自己说，“它是罪恶之地。因为它，家里横祸不断，非死即残，对很多人来说，希格尔是邪恶欲望的象征。如果它不存在了，所有的悲剧都或可避免。”

黄玫什么也没说，只留下一张内存2 000万元的银行卡。她和小个子律师都没看到，齐贵山捧着那张银行卡哭了。

斟酌再三，江少杰在黄玫限定的时间内在股份转让合同书上签了字。这是

最让他感到难受的一次签名，等于一半的财产被拿走了。另一方面，从股东跌回打工仔，那是怎样一种失落？

送合同文本时，他在总经理室外间看见了一大群人，大都穿着制服，有工商、税务，还有市公证处的。江少杰不知道发生了什么事，把他昔日的助手，现在为黄玫工作的硕士女秘书叫到一边。

“会计师事务所在清产核资。”女秘书悄悄说，“江总还不知道吗？老板要卖酒店，私下运作好长时间了。”

江少杰暗自吃惊。推开里间办公室，看见刘中浩等人正围着黄玫嘀咕什么。

“黄董，听说酒店要盘出去？”呈上合同文本，江少杰忍不住问道。

黄玫屏退众人，在应由江少杰保管的那一份合同书上签过字，才慢吞吞道：“纯属谣传，你听谁说的？”

江少杰粗鲁地要求她据实回答。黄玫举起江少杰和齐贵山的股份转让合同，婉转地告诉他即使有，也是她的私事，因为她已经成为希格尔的唯一业主，不需要和任何人打招呼。

“酒店上下300多号人怎么办？我也是其中一个。”

“这你不用担心，我都安排好了。”黄玫淡然道，“你们为酒店服务多年，没有功劳还有苦劳。新东家接手后5年内没人有被辞之虞，这是我为自己立下的谈判原则。”

果真确有其事！

江少杰惊奇之余，试探着说酒店效益始终不错，从他接手后利润保持着连年递增，变现后把钱存在银行吃利息实在不上算。这一招果然触动黄玫的自尊心，她笑称他在小瞧人，已经有了更好的项目，自己回来亲政一直在为此筹备。

“噢，那是什么？”

黄玫似乎在犹豫说与不说。这时，一名公证员叫她出去一下。黄玫离开座位，告诉江少杰有事就等她一会儿。岂不知这一等就是十几分钟，江少杰走也不是留也不是，便随手从大班台上拿起一份文件翻阅。

那是一份药厂项目计划书，江少杰立刻看直了眼睛。发现这只是一个复印件，桌子上还有好几份，他咬咬牙，把手上这一份小心折好揣入西服内袋，然后退出了。

江少杰和曲三在办公室里研究了一下午那份药厂计划书。上面说得比较笼统，大意是黄玫拟与郊区永和乡合股开办药厂，其中黄玫将投资5亿元和技术

股份，占80%股份；永和乡以其经济开发区内现有厂房入股，或是租赁厂房，具体合作方式未定。看日期，正式启动时间在2010年年初，已经迫在眉睫。

“老三，你对制药行业知道多少？”

曲三一无所知，只听说这些年倒药都发了，利润较高。“黄玫搞餐饮显然不在行，一定是在她熟悉的领域发现了新大陆，人家可是化学硕士。”

酒店一换主子，还有我的好果子吃吗？江少杰垂头丧气地思来想去，冲动得几欲打算收拾收拾走人。盘点一下家底，尚有3 000万多一点。

“江总打算去哪？”

不知道，江少杰对自己说。他真的不知道该何去何从，黄玫的出现打乱了他的全盘计划。

时间在难耐的煎熬中一天天过去。

一星期后，黄玫突然在中层管理人员例会上公开了酒店出售的消息。买主是一个广东老板，希格尔将被改造成为容海最大的粤菜馆。她向与会人员保证，5年内不会有人在没有过错的情况下无故失业，除了后厨要进一批粤菜师傅和管理人员变动，绝大多数人都将留在现在的位置上。此外，黄玫提到在交割之前要为全体员工加一次薪，以表达黄家两代人对大家多年奉献希格尔的最后谢意，加薪以服务年限为标准。

“我讨厌这儿。”在讲到出售动机时，黄玫坦率地说，脸上遍布忧伤，“我的家人，几乎无一例外在这儿出了事。这是一个很重要的原因，我心里烦。所以，还望大家予以理解，安心工作，帮助我平安完成交割。”

最后这段话说得每个人心里都很沉重，会议室里出现了长时间的静默。

忽然，老王带着泪音询问起黄玫今后的去向。

“不是退隐山林销声匿迹，我还会留在容海做事。”黄玫说，“而且，我将带走一些人，条件是忠诚、聪明、肯干。现在，我念到名字的，按顺序下午到我办公室谈话，前提是自愿。”

她开始念一份名单，直到最后才提到江少杰的名字。

由于总经理、副总经理办公室紧挨着，曲三从门缝里看到名单上的人接踵进出。每个人谈话时间并不长，一般不超过10分钟。曲三也曾试图向出来的人打听，结果一无所获，黄玫不准他们透露谈话内容。

“江总，名单上排你前面的人出来半天了。”曲三忧心忡忡望着一直在狂吸香烟的江少杰。曲三的大名并不在那份名单上。

“江总，听她秘书说，黄老板收拾东西准备回家了。”

江少杰在最后时刻动摇了。起码得知道她打的什么牌吧？他摁灭手上的烟蒂，带着决绝的表情来到隔壁。

在总经理办公室里间门口，他和夹着手袋的黄玫走个碰头面。

“我还以为江副总经理自视清高，不会来呢。”黄玫盛气凌人地挖苦着，重新开了门。

江少杰捧起那份他偷过的计划书装模作样读一遍，淡然一笑，“好项目，大手笔。不过搞药业我是标准外行，一个门外汉能为黄小姐做什么呢？”

黄玫拿着江少杰的履历表历数了他的经历：从底层服务员直升总经理，形象宣传、坐台小姐、洗浴中心、赌场，几乎每年都有大举措出台；减掉几次查封造成的损失，使酒店受益在亿元以上。“不错，你出身寒微，地方师院毕业，然而并非所有的管理精英都怀揣MBA文凭。但愿我把你评价为一个天生的企业领导人不是判断失误。你聪明得异乎寻常，大概生来就懂得赚钱。这种资质我并不具备，它和受教育程度无关。在我的框架中，很需要江先生这样不可多得的人才。不过老实讲，我并不喜欢你。完美的人才应该是德才兼备，而你的风格更近似一个不法之徒，很有唯利是图的味道。聪明意味着狡猾，和狡猾的人打交道并非我的特长。江先生的问题还在于：凶悍、贪婪、勇于冒险、攫取欲望旺盛，不甘居人下，很难有人控制得了你。用好了，大家受益，用不好，你是个危险分子。我并没有想好怎样来安排你。所以，我们需要推心置腹地谈谈。”

江少杰隐隐打了个寒战。和黄毛丫头接触不多，她是怎么看到我骨子里的？显然，她曾花了大力气研究。

“你能满足做一个只拿薪水的被雇佣者？”

在她期待的目光中，江少杰耸耸肩一笑了之。

“早知道你不会同意。必须用某种方式约束江先生，把你的利益、意志、行动规范化。”

“愿闻其详。”

“在保证满足你全部要求的前提下，我要你绝对遵守规则——合作。”

江少杰拈起那份计划书轻弹着，意即上面什么也没告诉他。黄玫离开座位，从保险柜中取出一沓文件，挑拣着拿给江少杰。

“唯一的产品就是这种普通抗癌药物？”

黄玫提醒他注意该产品的副作用。江少杰这才重读药品成分分析报告的后半段：ISPN刺激神经中枢，能产生幻觉、兴奋、麻木、性机能亢进、丧失痛

觉等效果，连续用10粒以上就能上瘾……

“毒品！”

“对癌症以外的‘患者’，它的疗效可与吗啡媲美。”黄玫说着，出示了另一份文件。这份药检部门通过的检验报告是冠冕堂皇的另一派说词，ISPN的副作用被人为地淡化了。她强调，和海洛因等主流毒品的区别在于，它是完全合法的，可以堂堂正正走向全国药品市场，就像前几年风靡国内的某种止咳糖浆。

江少杰记得，那种止咳糖浆正是由于毒副作用能使人兴奋而名噪一时，后来被勒令禁止上市了。

另一份文件表明，ISPN在2008年就取得了国家抗癌新药专利，作为研制者之一，黄玫是该专利的独立拥有人。“我的导师是主要发明人，他终于被说服了。江先生，这就是我从大学里跳出来，卖掉希格尔的全部原因。”

作为补充，黄玫最后出示了她和教授于2008年向国家药监局进行药品注册申请的副本，还解释说通常情况下获得批准需要几年的时间。

“合作背景都清楚了，该你了。江先生，亮出你的尺寸吧。”

江少杰犹犹豫豫投石问路说，他可以连人带钱入股。

“你能出多少？”

“1 000万，我只拿得起这么多。”

黄玫冷笑：“江先生是在开玩笑吧？可行性报告你看过了，建厂投资在5个亿以上，你那叫钱吗？两个无菌制剂车间就将近4亿，厂房还是租的——我不想和永和乡合股，因为不划算。”

拐弯抹角问到资金，黄玫承认希格尔只值3.5亿，缺口部分靠贷款解决。这意味着，她是押上了全部家当。

“当务之急是抓住你这个鬼才，以一种利益相连的纽带。ISPN制剂预计一年形成批量生产，既打全国药品市场牌，又做地下交易。4年，我只要它存在4年，那时候ISPN将广为人知，官方也会注意到它的毒品性质，勒令停产是必然的。可你知道4年的保守利润是多少吗？”

她有意停顿下来，然后轻轻吐出一个数字。

“200亿？”江少杰差点从椅子上弹起来。

黄玫对他的惊骇不以为然，继续道：“所以说，这是一项极为冒险的事业，搞不好会倾家荡产乃至坐牢。江先生若有意参与，我们只能死死系在一起，有福同享，有难同当。唯有这样，我才能对你寄予彻底信任。”

她的具体想法是两个人共同持有ISPN专利，但江少杰只能是名义上拥有，配方黄玫仍将掌握在自己手里。她抓生产，江少杰负责全国明暗两大市场的开发和药品销售。

“开价吧。”江少杰吸尽一支烟后说。

“3 000万，不难为你吧？”

3 000万，那刚好是自己的身家所有啊。怎么会这么巧？心里这么想，嘴上却连叫太贵，还仅仅是名义上拥有。

黄玫恰到好处地抛出最后一枚鱼饵：3 000万比30个亿，孰多孰少？江少杰一眨眼就算出来了，这说明他可以占到一成半的股份。

“买到手，谁能保证黄小姐卖给我的不是一张废纸呢？你一翻脸不跟我合作怎么办？”

“你真是个农民。”

江少杰拍案而起：“你说什么！”

女保镖闻声而入，一堵墙似的横在两人中间。江少杰怯怯地站在那儿，脸涨成了猪肝色。黄玫见状，面无表情地示意保镖退下。

“江先生动气的时候，更像一个地道农民。”黄玫无所畏惧地重复了一遍，“你这是典型的小人之心。转让专利及合股成立公司都将公证监督，这一阶段是守法交易。如果我毁约，你可以退还专利，按规定还能得到违约赔偿。我只希望，江先生别为那些数字吓住，何不去省药检所和专利局核实一下呢？”

不知不觉，他们的谈话持续了3个多小时。谈到最后，江少杰始终不吐口，黄玫只好收拾起桌子。江少杰知道，主人是要送客了。

“黄董不怕我去告发吗？您对我评价那么高，我可是什么都干得出来呀。”江少杰在门口忽然回过头来。

“你不会。”黄玫手上忙着，也不看他，“因为，这种机会你一辈子只能碰上一次。”

门轻轻关上的刹那，黄玫虚脱一般瘫在大班椅上，浑身早已湿透了。

ISPN片剂外观上只是普通的白色药片，放在阳光下面，隐约有粉末状结晶物闪亮。江少杰舔一下，有淡淡的苦味。他决定找个人试验一下它的效力，于是整天让曲三跟在身边。

第一次，江少杰把两粒ISPN研碎偷偷下到水杯里，然后带曲三去外面一

家洗浴中心。当晚，曲三和一个按摩小姐高亢折腾半宿。据江少杰所知，以往他的床上功夫跟个阳痿患者差不多。给曲三偷服过几次，江少杰突然停了药，结果曲三立刻蔫头耷脑，直喊身上酸痛。这回江少杰当面给他两片ISPN，谎称是镇痛片。服下之后半小时，曲三的症状消失了，人也重新欢蹦乱跳起来。

在亲眼见证ISPN“疗效”的同时，江少杰非常讲究效率地去省药检所和专利局确认了该药的真实性，并给国家药监局打过电话——对方告诉他，ISPN当真在排队等待批准，预计将出现在2010年上半年的新药注册名单上。接着，跑郊区永和乡的曲三向江少杰汇报，他略施小计诱使主管开发区的副乡长拿出了他们和黄玫签署的协议意向书，上面清楚地写着她拟定租赁3万平方米厂房和写字楼，租期4年，已付过定金。

“我要20%。”再次面对黄玫时，江少杰带着不容置辨、胸有成竹的语气说。

“你真是一个可怕的对手。”黄玫盯着他足有两分钟，微叹着拿出一份合同书，“你有3天的时间考虑自己的最终决定。对合作意向有不同看法，我们可以随时交换意见。但价钱是死的，一个子儿不能少。”

“干吗这么急？”

黄玫说3天后她会找别人，过时不候。她建议江少杰找个律师，那样会节省很多时间。

江少杰看了一遍合同意向书，所有的内容他们都讨论过。

剩下的问题是筹钱。

江少杰的主要财产在股票上。他来到证券交易所大户室，要求操盘手为他平仓。

“江总，你的股票好几种被套着呢，现在抛会损失几百万啊。”

“麻烦你给算算，连现金加股票一共有多少。”

操盘手对照股市行情计算一番，告诉他股票市值1 700万，现金1 100万。“全抛。”江少杰说。在大户室坐了一下午，最后江少杰的户头上只股不剩。拿到2 800万元，他又犯了愁，还差200万啊。

一抬腕，江少杰看到腕上的金表。这块劳力士还是兰妮送他的生日礼物，表盘由上百颗碎钻镶嵌而成，据说价值30多万。

一咬牙，江少杰摘下手表交给曲三：“问问有没有人要这块劳力士，不低于20万就卖！”

签约仪式在希格尔大酒店总经理室举行。黄玫的律师刘中浩将合同文本从头至尾朗读一遍之后，屋子里一时沉寂下来，一种让人喘不上气来充满庄重感的寂静。

江少杰捧着那份文件细细地读着，其实他一个字也没看进去，脑子里只有几组数字在以加速度碰撞、分裂、膨胀、几何级增长：3 000万比20亿，20%等于40亿人民币……40个亿的钞票码放在一起会是何等规模，何等壮观？笑声响起来了，那笑声唯有他自己听得见。有7年的希格尔履历证明，对他来说，没有做不成的事，没有实现不了的梦！

双方律师互相点点头，把合同书分别交给两名当事人。黄玫、江少杰先签了字，然后是公证人、律师。接着是交易的正式环节，双方交换专利证书和付款凭证，这一过程只用掉几秒钟。

套间办公室里响起了热烈而富有节制的掌声。

“你会很快意识到，这是一笔相当划算的买卖。”黄玫的声音轻柔地飘过来。

江少杰主动走到黄玫面前，用余光觑着她微微隆起宛若少女的乳房，心想，别急，早晚把你拿下，和你上床的滋味一定不赖，嘴上说的却是：“愿我们拥有共同的信心。干杯！”

但黄玫回手放下了酒杯：“对不起，我和工商局的朋友有个约会，事关新公司注册，得马上赶过去。未尽事宜刘律师会告诉你。”

她笑了一下，露一口整齐洁白的牙齿，然后带着壮汉一样的女保镖飘然离去。事后江少杰才想起，那是他唯一一次见到黄玫笑得那么灿烂。

大家寒暄着纷纷离开了。几分钟后，江少杰躁热、激动的身心有所冷却，当他从刚刚签下的合同文件上抬起头来，惊奇地发现屋子里只剩下刘中浩。

“还有什么事，老刘？现在不能说吗？”

起初，江少杰还以为是律师代表黄玫要和他讨论在新公司中的具体任用问题。更让他惊奇的是小个子律师的模样——额冒虚汗，目光闪避，翕张着嘴巴说不出话来，江少杰立刻预感到出事了。他不知道自己是如何走过去抓住对方的，也不知道说过什么，结果是刘中浩被迫拿出了另一份文件。

这是一份来自省专利局的证明，扼要说明该机构重新审核了ISPN临床检验报告，参照国家药检新标准，认定该专利产品毒副作用严重超标，不宜作为抗癌新药推广，因此同意持有人黄玫的申请：注销专利。

时间是昨天。

一同呈现在江少杰眼前的还有黄玫以个人名义请求国家药监局紧急撤销ISPN注册申请的复印件。

江少杰所有的感觉都在瞬间冻僵了。他拿过花3 000万现金买到手的ISPN专利，声若蚊蚋："就是说，这是一张废纸？"

"是的。"刘中浩似乎从遭到致命一击的江少杰那里受到鼓舞，提高了嗓音，"黄小姐还让我转交这个——5年来你蒙蔽她母亲签署的一系列有欺诈嫌疑的文件和可疑账目清单，并让我转告你：她只是用非常手段拿回了属于自己的钱财；如果江先生有勇气对簿公堂，她随时恭候！"

"那么，根本没什么200亿，假的，全是假的？"

江少杰的面孔抽搐起来，突然高叫着跑出总经理办公室，一路狂奔到酒店外面。

黄玫却人车皆不见踪影。

阳光肆虐般地从楼顶上筛下来，嘲笑着江少杰的面无血色。他着了魔似的被吸引住目光，不知闪避地瞪着"希格尔大酒店"几个高达数米的金属字中间那轮明亮刺眼的太阳。他眼睛很快被太阳照红了，回头发疯似的往酒店里闯，被几名雄赳赳的保安挡住去路。

"对不起，江先生，你不再是酒店雇员了。即使作为客人你也被禁止入内。"

江少杰撕开西服内做工精致的马甲，抓乱自己的头发，嘴里语无伦次，愤怒地叫骂着："我杀了她，我要杀了她！"

韩子成回到家，一眼看出了杏妹神色不对。没等问，杏妹便不安地告诉他，江少杰去幼儿园看过孩子。据儿子说，江少杰只要求亲亲冬冬，被拒绝了。他临走交给幼儿园阿姨一个存折，让她转交孩子的家长，说留给冬冬上学用。

打开存折，两口子看见上面最后一笔存钱的日期是2005年11月，那时候江少杰还在服侍黄敬凯。他们知道，上面的两万块钱的确是干净的。

本来，黄玫执意按自己的计划行事把江少杰逼进死胡同，派出所方面是持反对意见的。但她不肯拿出江少杰作奸犯科的证据，他们也不好逮捕怀疑对象，只能在暗中保护她。现在黄玫做到了第一步，江少杰反常地给冬冬送去一笔钱，韩子成预感到了不祥之兆：黄玫的危险系数在大大增加，虽说那正是她的目的所在。此前，韩子成曾试图找到江少杰，却遍寻不着，自从他被解雇搬

出希格尔，仿佛上天入地了。

思虑再三，韩子成开始不停地拨打江少杰的手机。功夫不负有心人，足足打了一百个，电话终于打通了。韩子成一再保证他只是一个人，而且绝不带枪后，江少杰才答应见面。

见面地点在港口一处废弃的小码头，他们第一次见到大海的地方。码头周遭漆黑，只有一盏路灯散发出惨淡的光芒。近在咫尺的大海沉重地呼吸着，从它上面吹来的寒风能把人冻透。

在确定韩子成果真是一个人后，江少杰从暗处走了出来。由于他背光站着，韩子成看不清江少杰的表情。

“见我干什么，来看我笑话，笑我一无所有？”江少杰说，“财产、亲情、友谊……什么都没有了。”

韩子成笑他讲得不够全面，他忘了提到自己的迷失：“是欲望把你造就成了金钱动物。”

江少杰自言自语道：“对极了，我早就不是人了。一个连工作都找不到，没钱娶老婆的土包子拿什么做人？一个眼巴巴看着母亲躺在炕上等死的打工仔拿什么做儿子？看吧，大学生、儿子、丈夫、父亲，哪一个是我？好在这个时代机会多的是，我抓住了一个又一个，这是我的时代……”

韩子成反诘：“你现在又是谁呢？狼？丧家犬？”江少杰不以为然，自称只是输在技术上，他证明过自己，有能力得到他想要的。

“那都是别人的东西，你的方式说穿了就是强盗！强盗！”韩子成吼着，“醒醒吧，你作的孽够多了，回头是岸啊杰哥！一个人可以失去所有的东西，万万不可丢弃人的本性。一切还来得及……”

来不及了。江少杰对自己说，但我不会就此认输。

一不留神，江少杰不见了。韩子成立刻把前前后后向所里做了汇报。

连日来，江少杰当然知道警方在秘密找他，自己不便露面，就打发曲三到处打探黄玫的行踪。树倒猢狲散时刻，曲三貌似忠诚的背后不外是为了能够得到药片——江少杰手上的ISPN剩余样品。这一点上，江少杰还多少有些感激黄玫，是她帮助自己无意中掐住曲三的命门。

2009年岁末这一天，曲三冻得嘶嘶哈哈溜回和江少杰在容海城乡结合部租的民房。他告诉江少杰，翌日是元旦，希格尔将在打烊后举办迎新晚会。因黄玫想借此向全体员工告别，行踪不定的她届时肯定会在晚会上露面。“消息可

靠吗？”曲三靠一通起誓发愿，换取了两粒药片。打起精神后，他说酒店大门口看得很紧，说不定还有便衣，建议昔日的主子从酒店后身的墙梯爬上天台，从那儿可以进到大楼内部。曲三还拿出了保管过的天台铁门暗锁钥匙。江少杰想起来，大楼后身是有一排马蹄形钢筋镶到砖墙里构成的墙梯，可是起始点离地面足有3米高，没有辅助工具根本够不着。曲三不声不响出去了，没几分钟便搞回了一部够长的木质梯子。江少杰一顿夸奖之后，把剩下的几十片药全给了曲三。

他不是头脑发热一时冲动。江少杰深知，此番是去对命，极有可能回不来了。

天黑以后，他们推着一辆手推车向市区进发，走了几个小时才闪躲辗转来到希格尔大酒店后身。曲三帮他架上梯子，刚好与墙梯对接。只用5分钟，江少杰便攀爬到数十米高的楼顶，从天台边缘上翻了上去。

然而一口气没等喘匀，他就被半敞着的铁门透出的楼内灯光吸引住目光，原来铁门并没上锁！江少杰感到很疑惑，四处观察一周，这才小心翼翼摸向铁门。

“如果你是来找我的，就不必下去了。我在这儿。”

江少杰身体僵住了。声音来自背后。艰难地转过头去，小门楼后面缓步走出黄玫。她穿了一件银灰色貂皮大衣，脸在半明半暗的光线中不甚清晰。如果不是个头差一截，江少杰还误以为是兰妮。

因为那件貂皮大衣是他送给兰妮的。

“早知道你不会善罢甘休，一定会来找我的。”

江少杰眼睛发着愣，耳朵却在窥听四周的动静。在确定天台上不可能有其他人之后，他猛然扑向铁门，从外面反锁上。

“干得真不赖，黄小姐。”江少杰靠在铁门上干笑着，“你是我在黄家碰到的唯一对手。只不过，你得明白眼下的处境——这儿只有你和我。”

“总不比一无所有的丧家犬尴尬吧？”黄玫亦笑着，无所畏惧地在他面前踱步。

江少杰连夸她骂人动听，讲究艺术性，和她的圈套一样富有魅力。黄玫谦逊道以其人之道还治其人之身而已。

“这么说，你走出象牙塔，就是来找我算账的？”

“对极了。从我母亲惨遭横祸，从我发现你和她签的那份假合同起，回想我们家几年来一直笼罩着死亡气息，这些都是随着你的出现发生的——你这个刽子手！”

“证据呢？我敢说你什么都没有。你们家人的死伤和我屁关系没有。”

“除掉他们，只为一个‘钱’字。你大举贪占黄家巨额资产还是有据可查的吧？”

江少杰诡辩，自他接手打理生意，给酒店创造过上亿利润。黄玫反唇相讥这是强盗逻辑，他多贪一份，只因为替主子抢的钱财多。“希格尔本来名声够坏的，自从你主政，简直臭上加臭，不法经营到了极点，成了黄窝、赌窝。这不是事实吗？”

理屈词穷的江少杰嘿笑着：“天儿不错，星光灿烂，万籁俱寂。我只是不明白，这么辩论下去意义何在。黄毛丫头，你诈去了我全部钱财，今天我要讨还回来。”他掏出事先准备好的合同，“签字吧，现在就签，承认你用一张废纸骗去我3 000万！你得把它买回去，不过价格有点变化，我要6 000万！按合同法，你得双倍赔偿！”

他的进一步疯狂想法是挟持黄玫，迫使她在指定的账户中注入足够的金额，然后逃之夭夭。

“可以。”她说，“不就是区区6 000万吗？但我有个条件，你得承认对我们黄家的所作所为。”

“譬如说呢？”

“譬如说，是你让张四毛子引诱我弟弟吸毒致死，主使他谋害我母亲。还有，是你亲手杀害了我爸爸！”

江少杰思忖着：“你把我撵回起跑线上，只为这个？”

黄玫承认她是不甘心。江少杰终于明白，她早就在怀疑，调查无果，想最终以此来换取答案。然后呢？靠她的财势开展永远的追杀？不错，她解除困惑的唯一希望只能寄托在江少杰坦白自己是杀手……

“你不会信口雌黄的。”黄玫引诱着，“因为答案值6 000万。”

江少杰再度张望四周，除了万家灯火和风声没有任何异常。他咬咬牙，以不高不低的声音承认了前两项罪名，但坚决否认对黄敬凯下过毒手。

两人之间沉默了，天地之间沉默了。

“该你了。签过字，你得跟我走。”江少杰狞笑着把合同递过去。

黄玫拿过那张纸，叠过两下，然后仔细撕成碎块，任之随风飘去：“你错了，我这儿有证人听到了你罪恶的自白。去死吧，刽子手！”

被激怒的江少杰上前抓住貂皮大衣的衣领，使劲把她拖向天台边缘，嘴里

不住叫骂：“婊子，死到临头还敢耍我！”

厮打中，他很快占了上风，黄玫已经被迫探出半边身子。

“举起手来！”

是脑后传来的声音。江少杰用余光看见，小门楼上站着一个人，由于天黑看不清面孔，手里还隐约拿着枪。他只愣了几秒钟，一手把黄玫拉到身前掩护，一手迅速掏出钢珠手枪立刻击发。

那人被击中了，从小门楼摔落到天台上。

黄玫的失声惊呼让江少杰知道了那人的身份：湖滨派出所的李所长。他愈发狂怒了，抛开钢珠手枪重新抓紧黄玫：“既然如此，老子陪你去死……”

黄玫死死往回挣，大叫：“韩子成！韩子成！”

江少杰惊回首，小门楼上又一个人出现了。

“成子，是你吗？来，朝你的兄弟开枪吧。来呀，我要是带着黄小姐跳下去，你可就失去立功的机会了。”

说话的时候，江少杰觑着他掉在天台上的钢珠手枪。

“来呀，瞄准点儿，手别抖……”

黄玫拼尽全身力气喊叫着：“韩子成！”

她的喊声犹如一声号令，几乎是同时，江少杰突然放开猎物纵身扑向钢珠手枪，韩子成的枪也响了。

没有人知道韩子成是闭着眼睛扣动扳机的。

江少杰像是被迎面击了一拳，瞪大的眼睛茫然向清冷的星空望去，还没来得及去捂胸口上的弹孔，身体已经向后倒去。近在咫尺的黄玫看到，江少杰的身体翻过天台边缘的矮墙，直挺挺地向楼下坠去。

一切都仿佛凝固了。不知过了多久，韩子成跳下小门楼，叫黄玫快去照料负伤的李所长，自己一个人飞奔下楼。

料理完所有的事情，韩子成回到新居已是第二天下午。

“当家的，你咋才回来？昨晚你去哪了……当家的，你说话呀！”杏妹使劲摇撼着他。

韩子成张不开嘴，能张开的只是手心：那是江少杰的护身符。

那是她送给江少杰的护身符。他在戴上它的时候说，他会一生一世戴着，除非他死掉。

杏妹的手抖着，却怎么也伸不过去……

冬冬突然出现了，一把抢了过去："这东西我见过，是江叔叔的。妈妈，咱们不拿坏人的东西对吗？"

不等有回答，冬冬跑到阳台上，奋力把护身符扔了出去。

"什么时候的事？"惶猜到一切的杏妹低低问道。

"昨晚，11点。"

杏妹霎时涕泪滂沱。直到哭够了，她才哽咽着告诉韩子成，昨晚在家看电视晚会，恰在临近半夜的时候，孩子突然说心口疼，疼得直冒汗。

父子连心，父子连心啊！

-

元旦刚过，分局的任命下来了，韩子成接替被革职的海岩担任湖滨派出所副所长，主抓内勤。由于李所长在抓捕江少杰的行动中负伤住院，暂由韩子成主持工作。

年关的第一项任务是清理管内旧户籍档案。新官上任，韩子成不敢怠慢，亲自坐镇和户籍员们加班加点，生怕出什么差错。就在这期间，他无意中发现了名为王建的一张旧户籍卡。

当时那张旧户籍卡碰巧在堆积如山的一摞上面。卡上显示，王建是黄敬凯的曾用名。

韩子成一分钟也没停留，立刻驱车赶往希格尔。在总经理室外间，那位硕士女秘书告诉他，再晚5分钟，老板黄玫就永久告别希格尔，新东家将在下午进驻。

见到黄玫，她向他证实希格尔正式易主了，未尽事宜将由律师料理，她已决定赴美去斯坦福大学攻读博士学位。

"有事吗？"

韩子成犹豫再三，掏出那张户籍卡递过去。黄玫瞄了一眼，一边收拾东西一边解释：王建确实是她父亲的曾用名。"文革"初期家里挨整，她奶奶怕儿子受牵连，就让儿子随了她的姓。大概到了1986年，才改回爷爷给父亲的名字。"80年代初，父亲曾是一名服刑人员，劳改监狱所在地恍惚记得叫蔡家沟。"

"这里有什么不对吗？你瞧你，都当领导了，说话还像大姑娘似的。"

韩子成正不知如何回答，黄玫的导师刘国祯来了。

韩子成虽说心眼慢点，但一看他们的眼神便觉出不对劲儿，悄悄然不辞而别了。

车开出一段路，韩子成回望希格尔大酒店，不知怎么竟热泪盈眶！

尾声

2010年元旦刚过，韩子成一家来机场为黄玫和教授送行。黄玫入学的最后期限迫在眉睫，刘国祯则刚刚被马里兰州大学聘为客座教授，可以在美国待上一年。

同行的还有长睡不醒的兰妮。韩子成和杏妹同他们闲聊时得知，教授曾在网上为黄玫的母亲广求医治方案，波士顿的一家公立医院介绍了该院治疗植物人的独特方法，因此他们决定带她去碰碰运气。

“到了美国，你妈妈就能醒了？”冬冬在黄玫怀里问。

“也许吧，希望会的。阿姨一到那边，就给冬冬打电话好不好？”

“太好了。我家的电话号码姑姑记住没有？”

“记住了。哎，不是一直叫阿姨吗，怎么改叫姑姑了？”

“我爸说，咱俩血型一样，应该叫姑姑。”

黄玫向韩子成看去，他和教授聊得正起劲。她笑着，在冬冬脸上亲了一口：“叫姑姑也好，这样显得亲。”

第二天，容海市各大媒体都在显要位置发布了一条消息：容海师范大学日前获得了一笔总额为3亿元人民币的匿名捐款，据校负责人称，这是该校有史以来获得的最大一笔私人捐款，该款项被指定用于建设容海师范大学化学系基础实验室。校负责人表示，力争在3年内，用这笔匿名捐款建成容海高校最现代化的基础化学实验室。

韩子成和杏妹都猜到了谁是捐赠人，而且计算出实验室建成之日正值黄玫学业期满。

半年后，黄玫打来越洋电话，说她母亲在美国医生的治疗下终于睁开眼睛。只是兰妮已经基本失忆，对从前的事什么都不记得了。

韩子成长出一口气，认为这样最好不过。夏天的时候，他领着老婆孩子回一趟老家大岗村，在于金花的墓后埋下了江少杰的骨灰盒，并叮嘱冬冬牢记它的位置。

只有一件事让韩子成挠头：冬冬长大了，该怎么对他说呀！